La
PARADOJA
de
MARÍA

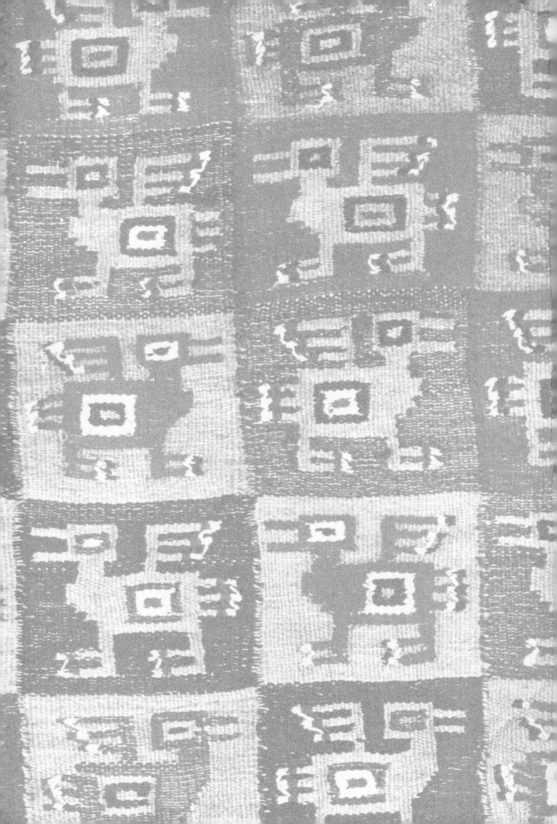

La PARADOJA *de* MARÍA

Como Pueden
las Latinas Fortalecer
Su Autoestima,
sin Abandonar
Sus Tradiciones

Rosa María Gil, D.S.W.

Carmen Inoa Vázquez, Ph.D., ABPP

Traducción por Mayda Ochoa

G. P. PUTNAM'S SONS
NUEVA YORK

Este libro fue creado para ofrecer conocimiento profesional e información sobre los tópicos discutidos aquí. Las autoras modificaron las historias personales relatadas en sus páginas para proteger la identidad y privacidad de sus clientes. Los editores no ofrecen servicios sicológicos o médicos. Después de leer el libro, los lectores pueden buscar ayuda profesional competente, si creen necesitarlo.

G. P. Putnam's Sons
Editores desde 1838
200 Madison Avenue
New York, NY 10016

Título original: *The Maria Paradox:*
How Latinas Can Merge Old World
Traditions with New World Self-Esteem,
publicado por G. P. Putnam's Sons
Copyright © 1996 por Rosa María Gil, D.S.W., y Carmen Inoa Vázquez, Ph.D.
Traducción copyright © 1996 por Mayda Ochoa
Derechos reservados.
Ninguna porción de este libro puede ser reproducida sin autorización.
Publicado simultáneamente en Canadá

Catalogado en la Librería del Congreso

Gil, Rosa María, fecha.
La Paradoja de María: Como pueden las Latinas fortalecer su autoestima sin abandonar
sus tradiciones /
Rosa María Gil y Carmen Inoa Vázquez.
p.   cm.
Incluye referencias bibliográficas.
ISBN 0-399-14172-3 (papel alcalino)
1. Mujeres hispanoamericanas—Sicología.   2. Autoestima—Estados Unidos—Manuales, etc.
I. Vázquez, Carmen.   II. Título.
E 184.S75G55   1996   95-45587 CIP
155.8'468073'082—dc20

Impreso en USA

1   3   5   7   9   10   8   6   4   2

Libro diseñado por Deborah Kerner
Arte de página de título con permiso de The Metropolitan Museum of Art,
Michael C. Rockefeller Memorial Collection,
Gift of Arthur M. Bullowa, 1973
(1978.412.257)

Forro diseñado por Lisa Amoroso
Pintura de forro: Henri Matisse, La Musique, 1939. Albright-Knox Art Gallery, Buffalo, New York.
Room of Contemporary Art Fund, 1940. © Succession H. Matisse, Paris/Artists Rights Society (ARS),
New York

Impreso en papel sin ácido. ∞

Con amor y gratitud a mi familia, Rosa, Magali y Alex, quienes me dieron su apoyo moral a través de todo este proyecto.

En memoria de mi abuela y Tía Felicita: ellas con su amor y cuidados hicieron la diferencia en mi vida; y aún más, su espíritu está muy presente en cada página de este libro. "La sabiduría vale más que el dinero", pensaba mi padre Emilio, un verdadero caballero español, que siempre apoyó mi busqueda del conocimiento. A ti, porque en esta obra quiero pasar esa máxima a mis hermanas latinas. Dedicamos este esfuerzo al brillante futuro de ellas.

Rosa María Gil

A tu memoria, Héctor Vázquez. La verdadera amistad, la sabiduría, y un gran sentido del humor eran tus grandes atributos. Pero fue tu amor al conocimiento lo que inspiró a todos cuyas vidas tocaste de cerca, especialmente a mí. Siempre te recordaré, como tú mismo te proclamabas: "el más grande genio que haya vivido jamás".

A mis hijos: Jaime, el sabio de la casa en computadoras. Tu incansable apoyo a través de todo este proyecto es la prueba maravillosa de tu sensibilidad y capacidad para ayudar a otros. Y Miguel, tu fortaleza, compasión, diplomacia y sentido de supervivencia, me han dado gran consuelo y alegría. Por eso, gracias. A mi madre y padre, con todo mi amor, por alentarme a creer que querer es poder.

Carmen Inoa Vázquez

Agradecimientos

Mil gracias a las muchas latinas que compartieron sus vidas y aspiraciones con nosotras. Sin ustedes, este libro no se habría podido escribir. Reconocemos y respetamos vuestra lucha, y celebramos su desarrollo como mujeres que en la mayoría de los casos se convirtieron en *nuevas marianistas*. Estamos agradecidas porque sabemos que la historia de sus vidas ayudará a muchas latinas a comprender mejor su batalla diaria, y emprender el proceso de cambio.

Nos sentimos agradecidas de Carolyn Fireside, una experta escritora, y nueva amiga gringa, quien creyó tan sinceramente en este proyecto, que se convirtió en una de nosotras. El entusiasmo de Carolyn fue contagioso, y su apoyo alentador. Gracias, Carolyn, por compartir

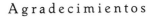

tus ideas con nosotras, y por tu amor a este proyecto. Sin ti, este libro no habría sido posible.

Muchas gracias a Barbara Lowenstein y Madeline Morell por su energía y ayuda. Gracias a Laura Yorke, la editora del libro, por guiarnos a través de este proyecto.

Varios amigos, miembros de nuestras familias y colegas nos han ayudado discutiendo ideas, leyendo los borradores, buscando material en las bibliotecas, enseñándonos como trabajar en la computadora, y cuidándonos: Lilliam Barrios Paoli, Isabella Bick, Marta Siberio, Alfredo Arango, Ramón Blandino, Ralph Soto, Yolanda Barro, Jaime Vazquez (su apoyo tecnológico ha sido inapreciable, estamos verdaderamente agradecidas), Cecilia Gaston, Reynaldo González, Mari Carmen Renard, Lucy Cordoba Martinez, Carmen Torres, Jane Delgado, Joyce Weinstein, Emma Genijovich, Margarita Pizano, Lourdes Dominguez, Amalia Buendia, Julie Pistorio, Alina Clavijo, Yvette Caro, Abelardo Inoa, Denise McGreevy, Wally Martínez y Martin Juvelier. Su cariño y apoyo nos han ayudado a través de muchos meses de constante lucha en la redacción de este libro. ¡Gracias!

Y una mención especial para Manuel Trujillo, nuestro colega, quien nos animó para que escribiéramos el libro. Su compromiso con los derechos de la mujer se hace evidente en el respaldo que dio a este esfuerzo.

Contenido

Contenido

La

PARADOJA

de

MARÍA

I

"No Olvides
el Lugar
de la Mujer"

---

*El Viejo Mundo
frente a la Nueva Vida*

Natalia, una arquitecta de veinticinco años, nacida en Argentina y criada en Estados Unidos, estaba en un lío. Vino a terapia torturada por dudas y miedos que le causaban mucha angustia.

—¡Odio a mi padre! No, odio a toda mi familia —le dijo a su terapeuta, antes de agregar:— No, en realidad los quiero. Incluso amo a mi padre, pero... oh, no sé...

Estaba atormentada porque aunque se atrevió a mudarse sola, su padre todavía creía tener derecho a controlar su vida. Recientemente, un domingo temprano en la mañana, se apareció en su apartamento inesperadamente, exigiendo saber qué había estado haciendo ella, a las dos de la madrugada, la noche anterior. Por los mensajes que tenía en la máquina, Natalia supo que había empezado a llamarla a eso de las ocho de la noche, y continuó haciéndolo cada veinte minutos, hasta cerca de las dos de la madrugada. Ella supuso que a esa hora su mamá lo convenció para que se fuera a dormir. Pero de todas formas, él se apareció por la mañana.

—Ya estoy harta. Me negué a decirle dónde estaba, o con quién —continuó Natalia—. En realidad había ido con un amigo, a una boda en Connecticut. Mi pecado, imagino, fue no reportar mis planes de antemano a la familia. ¿Por qué habría de hacerlo? ¡Soy independiente y tengo veinticinco años! De todas formas... me alegro que mi amigo no se quedó. ¡Si papá hubiera encontrado a un hombre en mi apartamento, probablemente lo habría retado a un duelo!

Pero lo que más la molestaba, era que él se sentía completamente justificado al tratarla como una adolescente rebelde, y todo por ser mujer. Durante el conflicto del domingo, él le informó que era su responsabilidad preocuparse por su bienestar.

—!Y además —gritó—, no te olvides que me debes respeto! Y se fue furioso. Desde ese momento dejaron de hablarse. El contacto de Natalia con su madre, hermanas y hermanos, se limitó a conversaciones telefónicas en susurros. Ninguno de ellos se atrevía a llevarle la contraria a papá.

Natalia quería llevar una vida propia, tanto social, como profesionalmente. Deseaba intensamente que su padre fuera menos dominante, menos crítico, y más cariñoso; que tuviera en cuenta también las necesidades de ella, no solamente las de él. Y ansiaba que su madre la ayudara a lidiar con él, lo cual, por supuesto, su mamá no estaba dispuesta a hacer. A estas alturas, Natalia se preguntaba si tendría que romper definitivamente las relaciones con su familia, pero cuando contemplaba en serio esa posibilidad, se asustaba y empezaba a sentirse como una *mala hija.*

—Quiero ser yo misma, y quiero el amor de mi familia —se quejaba—, ¿Es eso pedir demasiado?

El dilema de Natalia es típico de lo que muchas latinas enfrentan en Estados Unidos: un profundo conflicto entre las aspiraciones que tiene una mujer aquí, y las que habría tenido en su propio país. Ser la *santa de la casa*, cuya aspiración es convertirse en hija, esposa, y madre obediente y abnegada, pudo haber sido suficiente para nuestras madres y abuelas. Ellas seguramente no tenían otra alternativa, si querían ser consideradas respetables. Pero nosotras tenemos opciones. Y aunque la perspectiva de llegar a realizarse es excitante, también puede ser aterradora. Por ejemplo, puede que una quiera ser amada, pero no ahogada como Natalia... y tal vez tenga miedo establecer límites. O quizás estamos insatisfechas de ser ama de casa todo el tiempo, pero no nos atrevemos ni siquiera a mencionar el tema de trabajar afuera, por miedo a insultar el machismo de nuestro esposo. A lo mejor soñamos con ir a la escuela de leyes, pero dudamos cuando nuestra familia inconscientemente nos desanima, sugiriendo que ello nos llevaría a convertirnos en solterona, o nos quitaría tiempo para llegar a ser algún día una buena esposa y madre.

Ciertamente, tampoco queremos que nuestro esposo y suegra nos traten como a una niña, pero lo aceptamos, porque pensamos que quejarnos sería una falta de respeto.

Y queremos que nuestras hijas desarrollen tanto poder personal como nuestros hijos, pero la familia presiona para que tratemos de manera diferente a los varones y a las hembras. Y a pesar que sentimos todas esas emociones conflictivas, nos resulta difícil expresarlas... O, al igual que Natalia, tal vez no hagamos nada, hasta que nos enojamos tanto, que reaccionamos exageradamente, provocando una escena. Y todo eso, porque tenemos miedo de ser consideradas *una mala mujer*. No tan sólo por lo que opinen nuestros seres queridos, sino por lo que pensamos de nosotras mismas.

Ya que estás leyendo este libro, asumimos que, al igual que tantas de nuestras hermanas, tú estás sintiendo el peso de esta lucha interna y externa y deseas resolver ese conflicto emocional. Quisieras convertirte en una persona íntegra, que hace sus propias decisiones, y activamente se esfuerza en realizar sus sueños. Pero prefieres hacerlo sin abandonar las tradiciones latinas que tanto valoras.

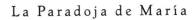

Nosotras podemos ayudarte a resolver el conflicto entre lo que espera la familia latina y la comunidad, y lo que son tus deseos y necesidades. Podemos guiarte hasta eliminar mucho de ese innecesario sentido de culpabilidad y miedo, y asistirte, para que conviertas tu enojo y frustración, en energía productiva y de vibrante autovaloración. Y podemos lograr todo eso sin que te sientas amenazada.

Te ayudaremos porque somos latinas criadas en las viejas costumbres, y las comprendemos demasiado bien, porque somos profesionales que hemos logrado un compromiso entre el mundo de nuestras madres y la vida en norteamerica, y porque somos sicoterapeutas experimentadas, y con una clientela mayormente latina. En *La Paradoja de María* verás muchas de sus historias.

Este libro puede ser una importante fuente de ayuda para ti, si te encuentras en una de estas situaciones:

- Si cuando resuelves tus propias necesidades, antes que las de tus seres queridos, te ataca automáticamente un sentimiento de culpa y frustración.
- Si tu vida sexual y amorosa no te satisface.
- Si te sientes amarrada a la rígida e irracional idea del Viejo Mundo, que la mujer, por naturaleza, carece de la habilidad necesaria para triunfar fuera de la casa.
- Y sobre todo, si estás decidida a desechar el sentido de inferioridad que ha sido culturalmente inculcado a la mujer, y convertirte en una latina completamente liberada, sin sacrificar los lazos familiares y de la tradición.

Si estás en una de esas situaciónes, sabemos que tus nuevos anhelos y conflictos te confunden y frustran, sobre todo, si al imponer la tradición, en tu casa te inculcaron que no puedes ser una latina de mente independiente. Y es que, inclusive para muchos, la misma frase "latina de mente independiente" es una paradoja, una contradicción. Nosotras discrepamos sinceramente, porque en nuestra consulta hemos visto muchas hispanas resolver conflictos que al principio creían irreconciliables. Pero, para hacerlo, primero tuvieron que aprender que semejantes problemas solamente pueden solucionarse cuando se comprende qué es lo que los crea. Nosotras pensamos que la problemática femenina de la mujer latina, tiene tres orígenes principales, y éstos pueden compararse con tres piezas de un rompecabezas.

La primera es el *marianismo/machismo*, el pápel que en la cultura latina se da tradicionalmente a los sexos. La segunda es el deseo de aculturación, o de adaptacion a una nueva cultura y la tercera es la autoestima, o sea, el valor que te asignas a ti misma como ser humano. En el proceso de adaptación, tu nivel de autoestima puede "hacerte, o destruirte". Si la autoestima es baja, tienes la posibilidad de caer en las garras del *marianismo/machismo*, y del estrés de la aculturación. Si tu autoestima es alta, podrás sobreponerte a la presión de la tradición y del cambio, para convertirte en una latina segura de ti misma y bien integrada social y emocionalmente. Nuestra meta con este libro es ayudarte a que —a pesar de las presiones culturales y sociales— eleves tu autovaloración, y la mantengas en alto.

✳ MARIANISMO/MACHISMO: DOS CARAS DE LA MISMA MONEDA

Tanto se ha escrito sobre *machismo*, que ya muchos ven esa palabra en el idioma inglés como sinónimo de una supremacía masculina opresiva. Sin embargo, es importante darse cuenta que el *machismo* también tiene aspectos positivos. Nos referiremos a esos aspectos cada vez que sintamos que puedes usarlos para tu beneficio, y mejorar las relaciones con los hombres en tu vida. El lado amable del *machismo* lo personifica el *caballero* quien, en todo el sentido de la palabra, es un verdadero protector.

El caballero protege a su esposa y a su familia. Le ofrece a su dama el mejor puesto en el teatro, se pone de pie para darle su asiento a una mujer en el subterráneo, carga los paquetes pesados, siempre le abre la puerta a ella, y ayuda con las tareas fuertes de la casa. Aunque también actúa por *machismo*, el caballero personifica el lado sensible del hombre, que endiosa a su esposa, en vez de denigrarla.

Uno de los propósitos de este libro, es mostrarte como estimular la caballerosidad en tu hombre. Desafortunadamente, hablaremos más frecuentemente de la cara negativa del *machismo*, no como el único lado, sino como el que se manifiesta en ciertos comportamientos y estados mentales, el que más negativamente impacta nuestras relaciones íntimas, como aquel del padre de Natalia.

Queremos resaltar que vivir como un *macho*, puede ser difícil para el hombre también, ya que se siente presionado a tener que actuar de acuerdo a un rígido estereotipo. En nuestras consultas hemos visto la carga que significa el *machismo*, cuando los latinos tienen miedo a llorar, o expresar sentimientos tiernos, por temor a quedar mal. Y es que los papeles de los géneros, cuando son inmutables, no traen beneficios a ninguno de los dos sexos. Aunque, francamente, es a la hembra a quien le toca, con demasiada frecuencia, la peor parte del lado oscuro del hombre.

La mujer termina en esa posición porque el *machismo* exige que los hombres tengan opciones, y las mujeres deberes. Ello significa que el lugar del hombre está en el mundo, y el de la mujer en la casa; que a tu hermano se le alabe por ser emprendedor, mientras a ti se te critica por esa misma virtud. Y ello quiere decir que primero tu padre daba las órdenes, luego tus hermanos, y después tu esposo. Y a ti te ha tocado siempre obedecerlas.

Pero la moneda del *machismo* tiene otra cara, que se impone rígidamente, y está íntimamente tejida en la tela de la vida latina. Se llama *marianismo*. Es el cemento que sostiene en su lugar las estructuras culturales antiguas, y forma el corazón de la paradoja de María. A pesar que el *marianismo* ha sido tratado en la literatura académica, primero en un innovativo ensayo escrito por Evelyn P. Stevens, en 1973, y subsecuentemente por eminentes académicos como Sally E. Romero, Julia M. Ramos Macay, Lillian Comas-Diaz, y Luis Romero, este concepto del *marianismo* —que sepamos— nunca antes se había presentado al lector general. Para nosotras, analizar exactamente como este fenómeno afecta la capacidad de adaptación, causando muchos problemas personales, es la llave para solucionar éstos.

Aunque enfocaremos nuestra atención en su lado negativo, queremos acentuar que el *marianismo*, también tiene un aspecto positivo. Te mostraremos como tener acceso a él, y aprovechando sus cualidades de lealtad, generosidad y compasión, fortalezcas tu autoestima, y puedas apoyar saludablemente a quienes te rodean.

Marianismo: El Yugo Invisible

"Ningún sacrificio es excesivo para la mujer latinoamericana —dice Evelyn P. Stevens—. No se puede vislumbrar ningún límite a su enorme capacidad de paciencia hacia los hombres en su vida, pero lejos de ser una norma opresiva dictada por una tiranía masculina, el *marianismo* ha recibido de las propias mujeres un ímpetu considerable. Esto hace posible ver el *marianismo* como parte de un convenio mutuo, la otra mitad del *machismo*."

Por su parte, Víctor de la Cancela, un sicólogo puertorriqueño, define el machismo como un grupo de comportamientos sociales aprendidos y reforzados por la sociedad latina, los cuales se espera que todo hombre observe. En efecto, si el *machismo* es la suma total de todo lo que un hombre debe ser, entonces el *marianismo* define el papel ideal de la mujer. Y qué rol tan ambicioso ese, que toma como su modelo de perfección a la misma virgen María. *Marianismo* es sinónimo de deber sacro, abnegación, y castidad. Significa repartir cuidados y placer, pero no recibirlos; vivir a la sombra de tus hombres, tu padre, tu hermano, tu novio, tu esposo, tus hijos, y tu familia, no sólo en un sentido figurado, sino también en la vida real. Excepto porque puede tener hijos, la *marianista* se parece mucho a una monja de convento, sólo que la orden religiosa a la que ella se afilia es el matrimonio, y su novio no es Cristo sino un hombre imperfecto que ella convierte instantáneamente en el total objeto de su devoción para toda la vida.

Y ¿cuál es la recompensa que ella recibe por la capitulación total de su ser? En nuestros países, el *marianismo* concede a la mujer protección como esposa y madre, le da cierto poder y mucho *respeto*, a la vez que una vida libre de soledad y necesidades. En la norteamerica de hoy, el *marianismo* es el yugo invisible que ata a latinas capacitadas, inteligentes, y emprendedoras, como muchas de nuestras clientes, amigas y colegas, a un sistema de vida "sin logros".

Usamos el termino "sin logros" porque el *marianismo* te incita a que vivas en un mundo que ya no existe, y perpetúa un sistema de valores que iguala la perfección a la sumisión. La veneración puede que sea la recompensa prometida a *la mujer buena* pero a fin de cuentas, ella termina sintiéndose más como una criada, que como un objeto de adoración. En efecto, el noble sacrificio de sí misma (la máxima expresión del *marianismo*) es la fuerza que por generaciones ha impedido que las mujeres hispanas ni siquiera puedan considerar el tema de su propio valor personal. Semejante subyugación no es un invento de hoy. Ironicamente, ha sido impuesto por las mismas mujeres, y transmitido como ley absoluta por nuestras madres, abuelas, y tías. Nosotras hemos condensado las leyes del *marianismo* en un grupo de inmutables reglas de comportamiento, que rigen la expresión del amor propio de la mujer hispana tradicional:

Los Diez Mandamientos del Marianismo

1. No olvides el lugar de la mujer.
2. No renuncies las tradiciones.
3. No te quedes soltera, no seas independiente, ni tengas opinión propia.
4. No pongas tus propias necesidades primero.
5. No desees más en la vida que ser ama de casa.
6. No olvides que el sexo es para hacer bebés—no para sentir placer.
7. No te sientas infeliz con tu hombre, no importa lo que te haga.

8. No pidas ayuda.
9. No discutas los problemas personales fuera de la casa.
10. No cambies.

Estos diez Mandamientos expresan el *marianismo* en su forma más pura, y más oscura. Pero la inflexibilidad de esas reglas, al igual que las del *machismo*, están siendo cuestionadas en norteamérica, y hasta cierto punto en América Latina. Los hispanos que han emigrado a Estados Unidos viven en una sociedad que tiene necesidades económicas y obligaciones sociales y maritales muy diferentes a las del Viejo Mundo. En consecuencia, muchas de las actitudes y comportamientos que se condenan como egoístas allá, son con toda probabilidad vistos aquí como una conducta autoafirmativa.

He aquí un ejercicio que puedes hacer para descubrir como te sientes en cuanto a ciertos temas, y qué puedes esperar en muchas áreas de tu vida ahora mismo. Esta práctica fue creada por los sicólogos Matthew McKay y Patrick Fanning con el propósito de ayudar a la gente a identificar cuando se sienten obligadas a actuar de una manera específica. A este sentimiento de obligación le llamaremos los "Yo Debiera". Ya que el *marianismo* incluye muchos "Yo Debiera", hemos adaptado el ejercicio para que puedas determinar si muchos de ellos se deben al *marianismo*.

En una hoja de papel escribe el primer "Yo Debiera" que se te ocurra para cada categoría. No pienses mucho. Es importante que escribas tus respuestas espontáneamente. Por ejemplo, seguido de "relaciones: esposo" puede ser que escribas "Yo debiera de ser más obediente y agradecida por todo lo que él hace por mi". O "Yo debiera dejar de molestarlo cuando él llega del trabajo y todo lo que quiere es ver televisión tranquilamente". O después de "actividades en el trabajo: eficiencia" puede que pongas "Yo debiera llegar al trabajo una hora más temprano, como muchos otros están empezando a hacer", o "¡Mi oficina es un revoltijo, debiera organizarme mejor!" Siéntete libre de extender la lista de los "Yo debiera" de acuerdo con tus necesidades personales.

1. RELACIONES
Esposo/compañero
Niños
Padres
Hermanos
Abuelos
Tíos, Tías, Primas y
    Primos
Amigos

2. ACTIVIDADES
DE LA CASA
Limpieza
Compra de alimentos
Cocinar
Lavar
Mantenimiento

3. ACTIVIDADES
EN EL TRABAJO
Relaciones con el jefe
Compañeros de trabajo
Cadena de contactos
Eficiencia
Logros y esfuerzo
    dirigido hacia una
    meta en particular
Iniciativa
Autonomía
Puntualidad
Ausentismo

4. ACTIVIDADES PARA
EL DESARROLLO PERSONAL
Educación
Proyectos para ayudarse
    uno mismo

5. MANIFESTACIONES
DE AMOR PROPIO
Apariencia personal
Ropa
Ejercicios
Fumar
Bebidas alcohólicas
Drogas
Visitas al médico
La comida y el comer

6. ACTIVIDADES
FINANCIERAS
Esfuerzo dirigido hacia
    una meta financiera
Ahorros
Capacidad de ganar
    dinero
Hábitos de gastos

7. USO Y EXPRESIÓN
DE EMOCIONES
Enojo
Miedo
Tristeza
Sexualidad
Amor
Alegría

8. Actividades Sociales y
Recreacionales
Bailar
Viajar
Ir al cine

9. Actividades Políticas y
de la Comunidad
Votar
Ir a reuniones

10. Actividades
Religiosas y
Espirituales
Ir a la iglesia
Leer la Biblia

Cuando termines, estudia tus respuestas y asigna a cada una la emoción que mejor la describa, por ejemplo "culpabilidad", "enojo", "verguenza", cualquiera que sea el sentimiento. Seguidamente revisa de nuevo y señala los pensamientos autocríticos. Fíjate si la autocrítica viene puramente de tu *marianismo* o del conflicto que te causa pensar como una *marianista* y al mismo tiempo querer actuar como una norteamericana. Un ejemplo de lo primero pudiera ser, "Yo debiera demostrarle a mi suegra más respeto, a pesar de que es muy mandona". Y un ejemplo de lo último sería: "Yo debiera matricularme en la escuela de medicina a pesar de la decepción que causó a mis padres la carrera que escogí".

Puede que te sorprenda descubrir que tus respuestas expresan un deseo de mantenerte como eres, y simultáneamente querer cambiar y actuar de diferente manera. Es precisamente, ante el deseo de comportarnos de forma distinta a como lo hicieron nuestros padres, que confrontamos la segunda pieza del rompecabeza, la aculturación.

Aculturación: La Elección Saludable

Cuando llegamos a este país, todos pasamos por un proceso de adaptación a la nueva cultura. A ello llamamos "aculturación". De acuerdo al sicólogo John Berry, la aculturación es el reajuste que se produce cuando individuos de diferentes culturas entran en contacto directo y continuo, y aprenden los unos de los otros.

Queremos enfatizar que no hay dos culturas, ni dos personas dentro de un colectivo, que pasen por las mismas experiencias, ni en igual proporción. Algunos incluso puede que traten de dar la espalda a la nueva cultura, mientras otros tratan de abrazarla rápidamente. En cualquier caso, la verdad es que simplemente no podemos eludirla, si es que queremos sobrevivir y prosperar. Otra verdad es que la aculturación se experimenta como una serie de cambios y elecciones que incluyen nuevos modos de vivir, de seleccionar lo que comes, el lenguaje que hablas, como comportarse con familiares y compañeros, si se siguen o no, ciertos patrones de conducta que pertenecen al país de origen. Por ejemplo, la conducta sobreprotectora del padre de Natalia, y la sumisión que se espera de ella, no son apropiadas en la nueva cultura. A través del libro, vamos a examinar en detalle toda la gama de ese tipo de problemas, muchos de los cuales están relacionados con el llamado estrés de la aculturación. También veremos cómo se pueden solucionar.

El estrés de la aculturación, según el sicólogo John Berry, es uno de los aspectos negativos del proceso de ajuste a tu nueva vida. Puede que, de pronto, no sepas quién eres, o cómo se supone que actúes, y esa profunda confusión puede llevar a la depresión y a la frustración, si no se reconoce como parte de un proceso colectivo, en vez de una falla personal. Hemos visto una y otra vez que muchas latinas ven ese estrés a través de los lentes del *marianismo*. Cuando estás insegura de ti como mujer, cuando te sientes culpable y en conflicto por perder las tradiciones, cuando lo que hacías para obtener aprobación ya no funciona, o funciona en tu contra, la seguridad en ti misma puede estar en grave peligro. Si algo tan trivial como qué zapatos usas para asistir a una entrevista de trabajo, se convierte en algo vital para tu estima personal, y si no sabes si debieras decir a tus amigas norteamericanas que enciendes velas de santería, el nivel de estrés que experimentas se vuelve atrozmente doloroso.

Entonces, puede que te sientas profundamente confundida

cuando tratas de aculturarte y eres vista por tus seres queridos como una traidora, o archirebelde, como Natalia. Podrías, incluso, verte a ti misma y a tu hombre, convirtiéndose en rígidas caricaturas de tus características étnicas. Y es aquí, precisamente, cuando los mandamientos del *marianismo* y del *machismo* pueden sabotearte, sin que ni siquiera te des cuenta. Nuestra intención es ayudarte a entender que la aculturación trae cambios positivos a las personas de mentes abiertas, y a su grupo cultural en conjunto.

La última distinción importante que queremos hacer, es la diferencia entre aculturación y asimilación. La asimilación, según John Berry, desecha todos los aspectos de la cultura nativa del inmigrante, y demanda una adaptación total a la nueva sociedad. La aculturación es un proceso más suave y gradual, en el cual la conducta y las actitudes del inmigrante se adaptan a los hábitos de la cultura dominante, como resultado de su exposición repetida a los mismos. Sabemos que demasiados latinos han obtenido resultados desastrosos y deprimentes cuando han intentado, o se les ha pedido, asimilarse. A veces, incluso, hemos visto paradójicamente una contra-reacción, lo contrario a la asimilación, donde la mujer se convierte en más *marianista* aún de lo que era. Eso pasa porque ella está buscando desesperadamente una base segura para sentirse mejor. Y esto nos lleva a la tercera pieza del rompecabeza, la autoestima.

APRENDIENDO A QUERERTE A TI MISMA

La autoestima es la fuerza potente dentro de ti, capaz de hacerte sentir todo tu potencial como ser humano. Déjanos asegurarte que sin una sólida y positiva estima personal, estarás limitando sustancialmente las posibilidades de lograr tus metas.

Nosotras somos las primeras en admitir que la palabra autoestima se ha convertido en un vocablo demasiado común en norteamerica, por no decir en un cliché. Se usa excesivamente, y se mal usa cada día,

en los más estridentes shows de televisión. Sin embargo, en su significado más puro, la autoestima tiene una larga y honorable historia, y es
aún la clave del desarrollo personal.

A finales del siglo XIX, William James, el padre de la sicología
americana, publicó un importante libro llamado *Principios de la Psicolo-
gía*, en el cual creó y definió el vocablo "autoestima" por primera vez. El
argumentó que la autoestima es la suma de todo lo que la persona
piensa como suyo, el ser físico, los rasgos sicológicos, sentimientos, valores, familia, seres queridos, posesiones, talentos, y carrera. La autoestima, según James, depende de cuán exitosamente alcancemos nuestros
propios valores y expectativas. Por ejemplo, Natalia se sintió mal porque se criticó su madurez, y su independencia personal fue atacada por
su padre, quien es una figura de autoridad, y de gran importancia para
Natalia, quiéralo ella admitir o no.

Y para mal de males, esa figura de autoridad estaba también retando su sentido común. Así que toda su autovaloración estaba bajo
asedio, haciéndola sentir avergonzada, deprimida y sin autoestima.
Mientras Natalia luchaba por mantener su nuevo sentido de ser, sabía
que protestar contra ese tipo de tratamiento, jamás se le hubiera ocurrido a una latina mayor, como su madre, o su abuela. Y eso era lo que la
hacía sentirse apenada y deprimida. Para su mamá, o su abuela, ser obediente y sumisa era una fuente de orgullo.

Alfred Adler, el precursor de la siquiatría social, añadió a la definición de autoestima de James, los componentes del medioambiente y
la herencia. El pensaba que un aspecto crucial de la autoestima, es sentirse parte, y contribuir, a la sociedad a la que el individuo pertenece.

Veamos a Natalia y a su abuela en el contexto de Adler. La abuela
de Natalia se sentía respetada y aceptada en la sociedad a la que pertenecía. Y porque cumplía con la expectativa cultural de lo que debe ser
una mujer, se sentía en paz consigo misma. Sin embargo, ahora, en esta
nueva sociedad, su autoestima sufrió. Ella notó que esas creencias culturales que tanto veneraba — por ejemplo el concepto de cómo debe actuar una mujer—, estaban siendo rechazados por Natalia. Y se sintió
menos útil. Natalia, por otra parte, también se vio rechazada porque los

suyos no aceptaban sus nuevas creencias y estaban poniendo en duda su buen juicio y su madurez.

Los teóricos Coley y Mead añadieron aún otro componente a la definición de autoestima: si los talentos de una persona, son percibidos y apreciados por otros. Esto significa que la autoestima de la abuela de Natalia aumentaba cuando su esposo, madre y suegra reconocían su dedicación y autosacrificio. Por el contrario, el deseo de autonomía de Natalia era rechazado por su familia como irrespetuoso y egoísta, y por consecuencia disminuían su autoestima.

De todos modos, es poco probable que la mamá de Natalia, o su abuela, se sintieran totalmente satisfechas consigo mismas. Todo el mundo tiene inseguridades, cosas que le hacen sentir incompetente. Pero la confianza personal se obtiene enfocando en las áreas donde uno sabe que es competente, y ampliándolas. Desafortunadamente, en nuestras consultas hemos visto que algunas latinas tienden a enfocar sus inseguridades, en lugar de destacar las cosas de las que están seguras. Esto ocurre, frecuentemente, porque se sienten muy vulnerables, y dependen demasiado de la opinión de otros.

Tenemos que recalcar, que la autoestima no puede depender de la opinión de los demás, porque esto da control a los de afuera sobre tus acciones, valores y actitudes. Si permites que esto pase, vivirás en la angustia, dependiendo del qué dirán. Creemos firmemente que la elección de conductas, valores y actitudes, debe ser tuya y solamente tuya. Y es por eso que adherirte al *marianismo* te causa tantos problemas.

Ahora daremos nuestra propia definición de autoestima, tomando en cuenta el contexto étnico y de género.

El Invaluable Arte del Compromiso

Reconociendo la sabiduría de los mencionados arriba, nosotras definimos la autoestima como la habilidad de ser auténtica, de aceptarse como una competente, exitosa y valerosa latina que se ama a sí misma. Aceptarse uno mismo, apreciar nuestro propio valor, es el proyector que nos permite transferir la película de nuestra conciencia en la pan-

talla del mundo. Y al hacerlo, afirmamos nuestros derechos, diciendo a los demás cómo queremos ser tratadas, y reconociendo con orgullo, que merecemos las cosas buenas que la vida ofrece.

El desafío de nosotras como latinas, es que nuestra autoestima está influenciada tanto por la herencia, como por la cultura. Y en vez de ayudar, el *marianismo* lo que hace es chocar contra el valor que nos damos. Si la abuela de Natalia hubiera tenido una carrera exitosa fuera de la casa, y se hubiera mostrado negligente en su papel dentro de la familia, los logros profesionales probablemente no le habrían dado satisfacción, sino mucho sentido de culpabilidad, de duda, y habría disminuido su autoestima. De todas formas, la expectativa cultural del papel de la mujer en Estados Unidos ha cambiado considerablemente, y en América Latina, ya se comienzan a ver ciertas tranformaciones paulatinas.

Es por eso que las latinas que viven en Estados Unidos, necesitan ajustar sus puntos de vista, actitudes, conductas y valores, a los términos norteamericanos, para así mantener un balance saludable con la nueva cultura, sin perjudicar su autoestima.

Como dijimos anteriormente, a la integración cultural de nuevas ideas y acciones en tu vida diaria, se le llama aculturación. Nosotras abogamos con todo nuestro corazón por una nueva *marianista* en la que convivan los valores del viejo mundo, con la competencia, confianza y autoafirmación de una latina fortalecida.

Armada con estos nuevos valores, podemos estar seguras de que, al menos, hemos hecho las cosas queriéndonos. Y al amarnos nosotras mismas, es casi inevitable que amemos a los demás. En conclusión, la autoestima del nuevo *marianismo* es bueno no solo para ti, sino para todo el mundo.

⁂ TU VIAJE HACIA EL AUTOFORTALECIMIENTO COMIENZA AQUÍ

Nuestro objetivo es ayudarte a dar los primeros pasos que te alejen de los diez mandamientos del *marianismo*, para que eleves tu autoestima, pero sin furia ni rebeldía radical. Después de todo, la cultura es el modo que tiene la humanidad de sobrevivir, y nadie, no importan cuán obstinado sea, puede hacerlo solo, sin un sistema de apoyo.

Nosotras, las autoras de este libro, somos latinas que también hemos sufrido la opresión del *marianismo*, y hemos podido eliminar de nuestras vidas las partes negativas del mismo. Pero hemos logrado hacerlo manteniendo los lazos de las tradiciones hispanas y de nuestro *familismo* .

El *familismo* es descrito por L. H. Rogler y R. S. Cooney como esa conección íntima, protectora, de apoyo y de amor con nuestra familia. Y porque lo hemos experimentado, sentimos estar calificadas para mostrarte la forma en que se puede crecer como ser humano, sin crear rupturas en tu entorno social, que después no se puedan solucionar. También sugeriremos modos prácticos y seguros para que te distancies de situaciones abusivas en tu relación con tu compañero.

Identificaremos los aspectos positivos de tu cultura nativa, y te enseñaremos como mantenerlos y honrarlos. Aprenderás como redirigir la energía maternal que siempre has dedicado a otros, para fortalecerte a ti misma. Y, lo mejor de todo, te mostraremos como usar los valores clásicos latinos del *personalismo y la sensualidad,* o el amor por las buenas cosas de la vida, de forma que puedan llenarte a ti y a tus seres queridos. El *personalismo* es definido por Emelicia Mizio como la habilidad de fraguar y mantener afiliaciones y relaciones, como un modo de conectarse significativamente con otros, o con la comunidad.

Te ayudaremos a encontrar el tipo de apoyo adecuado, si sientes que lo necesitas, ya sea sicoterapia, un grupo de apoyo, o de amigas que se reunan para divertirse y discutir problemas comunes. Aprenderás como distinguir las conductas saludables, de las inefectivas, y las acciones que te limitan, de las elecciones que te liberan.

Te guiaremos para que aprendas a identificar y evitar posibles problemas en la escuela o en el trabajo, lugares donde se pueden recibir mensajes negativos.

Esperamos poder mostrarte que puedes eludir muchos de esos problemas, primero estando consciente que lo que estás experimentando es un choque cultural, no una ofensa personal, y después, recordándote a ti misma que el viejo sistema de valores al que te aferras, es contraproductivo.

Finalmente, te llevaremos a través de las tormentas que se levanten en este viaje hacia el autofortalecimiento, recordándote que un cambio, sea bueno o malo, siempre produce cierta inquietud. Es así de simple. Tratar de eludir el dolor es como ponerse una curita en una herida profunda, lo que sólo te llevara a una gran depresión, frustración y a un sentimiento exagerado de inutilidad.

Queremos recordarte que la historia de Natalia, como todas las de este libro, están basadas en nuestro trabajo con pacientes reales. Son mujeres que han vivido el dolor del cambio, han mantenido su mente abierta, y han emergido con el poder de una nueva y fortalecida actitud ante la vida.

Si, mientras lees el libro, dices: "¡Oh, sí, esa soy yo!", nos sentiremos complacidas. Y si la conmoción del reconocimiento, es el primer paso que tomas hacia el desarrollo de una autoestima saludable, el propósito de este libro habrá sido satisfecho.

La agencia de noticias Associated Press citó recientemente a la novelista chilena Isabel Allende, diciendo: "me tomó cuarenta, de mis cincuenta años, construir mi autoestima y mi confianza, después de haber crecido en un hogar estrictamente patriarcal". En nuestro trabajo con clientes de la comunidad hispana, de todos los estratos sociales, y todas las edades, tanto adolescentes como abuelas, hemos visto que con una guía, desarrollar la autoestima no tiene que tomar tanto tiempo. Es en ese espíritu que te ofrecemos *La Paradoja de María*.

Esperamos que nuestras observaciones también ofrezcan una visión valedera, y una guía para otros tres grupos de lectores: las mujeres no latinas relacionadas o casadas con hispanos, mujeres latinoamericanas cuyas ocupaciones o relaciones personales las obliga a interactuar con la cultura norteamericana, y todos aquellos hombres, hispanos o no, que quieran entender mejor la composición emocional de las latinas.

La Paradoja de María pregunta: ¿Puede una mujer hispana aprender a conducirse habilmente a través de la sociedad norteamericana, sin sacrificar las tradiciones que atesora? Nuestra respuesta es un resonante sí. Natalia estaría de acuerdo.

Tomó mucho trabajo, pero Natalia pudo finalmente ver que aunque ella estaba siendo tratada por su padre como una latina de otra generación, ella misma era muy parecida a él, irritadiza y voluntariosa. Pero enseguida que se dio cuenta de eso, comprendió también que nadie en su familia, incluyendo a sus hermanos, era tan fiero como parecía. Hacer las pases con su padre requirió mantener bajo control sus propias emociones, y apelar al lado amable y amoroso de su naturaleza apasionada.

Primero practicó diciéndose que nadie era culpable en esa situación. Ella no era una mala hija, ni una mujer perdida, sino que su *marianismo* era el que había estado actuando. Y aunque las acciones de su padre parecían equivocadas, él lo hacía por amor, así como por un exagerado y *machista* sentido de responsabilidad y preocupación.

Y así, un domingo por la mañana, tres semanas después de la pelea, ella tomó el teléfono y llamó a casa. Cuando su madre respondió, pidió hablar con su padre. Esto aturdió a su mamá, pero de todas formas fue a buscarlo.

—Papá —comenzó ella cuando él respondió con un brusco "Hola"—, quiero disculparme por lo que tomaste como una desobediencia. Quiero que sepas cuánto te quiero y respeto, y cuánto extraño no verte a ti y al resto de la familia.

Después de un momento de silencio, el padre admitió que él también le echaba de menos, y que quizás se pasó de línea un poquito cuando fue a su apartamento sin avisarle. Pero insistió en que sólo estaba preocupado por su bienestar.

—Lo sé, papá —le dijo Natalia—. Y tu preocupación me hace sentir muy amada. Pero, por favor, creeme que vivo en un buen barrio, y no me arriesgo innecesariamente. Solo salgo con hombres que me respetan, y a quienes he conocido por amigos, o en el trabajo. Tú y mamá me criaron bien. Soy muy afortunada de tenerlos a ustedes como padres.

El papá, soñando algo más alegre, aceptó graciosamente el cumplido de su hija, y le aseguró que tenía confianza en ella, pero no podía evitar preocuparse de que estuviera bien atendida.

—Tú sabes, papá —replicó Natalia—, que tú y mamá me dieron bases morales muy sólidas. Ya es tiempo que me responsabilice con mis propias necesidades. Estoy segura que encontraré un esposo que apoye mis metas.

El padre admitió que era verdad lo que ella decía, y al preguntarle cuándo iría a visitar a la familia, Natalia sugirió que fueran a almorzar los dos solos.

El tuvo que revisar su horario, y finalmente encontró un día libre. Pero cuando sugirió que la llevaría a un lugar muy especial, ella replicó: "¡No papá, yo te llevaré a ti!".

Natalia aprendió en terapia que las cosas no cambian en un solo día, y que raramente la gente cambia de verdad. Es más bien una cuestión de cómo se transforma uno mismo, y cómo esa transformación afecta la forma en que nos relacionamos con otros. Ella sabía que habrían lapsos y regresiones en su propio crecimiento, así como en su nueva, y menos restrictiva relación con su familia, pero reconocía que ello era una parte necesaria en el proceso de reencontrarse a sí misma.

Ahora que comienzas el viaje hacia el fortalecimiento de tu ser, también tienes que saber que no siempre navegarás por aguas quietas. Habrán tiempos de turbulencia, y tiempos cuando los vientos del cambio parecerán haberte traicionado. Pero así es la vida... y ¿qué es la vida sino transformación? Lo que sí te aseguramos es que si pasas la tormenta, y tienes fuerzas para esperar que los vientos vuelvan a aquietarse, los cielos aparecerán más brillantes, y la brisa más llena de significado, que nunca antes.

¡Triunfaremos!

2

"No Renuncies las Tradiciones"

Mantenerse Latina,
o Volverse Angla

—¡Estoy tan avergonzada! ¡Estoy tan mortificada! —exclamó Rosario, una dominicana de veinticinco años, que vive en Nueva York con su familia—. ¡Quisiera enviarlos a todos de regreso a Santo Domingo! ¡Hoy mismo! ¿Cómo me pudieron hacer ésto? ¿Cómo me pusieron en esta situación?

A través de su trabajo en una firma de la Bolsa de Valores, Rosario había conocido a un joven banquero norteamericano, llamado Jeff, y estuvo saliendo con él durante seis meses. La familia de ella, que era extremadamente tradicional, especialmente cuando tenía que ver con norteamericanos, había estado pidiéndole que les presentara a Jeff.

Finalmente, sintiendo que la relación iba bien, y que tenía futuro, Rosario accedió.

La noche de la visita, cuando Rosario y Jeff llegaron a la casa, fueron recibidos por una multitud: allí estaban no sólo su madre, padre, hermano y hermanas, sino también innumerables tías, tíos, primos y amigos de la familia que podrían, o no, ser parientes lejanos. Jeff le dio la mano al padre y al hermano, y saludó amablemente con su cabeza al resto del grupo. Esto, para él, era una conducta social correcta. ¿Cómo iba a suponer que cada quien en la habitación esperaba un apretón de manos, o un saludo personal?

La noche fue un desastre. Más tarde, la madre le informó a Rosario que la familia había encontrado a Jeff muy frío y mal educado. Jeff, por su parte, pensó que la reacción de la familia era... "peculiar", por llamarlo de alguna manera, y que su código de etiqueta era absurdamente efusivo y pasado de moda... Y ¿adivina quién quedó en el medio de todo aquello?

Cuando la pobre Rosario trató de explicar a su familia el punto de vista de Jeff, tuvo que aguantar las acusaciones de su mamá, quien le dijo que era una mala hija y que ¡había deshonrado a todo el clan Gonzalez de un golpe!

Y al tratar de explicar a Jeff la conducta de su familia, tuvo miedo de estar formando entre ellos un abismo cultural que luego sería imposible cruzar.

Aunque Rosario nació y fue educada en Estados Unidos, y se sentía tan norteamericana como sus amigas y amigos anglos, de repente se dio cuenta que estaba viviendo en dos mundos diferentes a la vez. Estaba confrontando, quizás por primera vez, la complejidad de ser una latina en norteamérica. Y esa confrontación la desgarraba, la deprimía, y la hacía sentir insegura de quién era ella. Lo único que atinaba a hacer era preguntarse una y otra vez:

- ¿Por qué dejé que mi mamá me forzara a traer a Jeff a casa?

- ¿Por qué no supe cuán extraña parecería mi familia a una persona "normal"?
- Yo soy una de ellos. ¿Eso me hace rara a mi también?
- ¿Se atreverá Jeff a presentarme a su familia alguna vez?
- ¿Soy yo realmente una hija egoista y testaruda?
- ¿Llegaré a ser también una esposa y una madre egoista y obstinada?
- ¿Por qué me siento tan mal? ¿Porque dejé que todo pasara sin levantar un dedo para evitarlo?
- ¿Contra quién estoy molesta realmente: contra mi familia, contra mi novio, o contra mí misma?

La situación en la que se encontraba Rosario no es única. Nuestra extensa experiencia profesional y personal nos dice que, como grupo, las latinas que viven en norteamérica tienden a confrontar problemas a la hora de tomar acción. Esa ausencia de asertividad parece ser un componente significativo en la falta de autoestima. Y esto es, frecuentemente, el resultado de un choque cultural.

Los sicólogos José Szapocznik y William Kurtines han dicho que los hispanos tienden a desarrollar conflictos de autoestima si encuentran difícil integrar dos culturas. Nosotras hemos visto claramente ese tipo de problemas en nuestra clientela hispana. Sin duda, la lucha por entretejer la tradición hispana con los nuevos elementos norteamericanos, para crear un estilo de vida bicultural satisfactorio, puede provocar mucha infelicidad y dudas, si no se confronta y se entiende, como descubrió Rosario. Y es que la lucha de la mujer no sólo es con ella misma, sino con los demás, en ambas esferas, la anglo y la hispana.

El propósito de *La Paradoja de María,* y el objetivo específico de este capítulo, es hacerte comprender cómo esta batalla impacta especialmente a las latinas, y como puedes obtener el beneficio máximo de ambas culturas, con un mínimo de trastornos e incomodidad. Aquí te enseñaremos como mantener el *marianismo* a raya, comenzar la aculturación, y sentirte mejor mientras lo haces.

Obviamente, no sólo las hispanas tienen problemas para adaptarse al estilo de vida norteamericano, ni son las latinas el único grupo que tiene que lidiar con el sexismo, y el status quo masculino. Sin embargo, las presiones de la inmigración nos pueden arrastrar contra la resaca de los valores pasados. Y cuando eso pasa, y el *marianismo* entra en juego para disminuir nuestra confianza y empañar nuestro ser, tendemos a lidiar con los asuntos sociales castigándonos de una forma particularmente rígida. A veces, parece que no hay mujer en el mundo capaz de ser tan dura consigo misma, como la latina.

ACEPTANDO EL CONJUNTO DE CREENCIAS

¿Qué significa exactamente ser latina? Claramente, no existe una definición única que sirva para describir la personalidad de cada mujer hispana. Los individuos no pueden ser reducidos a estereotipos culturales, y no pretendemos ni siquiera sugerir esa idea. Sin embargo sabemos que ciertos grupos comparten conductas basadas en un conjunto de creencias —que van desde cómo te vistes, hasta cuándo te casas— y frecuentemente esas conductas definen quién eres, particularmente para los de afuera.

Tales "marcas" de la conducta no se aceptan como una elección consciente. Es más una cuestión de sentir instintivamente que cierto modo de actuar es correcto. Sin embargo, a pesar de esa aparente "naturalidad", la manera como te conduces ha sido realmente dictado por la sociedad.

Los niños aprenden las reglas de sus padres y sus maestros, y crecen para pasárselas a sus propios hijos. Y a medida que ese ciclo continúa a través de generaciones, las reglas se convierten en tradición, en "así son las cosas". Esa es una de las razones por las que, a muchos, se les hace tan difícil comprender que la mayoría de sus conductas tienen un origen cultural. Eso es así aunque no lo aceptemos. Pero no reconocerlo puede meternos realmente en problemas, como le pasó a Rosario.

Se sabe que en cualquier sociedad se puede encontrar una variedad infinita de conductas, de características individuales y de choques internos únicos, como respuesta a lo que se espera culturalmente de la persona, y sus necesidades propias. Después de todo, los seres humanos tenemos tanto una identidad cultural, como individual.

Así que no hay una definición simple de lo que significa ser latina. Pero hay puntos críticos y problemas centrados en la autoestima, que comunmente compartimos, y que se agravan cuando las presiones por la aculturación chocan contra las presiones para que no se cambie.

La Manta de Seguridad Cultural

En cuanto a la aculturación, nos referiremos a la teoría del objeto transicional, desarrollado por el siquíatra británico D. W. Winnicott. En esencia, lo que Winnicott descubrió fue que un infante se apega a un objeto específico, como el chupete, o un animal de peluche, como un recurso seguro de bienestar y consuelo —lo que los comerciales de televisión llaman "el primer amigo de su niño", y como Linus, el personaje de *Peanuts*, que jamás abandona su frazadita—. A medida que se desarrolla, el niño progresa del objeto al juego. Pero cuando el pequeño persiste en continuar apegado al objeto, aún después de pasada la edad apropiada, pueden ocurrir problemas que frecuentemente obstaculizan su desarrollo emocional.

Esa separación puede resultar difícil, pero todos, tarde o temprano, tenemos que abandonar "la frazadita" de seguridad. En definitiva ¿quién va al trabajo con un chupete en la boca? ¿O con un animal de peluche asegurado bajo el brazo? Y es porque la mayoría de la gente aprende a reemplazar el amado objeto con artículos más apropiados a la edad, como el arte, la lectura, o posesiones que nos dan placer y seguridad, y nos tranquilizan. Pero para infinidad de personas, esa transición no es fácil, porque anticipa tempranamente las pérdidas y separaciones que luego habrá que confrontar en la vida.

De la misma manera, a muchos les resulta difícil abandonar ciertos comportamientos familiares cuando atraviesan por adaptaciones culturales, incluso cuando dicha conducta no es útil, o aún remotamente aplicable a sus nuevas experiencias en Estados Unidos. Es así como, en el contexto de inmigración, ciertos hábitos arraigados pueden ser tomados por la persona, sin darse cuenta, como objetos transicionales. Y cuando te resistes a abandonar los rasgos étnicos a pesar de que no están produciendo los resultados deseados, debieras tomar ésto, como una señal de que lo que realmente temes perder, es una parte de ti misma.

En nuestra nueva vida en Estados Unidos hay muchas cosas que no nos son familiares, y que asustan hasta a la mejor ajustada de entre nosotras. Cuando nos estamos adaptando a una nueva cultura, o aculturando, algunas latinas pueden sentirse extremadamente vulnerables, y especialmente temerosas de perder el afecto y la estima de sus seres queridos, cuya presencia ayuda a enraizar nuestro sentido de ser. Demasiado frecuentemente, ese miedo las hace retroceder, en vez de avanzar.

Eludir el temor jamás lo ahuyenta. Hay que superarlo. Y el secreto para vencer el miedo es, primero, identificarlo por lo que es, y entonces buscar una solución, ya sea haciéndolo por ti misma, o buscando apoyo.

¿Conoces a otras personas que también sienten temores? Si es así, sería una gran ayuda que pudieras discutirlos con ellos. Hazte las siguientes preguntas para determinar si ciertas cosas que no te producen beneficios, las haces sólo para aliviar tus temores al choque cultural.

- ¿Sientes que tus valores están frecuentemente en desacuerdo con los de tu familia? ¿Cuáles y cómo?
- ¿Te pones nerviosa cuando tienes que decirle a tus padres algo que estás planeando: algo que las *marianistas* no hacen?
- ¿Has confrontado alguna vez a aquellos, a quienes crees que tus acciones podrían lastimar?
- ¿Te has atrevido a explicarles por qué necesitas hacerlo?
- ¿Te has saboteado alguna vez por el temor a la cultura desconocida? Por ejemplo, te alejas de las tiendas, o de barrios predominantemente anglosajones? ¿Cómo podrías remediar eso?

- ¿No te das la oportunidad de hacer amigos y amigas anglos? ¿Te dices a ti misma: "él o ella es fría y no entiende mi modo de pensar"... y lo dejas así?
- ¿Qué necesitas hacer para vencer esos temores?

La gente en quien confías, ya sean amigos o seres queridos, puede que sean mucho más comprensivos de lo que imaginas... Así que adelante. Al menos trata. Si valoras a tu familia, dales la oportunidad de probar que te apoyarán cuando lo necesites, como seguramente tú misma has hecho con ellos. Además, cuando comiences a vivir satisfactoriamente en dos mundos, vas a verlos aún más como tu "manta de seguridad positiva".

✳ DOS MUNDOS, UNA TÚ

Ya sea que optemos por ello conciente o inconcientemente, una vez que estamos en norteamérica, muchas latinas desarrollamos una nueva identidad, a la que llamaremos el *ser americano*. Tenemos que crear esa identidad para poder sobrevivir en el nuevo mundo. Y sólo cuando regresamos a nuestros países, o nos encontramos con una vieja amiga, nos damos cuenta del alcance de las diferencias mutuas.

Pasa también que, en ocasiones, durante el proceso de adaptación, muchas latinas llegamos a suprimir nuestro yo real, nuestras emociones, y nos conducimos de una manera que, creemos, es lo que se espera de nosotras, y terminamos actuando más americanas de lo que sentimos, o viceversa. Eso pasa cuando el *ser americano* del que hablamos aún no se ha convertido en una parte natural de nosotras.

Puede, incluso, que se nos vaya la mano al no querer mostrar emoción, y parezcamos frías. O, como Rosario, puede que simplemente "olvidemos" aspectos de nuestra herencia latina, y terminemos cociéndonos en nuestro propio caldo, como se dice.

Para entender cómo te va en tus dos mundos, haz una lista de las conductas que creas están determinadas por la cultura, ya sean las tradiciones latinas, o el estilo de vida norteamericano. Por ejemplo: "Yo tiendo a no hacerme valer en el trabajo", podría indicar que estás siendo manejada por el *marianismo*. Mientras "Resiento que mi familia no preste atención a mis logros profesionales", sugiere una actitud claramente norteamericana. Una forma de hacer esto más fácil, es preguntando a tus amigos anglosajones como ellos se conducirían en cierta situación. Es importante no preguntar a otro hispano, porque, como dijimos anteriormente, puede que ellos no se den cuenta que muchas de sus acciones han sido impuestas por la cultura latina.

A continuación, pregúntate:

- ¿De quién son las expectativas que estoy siguiendo?
- ¿Por qué estoy tan complicada? ¿Será porque me siento atrapada?
- Si estoy actuando de una manera específica ¿por qué lo estoy haciendo? ¿A quién estoy tratando de complacer?
- ¿No debiera tratar de complacerme a mí misma?
- ¿No debiera concentrarme en escoger y adaptarme a una conducta con la que me sienta cómoda?

La Paradoja de la Doble Cultura y la Doble Personalidad

En las páginas siguientes examinaremos los conflictos que tú, como mujer hispana, puede que experimentes al confrontar la paradójica posición de vivir en dos mundos a la vez, como si tuvieras una doble personalidad.

Usaremos el término "doble personalidad" para describir dos formas simultáneas, pero diferentes, de conducta que se siguen, de acuerdo a las normas culturales.

Por ejemplo: puede que actúes de una manera muy formal con los profesores y las personas mayores, porque eso es lo que se espera en tu cultura. A veces, sin embargo, puede que hagas cosas de acuerdo a las reglas norteamericanas, porque sabes que eso es lo que se requiere de ti para caber en esa cultura. Un ejemplo de ello puede ser llamar por teléfono a una amiga latina antes de visitarla, aunque sabes que por tradición hispana, es perfectamente aceptable que te aparezcas en su casa sin previo aviso. En algunas de esas situaciones, tú dirás: "No estoy siendo yo misma". Y cuando ese cambio de modo de actuar se convierte en tu estilo de vida, realmente te sientes como si tuvieras dos personalidades, como muchas de nuestras clientas nos han dicho.

Recuerda, cuando dejas cualquiera de los países latinoamericanos, incluyendo Puerto Rico, puede que sientas la presión, tanto interna como externa, de descartar todo lo que eres, y convertirte en una de "ellas". La perspectiva de un cambio tan dramático puede ser desconcertante y aterrador. Pero no tiene que ser así.

Algunos expertos, como François Grosjean, sostienen que un porcentaje significativo de la población mundial puede funcionar perfectamente en dos idiomas y dos culturas por lo menos. Y dado el rápido crecimiento global que configura nuestro futuro, ser bilingüe puede resultar muy beneficioso para nosotras.

Es verdad que algunos estudios tradicionales antes sugerían que el bilingüismo era perjudicial para los niños, pero los investigadores canadienses E. Peal y W. Lambert indican que el pequeño bilingüe goza realmente de muchas más opciones con las cuales mirar al mundo, que el monolingüe.

De acuerdo a la Oficina del Censo, para el año 2010, los latinos serán la minoría étnica más grande de Estados Unidos. Ya se puede ver el tremendo crecimiento de los medios de difusión en español, y como cada día, las compañías dirigen más su publicidad hacia la comunidad latina. Esto quiere decir que la presencia hispana en Estados Unidos, llegó para quedarse. Como latinas que nos estamos aculturando, debemos saber que tanto en términos económicos como estadísticos, somos realmente parte de una base de poder que está germinando, y como miembros femeninos de ese conjunto bicultural, somos automaticamente parte de un vibrante grupo de interés. Eso deberíamos tratar mantenerlo siempre en mente.

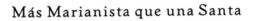

Más Marianista que una Santa

Una cosa es segura: si aceptas tus inseguridades culturales como la prueba de que algo anda mal contigo como persona, pronto te encontrarás en un callejón sin salida desde el cual aculturarse será practicamente imposible, porque siempre tendrás la tendencia de volver a refugiarte en el viejo modo de actuar. ¿Conoces la expresión *más papista que el papa?* Pues bien, si te escondes detrás de tu herencia, en lugar de seguir adelante, te puedes convertir en *más marianista que una santa.*

Toma por ejemplo el caso de Tina, una puertorriqueña de treinta años, que vino a Filadelfia cuando tenía diez, con su padre viudo, dos hermanos y tres hermanas, todos menores que ella. El padre de Tina trabajaba duramente ganándose la vida como estibador, pero después de una seria lesión, no pudo continuar haciendo ese trabajo, y se volvió profundamente amargado. El pensaba que su desgracia en norteamérica, se debía solamente a su condición de hispano, y por consecuencia inculcó en Tina y sus hermanos y hermanas, un exagerado sentido de adoración a sus raíces latinas.

Un día, Tina le dijo a su terapeuta: "Mi papi me dijo que sólo se puede confiar en los puertorriqueños, y que unicamente deberé casarme con un hombre de nuestro país".

Habían también otras situaciones familiares, pero el resultado final fue que mientras algunos de sus hermanos crecieron irresponsables y eludían comprometerse, Tina se fue al extremo opuesto, y comenzó a sobreproteger a su familia, así como su identidad hispana.

Por ejemplo, cualquier persona habría podido pensar que Tina era realmente un desastre. Estuvo tratando de conseguir un trabajo en la bolsa de valores, pero no tuvo mucho éxito. Quería tener un novio, pero tampoco tenía suerte en ese aspecto. Hasta dejó el apartamento que alquiló en Nueva York, cuando toda la familia se fue de Filadelfia, para mudarse de nuevo con ellos a *El Barrio,* diciendo que, como era la hija mayor, tenía que cuidar de sus cinco hermanos y hermanas. Desconectó el teléfono, y rapidamente fue aumentando de peso. Ahogada en la depresión, miraba pasivamente como su autoestima se hundía más y más.

Tina estaba tratando de ser *más marianista que una santa*, adhirién-dose a todas las antiguas creencias, a pesar de que en lo profundo de su corazón, sabía que hasta en su país, muchas mujeres las considerarían pasadas de moda. Pero para conseguir la aprobación de su padre, aceptó el resentimiento de él contra la cultura norteamericana, y comenzó a comportarse como una puertorriqueña atrasada. Ella creía que podía actuar de esa manera, y vivir en los tiempos actuales. Lo peor de todo era que ocuparse unicamente de las necesidades de su padre, en lugar de las suyas propias, se estaba convirtiendo en un obstáculo insalvable para su realización personal. Y así, también se estaba asegurando de nunca encontrar al hombre apropiado, ya fuera norteamericano, o la-tino. Para ella, todo lo que los hombres querían era sexo, no amor ni cariño. Y hasta el mismo pensamiento de hacer el amor, la hacía sentir culpable, porque en su país se espera que "las mujeres decentes" lleguen vírgen al matrimonio.

Cuando una de sus hermanas tuvo una mala experiencia con un norteamericano, Tina inmediatamente lo tomó como prueba de que nunca encontraría un hombre con el cual pudiera simpatizar. Conven-ciéndose a sí misma que no estaba hecha para el mundo norteameri-cano del trabajo ni del romance, voló a un ambiente familiar, donde no tuviera que afrontar nuevos retos.

Por supuesto, Tina se estaba escondiendo detrás del mandato *ma-rianista* de que las mujeres buenas deben ser sexualmente castas. Y aun-que en el contexto norteamericano este era un concepto extremo, de acuerdo con las creencias tradicionales hispanas sus sentimientos esta-ban justificados. Después de todo, el *machismo* sostiene un rígido doble standard, con el cual se espera que los hombres tengan relaciones se-xuales antes del matrimonio, y puedan ser infieles después. Si la esposa de un *macho* está embarazada, enferma, o no tiene deseos de cumplir "sus deberes conyugales", se considera que el hombre tiene el derecho de buscar satisfacción en otra parte.

No es que los temores de Tina fueran una locura, sino que estaban radicalmente mal ubicados en su nuevo país. Ella estaba viviendo realmente la doctrina *marianista* de que las mujeres pueden con todo tipo de sufrimiento. Su caso de "*marianitis*" no era terminal, pero era muy grave.

¿Cuán Marianista Eres Tú?

A continuación, hay una lista de síntomas de "marianitis". Para saber dónde encajas tú en el espectro, primero enumera los síntomas y sentimientos en orden de prioridad personal. Luego sepáralos en aquellos que puedes trabajar sola y aquellos para los cuales necesitas la ayuda de un amigo.

- Realizas tareas para otros, porque sientes que eso es lo que se espera de ti, aunque preferirías no hacerlo.
- Pides excusas cuando sientes una ira justificada. Por ejemplo, reaccionas agresivamente contra el dolor o el abuso, entonces te sientes culpable y pides disculpas por esa reacción.
- Tomas acciones, o das opiniones que muy dentro de tu corazón, sabes que no están de acuerdo con lo que realmente deseas. Por ejemplo, tomar más responsabilidades de las que puedes, porque al hacerlo te sientes una buena persona.
- Te menosprecias, especialmente al tratar con hombres, o jefes.
- Te sacrificas sin necesidad. Por ejemplo, dejas que los amigos o parientes se queden en tu apartamento, a pesar de no tener espacio.
- No puedes decir *no* a la gente, incluso cuando es claro que se están aprovechando de ti.

• Aceptas una relación anormal. Por ejemplo, permitiendo que tu esposo te engañe, porque "el papel de la mujer es aceptar y tolerarlo todo".

• Te pones a tí misma, y a tus necesidades siempre en último lugar.

• Sacrificas tus propios deseos, mientras te esfuerzas en complacer a otros.

• Reaccionas nerviosamente cuando te critican, porque sientes que es tu culpa.

• Dejas que un hombre se tome libertades sexuales contigo, incluso cuando realmente no deseas que lo haga.

• Dices que sí a la sugerencia de ir a un restaurant, o a un cine al que no quieres ir, solo porque otros quieren.

Ahora, haz una lista de cosas en tu vida que preferirías fueran diferentes. Aquí, de nuevo, separa las que sientas que puedes cambiar por ti misma, de las que no. No pierdas el tiempo deseando ser más alta, o más delgada. Escoge conductas que realisticamente puedas transformar.

Comienza a trabajar ahora en todo lo que puedas cambiar por ti misma.

Entonces decide cuán significativamente impactan en tu vida las cosas que no puedes modificar sin ayuda. ¿Cuánta pena te causan? ¿Obstaculizan seriamente tu felicidad, tu paz mental y tu equilibrio?

Si tu respuesta a estas preguntas es sí, necesitas buscar ayuda profesional antes de intentar aculturarte. En el capítulo 9 te daremos una guía específica sobre como hacerlo.

El Fatal Error de "Tomárselo Personalmente"

Si quieres vivir una buena vida en tu nuevo país, es imperativo que seas flexible en cuanto a las diferencias culturales. La mejor forma de hacerlo es no tomarse personalmente los choques culturales. Tienes que recordar constantemente que los problemas que enfrentas son una parte normal e inevitable del proceso de aculturación. En esos casos, no es tu persona quien está bajo ataque, es tu condición de latina luchando por aprender, por primera vez, las reglas de la cultura norteamericana.

Tina, parapetada detrás de los viejos valores, tomaba a corazón cada cosa que percibía como desaire, y lo usaba en contra de ella misma. Rosario, enfrentando el problema desde el otro extremo del espectro, era perseguida por los mismos temores de insuficiencia. Sin embargo, como una latina considerablemente más aculturada, tenía suficiente perspectiva, al menos, para cuestionar su conducta.

Cuando te sientas personalmente bajo ataque, recuerda que no tienes que descartar todo tu bagaje cultural, sino que las viejas reglas deben ponerse en un contexto diferente. Después de todo, las primeras palabras que oíste, que te tranquilizaron y te nutrieron, fueron dichas en español. Tu primer vestido de tafetán, tus primeros zapaticos de charol, tu primera fiesta de cumpleaños y tu primera comunión, fueron momentos de gran alegría. ¿Cómo podrías descartar esos queridos tesoros de tu pasado? Y además ¿por qué habrías de hacerlo?

Pero en lo que sí tienes que tener cuidado, es en no apegarte, sin darte cuenta, a tradiciones que son obsoletas, y que probablemente ya no funcionan ni siquiera en tu país, mucho menos en Estados Unidos. Si vives aquí, y continúas tratando de cocinar como tu abuela, y de mantener la casa como tu mamá, y además esperas que esos quehaceres satisfagan tu existencia, la realidad es que estás fuera de contacto con los papeles que el hombre y la mujer juegan en la norteamerica de hoy.

De la misma manera, si te presentas a una entrevista de trabajo en una prestigiosa corporación, vistiendo ropas apretadas y de colores escandalosos, sandalias con los dedos afuera, y aretes que te llegan a los hombros, prepárate para no obtener el puesto.

Sobre ese tema, quizás te sea de utilidad preguntarle a tus amigas si alguna vez enfrentaron situaciones en las que sintieron que estaban vestidas impropiamente. Sería interesante comparar notas con ellas. Con frecuencia, intercambiamos con colegas latinas nuestras experiencias en ese campo. Y aunque en el momento en que pasaron no nos hicieron gracia, hoy nos reimos una y otra vez de aquellas cosas.

Piensa ahora en una entrevista o fiesta en la que te sentiste fuera de lugar. ¿Qué emociones te produjo esa incomodidad? ¿Te culpaste a ti misma? ¿Te sentiste intimidada? ¿Te molestaste y como resultado desahogaste tu ira?

Ahora recrea esa misma situación, haciendo uso de lo que aprendiste en este capítulo. ¡Cómo te vestirías si la entrevista tuviera lugar hoy? ¿Crees que las cosas serían diferentes si usaras otra ropa?

Repasa cuidadosamente tus respuestas, y así tendrás una idea aproximada de tus progresos transculturales, y podrás modificar esos viejos hábitos que ya no te dan resultado.

Ahora ya estás lista para poner manos a la obra, y comenzar a fortalecer tu autoestima como hispana, como mujer, y como ser humano. Independientemente de como te sientas en este momento, te damos nuestra palabra de que cuando termines de leer este libro, estarás en una excelente posición para incorporarte a la cultura norteamericana, con renovado orgullo de tu condición de latina. Pero para hacerlo, primero debes aprender los aspectos básicos de la seguridad en ti misma, confiar en tu sentido innato de lo que es bueno para ti, y darte el poder de generar un compromiso cultural. Eso es precisamente lo que tuvo que hacer Ramona, una peruana de veintiocho años.

El Gran Impacto del Choque Cultural

Ramona se enamoró de Peter, un norteamericano, durante una visita que él hizo a Perú. Allí, Ramona era considerada una mujer decidida y vibrante, con una gran confianza en sí misma. Ya había pasado por un divorcio, y vivía sola sin ningún reproche por parte de su familia. Como el español de Peter era muy limitado, y porque ella sabía como manejarse, él la percibió como una mujer independiente y sofisticada.

Pero cuando Ramona y Peter se casaron, y vinieron a Estados Unidos, las cosas cambiaron. De repente, él comenzó a criticar su manera de vestir, de hablar y de actuar. Miraba con desdén los coloridos vestidos de algodón, y los aretes colgantes que tanto le gustaba verle puestos en Perú. Pensaba que el gusto de Ramona para la decoración de interiores era chillón, que su inglés era demasiado forzado y florido, y no podía soportar que llamara a la gente con diminutivos, como "Pedrito", o "Juanito". Cuando ella se reunía con amigos, y celebraban las ocasiones especiales de Perú, él se ponía intolerante y crítico.

Peter también se quejaba constantemente de lo que consideraba la "pasividad" de ella, y su incapacidad de adaptarse a la vida de él en Estados Unidos. En Peru, Ramona le recordaba una mujer norteamericana, y en parte fue eso lo que le atrajo de ella. Sin embargo, en Estados Unidos, de repente la vio demasiado anticuada.

Ramona estaba viviendo una crisis de aculturación, con la presión añadida de Peter que le exigía abandonar completamente sus tradiciones, y se asimilara, en lugar de adaptarse.

Imagina la angustia de Ramona. Estaba aterrorizada de tener que abandonar sus creencias culturales, y afrontar la pérdida de su identidad hispana. Reaccionando a esos temores, y para asegurarse que él la aceptara, ella se aferró al *marianismo* y asumió con Peter un papel anormalmente sumiso.

Ese abrazo al *marianismo*, era el modo de Ramona de sentirse en control, en un momento en que estaba experimentando una vulnerabilidad que no entendía. Pero lo que estaba haciendo, era tomarse personalmente los problemas de la aculturación, en la creencia de que "es mejor malo conocido, que bueno por conocer". Desde esa perspectiva, Ramona creía genuinamente que si no reaccionaba pasivamente en su matrimonio, sería considerada *una mala mujer*, porque estaba "fallando en complacer a su esposo, y en mantener la armonía del hogar".

A medida que su infelicidad la llevaba más y más profundamente a aferrarse a lo tradicional, la perseguían voces internas diciéndole que el hombre siempre tiene la razón, y que el más alto juez de su valía personal era él. No es necesario decir que mientras más *marianista* ella se volvía, más crueles eran las críticas de Peter. Pronto se fue sintiendo cronicamente inadecuada y deprimida, culpándose de que su propia falta de méritos le causaran los problemas. Ella no podía entender que estaba siendo sacudida por el choque de dos tendencias culturales diferentes.

ACCEDIENDO AL COMPROMISO CULTURAL

Una de las primeras lecciones que una latina debe aprender en el nuevo país, es que los seres humanos pueden expresar diferencias culturales, y aún seguir siendo "normal". El choque cultural —y con suerte su resolución pacífica: el compromiso cultural— es un aspecto casi universal de la vida en las postrimerías del siglo veinte. Pero esa lección no se aprende facilmente. Rosario, por ejemplo, sentía que no podía llegar a ser una mujer con costumbres y valores latinos fuertes, y a la vez, una angla bien integrada. Estaba atrapada en la creencia de que tenía que escoger entre lo uno o lo otro, cuando realmente no era así.

En efecto, el tener que hacer ese tipo de elección, es lo que causa más daño personal, ya que provoca el choque cultural, en lugar de buscar un compromiso.

La verdad de esa afirmación la podemos ver en el caso de Tina, que se enclaustró dentro de *El Barrio* y desistió de cualquier posible intento de adaptarse al estilo de vida del nuevo país. También lo podemos apreciar en el cambio radical de la independencia a la sumisión, que experimentó Ramona cuando enfrentó la aculturación.

No hay duda que cuando el choque cultural ocurre, como suele pasar, pueden producirse serias irregularidades de comunicación. Podemos sentirnos fuera de foco, y aún peor, que somos menos que los demás, o sin mucho valor, inferiores y carentes de autoestima. Después de todo, tu comportamiento refleja lo que eres. Cuando ese comportamiento es puesto en duda, o invalidado por otros, sientes que es tu persona la que está en falta. Raramente tenemos la habilidad de separar instintivamente y con ecuanimidad, la conducta cultural, de la individual.

Un ejemplo significativo para tratar aquí, tiene que ver con la *simpatía*, a lo que Magaly Queralt se refiere como la tradición hispana de calor humano, el contacto social expresado físicamente.

Sylvia, una sicoterapeuta paraguaya, asistió recientemente a la reunión de graduados de su escuela, donde se encontró con su profesora norteamericana favorita, a quien no había visto en trece años. Impulsivamente, Sylvia fue a abrazar y besar a su mentora, como lo haría sin pensar una latina *simpática*. Para su sorpresa, la mujer inmediatamente la rechazó, porque en su marco cultural, las emociones no se muestran tan publicamente, especialmente cuando se trata de un subordinado.

Por suerte, Sylvia tenía el bagaje profesional para darse cuenta de que lo que pasó no fue un rechazo a su persona, sino un choque cultural. Armada con ese conocimiento, ella pudo distanciarse, y de manera natural adoptar una forma más tibia, que era más comprensible y menos amenazante para la maestra. Comprendiendo que la situación demandaba el cambio de su actitud latina, por el modo de actuar norteamericano, Sylvia adaptó exitosamente su conducta al contexto particular en el que se encontraba. Lo que ella hizo fue acceder a un compromiso cultural.

¿Haz experimentado tú algo similar a lo que vivió Sylvia?

Piensa en ejemplos de tu vida, momentos en que hayas actuado de una manera con alguien, para después entender que debiste actuar de forma diferente —cuando actuaste como hispana y fuiste recibida con frialdad, e incluso conmoción.

¿Cómo te sentiste? ¿Te culpaste? ¿Te dijiste: "esta persona actúa diferente a mí. Así son los americanos", o te sentiste inferior?

Una vez reconocido que el ataque no fue personal, sino realmente un choque cultural ¿te facilitó ello interactuar de manera diferente? ¿Te ayudó esa experiencia a entender la necesidad de desarrollar tu identidad norteamericana?

Readaptarse + Refrenarse = Ajustarse

Si te sientes atrapada entre las culturas norteamericana y la hispana, es porque estás viendo la situación de la manera equivocada. Sería mejor

que aprendieras lo que Ramona tuvo que asimilar: que un ajuste saludable no tiene que irse a los extremos. Por el contrario, consiste en
"readaptarse" y "refrenarse" gradualmente para mezclar dos estilos
marcadamente diferentes. Como un ejemplo concreto, ya hemos mencionado algunos problemas potenciales en cuanto a la ropa. Explore-
mos en mayor detalle el "código del vestir".

Todos sabemos que nuestra selección de colores, estilos de zapato,
peinado y manicura, dicen mucho de nosotras mismas como latinas y
como persona. En tu nuevo país, podrías elegir continuar vistiéndote
como lo hacías antes porque te sientes cómoda, más "tú". Sin embargo,
si te pones un vestido muy descubierto, muy florido en invierno, muy
corto, joyas de tamaño grande, tacones de estilete, y largas uñas posti-
zas con calcomanías, para ir a la escuela o al trabajo, estarás resaltando
de entre tus compañeros estudiantes, trabajadores y maestros. Y ello
será una invitación abierta a que te juzguen injustamente, como pasaría
en la entrevista de empleo que describimos anteriormente.

Tú puedes, por supuesto, vestir lo que quieras, adondequiera que
vayas. Pero debes estar preparada para las reacciones que podrías recibir
de los demás. También debes estar consciente de que cosas que funcionan en una situación, podrían no servir en otra. Por ejemplo, si para la
entrevista de trabajo te vistes como una norteamericana, con traje sas-
tre, pequeños aretes, etcétera, darías una impresión diferente, y esa diferencia podría ganarte el trabajo. Puede que eso no te guste, pero esas
son las reglas del profesionalismo en Estados Unidos.

Y adaptarse a esas reglas ¿sería claudicar?

Todas nosotras, alguna vez, nos hemos comportado a conciencia
en contradicción con nuestro ser hispano, y al actuar a la americana
hemos sentido que estamos traicionando nuestra identidad étnica. Ese
es un típico ejemplo de la falsedad de la elección obligada.

Lo crucial para una aculturación exitosa es ver más allá de esa
elección, calibrando la situación cultural particular, y determinando
qué conducta sería más apropiada en el contexto en el cual nos encontramos en un momento específico.

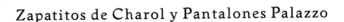

Zapatitos de Charol y Pantalones Palazzo

Se dice que muchas latinas se sobrepasan al vestirse, y quizás es porque cuando estábamos creciendo nuestro uniforme fue esos zapatitos de charol y el vestido de tafetán. Julia, una profesora universitaria de cuarenta y cinco años, de República Dominicana, recuerda que cuando asistió a la primera fiesta de su escuela secundaria en Estados Unidos, ella era la única vestida de etiqueta en el salón. Durante unas recientes vacaciones en Irlanda, ella salió una noche, con un grupo de asociados, a una taberna literaria en Dublin.

"Han pasado años desde aquel primer baile de secundaria —recuerda ella—, pero yo era aún la más arreglada en el salón. Comencé a sentirme incómoda hasta que me recordé a mí misma, que ello era parte legítima de mi historia cultural. Así que ¿qué me importaba que el resto del grupo vistiera vaqueros, y yo pantalones palazzo? Después de todo no estaba emperifollada como Carmen Miranda, ni vestía un traje de noche. Una vez que comprendí que no había razón por la cual yo tuviera que lucir precisamente igual que todos los demás, me relajé, mi timidez desapareció y pude disfrutar a fondo".

Recuerda que ser bicultural significa tener acceso a dos tipos de conducta, según requiera la ocasión. La clave para lograr esa perspectiva con éxito, es ser capaz de ser tú misma —una persona multifacética que puede expresar con distintas tonalidades los diferentes aspectos y la fuerza de ambas culturas.

Revisemos cómo funciona el código del vestir. Hemos aprendido que la clave es usar ropa apropiada al clima, a la estación, y a la ocasión. Y aunque ya has dominado las reglas de la moda norteamericana, debes desarrollar tu propio estilo. Si ese estilo es determinado por los valores culturales hispanos, mezclados con los norteamericanos, has triunfado en combinar lo mejor de ambos mundos. La clave es la flexibilidad, lo cual te permite a su vez acceder al compromiso cultural. Y eso fue lo que Julia aprendió.

He aquí un ejercicio para ayudarte a juzgar tu flexibilidad cultural.

Es importante que cuando vayas a hacerlo, estés lo más relajada posible. Primero afloja cualquier artículo que te apriete, como cintos, o medias largas. Escoge un momento cuando no vayas a ser interrumpida. Si quieres pon alguna música suave, baja el volumen del teléfono y de la contestadora automática. Antes de que comiences con las preguntas, respira suave y ritmicamente, hacia adentro y hacia afuera, contando hacia atrás desde el 10 hasta el 1.

Ahora pregúntate: ¿Siento que estoy obligada a funcionar culturalmente de una forma única? En situaciones específicas: ¿tengo que ser totalmente hispana, o absolutamente anglo? Si tu respuesta es sí, anota en una libreta o en un pedazo de papel situaciones donde hayas actuado de esa manera, así como la conducta, reacciones y opciones que experimentaste o que podrías haber usado en cada una de ellas.

Cuando termines, pregúntate: ¿Siento que puedo confiar en mi intuición para hacer las cosas bien? ¿O dudo tanto que cuando reacciono a la situación de una manera apropiada, ya es demasiado tarde?

Si sientes que estás metida en un atolladero, hazte una pregunta que muchos terapeutas recomiendan a sus clientes: ¿Qué es lo peor que podría pasar si hago algo socialmente incorrecto? Esta es una parte importante del ejercicio porque es muy reveladora.

Ahora pregúntate con toda honestidad: ¿me he avergonzado alguna vez por la conducta de mis familiares, y como resultado me he sentido mal conmigo misma? Si tu respuesta es sí, apunta los momentos que recuerdes más vividamente, y explora qué acciones podrías haber tomado, en lugar de sentirte apenada.

Recuerda que esos son tus sentimientos, y tú tienes derecho a sentirlos, pero la verguenza y la pena son emociones esencialmente improductivas. Además, no olvides que no eres responsable de la conducta de nadie, como tampoco puedes cambiar a los demás. Tú sólo puedes cambiarte a ti misma, y modificar la forma en que reaccionas a ellos.

¿Has usado alguna vez el conjunto de creencias latinas para eludir enfrentar algo? Responder a esta pregunta requiere relajación, y mucha búsqueda interior, porque muchas de esas acciones se hacen inconscientemente. Sin embargo, traerlas a la conciencia es un paso esencial que no puede y no debe ser eludido, cuando te persigue el falso sentido de culpa de estar traicionando valores tradicionales hispanos, como el *familismo*.

EL FAMILISMO Y EL AUTONOMISMO

Rosario, Ramona y Tina, todas ellas, tenían problemas relacionados con el *familismo*, lo que, como hemos dicho, es el mandato *marianista* de poner las necesidades de tu familia antes que las tuyas propias. Durante el proceso de aculturación, nos sentimos inclinados a usar el *familismo*, como un medio de evitar la confrontación de nuevos retos culturales. Y por supuesto, no estamos sugiriendo que cortes los lazos que te unen a tus seres queridos, sino que los redefinas.

El *familismo* ha jugado siempre un papel importante en las sociedades rurales, donde para sobrevivir más facilmente, las familias viven cerca, y dependen los unos de los otros. Frecuentemente, allí no hay niñeras pagadas, envío de comidas rápidas a la casa, ni taxis que te lleven al aeropuerto. Por lo que uno tiene que contar con la ayuda de los familiares.

Sin embargo, en sociedades avanzadas tecnológicamente, la mayoría de las personas viven y trabajan a cierta distancia los unos de los otros. No se puede depender de que los seres queridos estén siempre allí, ni tampoco debe ser así. En lugar de depender de un sistema que es inapropiado en nuestro nuevo contexto cultural, debemos adoptar un estilo de vida satisfactorio, basado en el **autonomismo**.

El *autonomismo* significa la adopción de un estilo de vida en el cual podemos hacer decisiones basadas en lo que es mejor para nosotros, sin herir a los demás, ni ser irresponsables. Ello supone atender nuestras necesidades, pero no de una manera egoista. También incluye poder contar con los demás cuando la ocasión lo amerita, pero no automáticamente. Después de todo, nadie puede vivir aislado y hacerlo todo siempre solo. El *autonomismo* quiere decir, en resumen, cuidarnos de una manera saludable.

Si el concepto de *autonomismo* te atrae, pregúntate lo siguiente: ¿Te has encontrado en situaciones donde no puedes obtener lo que deseas, debido a razones que parecen válidas, hasta que realmente las analizas? Por ejemplo, no poder decir **no** a un familiar o amigo que quiere visitarte cuando estás en medio de una crisis del trabajo o de la escuela. O no ir sola a un restaurant porque la gente podría mirarte de una forma rara.

Si lo hiciste ¿pudiste sobreponerte al sentido de culpabilidad que producen las voces internas *marianistas*, y seguir adelante con valor?

Eso está bien. No obstante, cuando primero comiences a enfrentar las complejidades del cambio, no coquetees con el desastre exigiéndote demasiado.

Asimismo, si te ha resultado muy difícil encontrar la fuerza para comenzar a realizar el cambio tú sola, consulta a un buen amigo, con cuyo apoyo puedas contar. No recurras a nadie que creas va a criticar tu arriesgada actuación. Si te percatas que estás comenzando a hacerlo, recuerda firmemente que te estás saboteando.

Más adelante en el libro, te daremos instrucciones para formar grupos de apoyo con tus amigas, llamados *tertulias*. Si el grupo que formas está compuesto del apropiado tipo de mujeres, la *tertulia* puede hacer maravillas por tu autoestima.

Por Supuesto Que Puedo Sufrir, pero ¿Por Qué Habría de Hacerlo?

Aunque ambas autoras de este libro somos hispanas, y terapeutas, nos resulta difícil entender por qué tantas latinas magníficamente capacitadas no triunfan. Hemos llegado a la conclusión de que la dificultad de triunfar en Estados Unidos se debe, al menos en parte, al apego a la creencia *marianista* de que "como la mujer es capaz de todo tipo de sufrimiento, su destino en la vida es ser infeliz".

Tomar el sufrimiento como algo inevitable, y aceptar la desdicha como parte de tu papel en la vida, sin ni siquiera dudar de la validez del concepto, es una garantía segura de que no podrás aculturarte. Si quieres reconocer tu verdadero potencial de mujer hispanoamericana, debes desafiar ese modo de pensar, identificándolo, comprendiendo sus orígenes, y fundamentalmente tomando la decisión consciente de descartarlo.

Aquí vamos a recomendar el uso de una técnica particularmente efectiva, que llamaremos un ejercicio de *validación personal*.

Por ejemplo, si constantemente te sientes vulnerable, y temerosa de expresar sentimientos como la ira, debes buscar en tu interior los motivos por los cuales te sientes así. Si es porque creciste con la creencia *marianista* de que *las damas no gritan ni se comportan mal*, el siguiente ejercicio de validación puede ayudarte.

Empieza por repetirlo al menos diez veces antes de irte a la cama, y hazlo de nuevo, cuando despiertes por la mañana. También repítelo cada vez que sientas que tu autoestima y tu resolución se debilitan:

"Tengo todo el derecho de expresar mis sentimientos, particularmente si me están haciendo daño". "No tengo por qué aceptar conductas ajenas que sean perjudiciales a mi autoestima".

Por sencillas que parezcan estas frases, cuando se repiten como recomendamos, tienen un poder increíble para levantar el ánimo, e impulsar tus resoluciones. ¡Simplemente inténtalo, y pronto verás que tenemos razón!

He aquí otras preguntas y ejercicios que te guiarán por la senda de la autovaloración:

¿Sientes que te atas a un pasado restringido para mantenerte cerca de los tuyos?

¿Crees que te ayudaría mantener una conversación franca y abierta con tus padres, u otro cualquiera que te ayudara a aclarar tu confusión?

¿Has oido hablar alguna vez sobre el concepto de amor hacia uno mismo? ¿Cómo te hace sentir la idea de quererte a ti misma? ¿Perpleja? ¿Desconcertada? ¿Culpable? ¿Entusiasmada?

Ámate a Ti Misma

Unas palabras sobre cómo se logra el amor hacia uno mismo. En realidad, no es difícil describir el autocariño. Lo dificultoso es comenzar a aplicar el concepto. He aquí una buena forma de empezar.

Piensa en una persona específica, incluso una mascota a quien realmente quieres. Ahora pregúntate: ¿Cómo sé que amo a esa persona o criatura? Probablemente verás que en lo que se refiere a ella, eres inusualmente tolerante y raramente crítica. Quieres darle placer y evitas hacerle daño. Te complace darle regalos, cocinar sus comidas favoritas, celebrar su cumpleaños. Su presencia alegra tu vida cuando estás triste, y su risa te deleita. Para ti cuidarla no es un deber, sino un placer.

Ahora piensa en ti, como si tú fueras esa persona en particular. Si después de un duro día estás demasiado cansada para realizar quehaceres que pueden esperar, puedes decirte: "Me voy a tomar un descanso, y hacerlo mañana". Si alguien hiere tus sentimientos sin justificación, confórtate diciendo para tus adentros: "¿Qué le pasa?". Presta atención a lo que tus sentimientos y tu corazón te están pidiendo, y no te juzgues demasiado severamente. La gente que se ama siempre se esfuerza en ser especialmente considerada, y sabe que puede fiarse de sí misma.

Poder contar consigo misma: eso es lo que Tina, la joven puertorriqueña que rechazaba aculturarse, aprendió a través de mucho trabajo, y mucha valentía.

Cuando su depresión aumentó más y más intensamente, ella se avivó y comenzó su terapia. Allí gradualmente se fue dando cuenta que aunque se negara a verlo, ella, y solamente ella, era la responsable de cambiar su aplastante infelicidad. Entendió que había estado actuando cada vez más de acuerdo con los dictados del *marianismo*, y el resultado fue una cadena ininterrumpida de fracasos. Tina se negaba a autoafirmarse porque estaba convencida que de acuerdo a las expectativas culturales, ese era su destino. Cuando en realidad, lo que pasaba era que no se estaba cuidando. Se saboteaba cuando asistía a una entrevista de trabajo vestida impropiamente, o cuando se presentaba de una manera inadecuada y contraproducente.

Algunas de las razones con las que explicaba sus dificultades en completar su grado, eran también completas distorsiones. En terapia aprendió que se estaba negando inconscientemente a ser la única persona exitosa en su familia, porque temía que ésto la separara de ellos.

Una vez que entendió que se estaba escondiendo detrás del prin-

cipio *marianista* del autosacrificio, la Tina real comenzó a emerger. Empezó a hacer cosas para ella, se puso a dieta, fue a cursos de salud, se arreglaba las uñas, se mimaba con baños de burbujas, y se iba de vacaciones sin su familia.

Eventualmente, pudo decir que no —sin sentirse abrumada por la culpa— a cosas que en lo profundo de su corazón sabía que no eran sus responsabilidades. Y a medida que su autoestima creció, Tina pudo liberarse de las ataduras de su familia, y hacer amigos. Con todo este nuevo apoyo en su vida, pudo encontrar un trabajo que la satisfacía. Y por último, comenzó a salir con un compañero de trabajo, y terminó casándose con él.

Ahora Tina es madre de dos hijos, y está asegurándose de que crezcan orgullosos de su herencia hispanoamericana, pero con un mínimo sentido de culpabilidad. Una cosa que no les permite, es esconderse detrás del complejo de culpa, como ella hizo. Y ha continuado manteniendo una relación estrecha con su familia, sólo que ahora, esa relación no es una carga para ninguno de ellos.

Venciendo la Vergüenza

Rosario también vino a terapia describiendo el conflicto entre la tradición hispana de su familia, y la norteamericana de Jeff, como una crisis de identidad propia. En las sesiones, se le pidió que examinara las posibles opciones y soluciones de la crisis. Y comenzó preguntándose: "¿Fue realmente extraña la conducta de mis parientes?".

De acuerdo a su cultura, no. Entonces ¿que debió haber hecho para evitar el choque cultural entre ellos?

Evidentemente, ella debió haber anticipado que en su casa, Jeff iba a ser recibido por una multitud que lo iba a criticar. Así que tendría que haberlo preparado. Pero eso ni siquiera se le había ocurrido, lo que la llevó a reconocer que estaba tan avergonzada de su familia, que había preferido no pensar en ello.

Como todos nosotros en un momento u otro, ella optó por no enfrentar realidades molestas, esperando que desaparecieran por sí solas.

Y finalmente comprendió que Jeff no era el único que pensaba que su familia era rara. Ella misma sentía que las costumbres y valores hispanos, que compartía con ellos, los hacía a todos parecer diferentes, incluyéndose ella.

Seguidamente, se le pidió que pensara en los pasos que podía haber tomado para evitar el choque cultural. He aquí las conclusiones a las que llegó:

Podía haber enfrentado los sentimientos negativos que prefirió ignorar, y haberle dado a Jeff una idea más clara de lo que podría esperar al interactuar con una familia hispana tradicional. Podía haberle explicado que el *familismo* exige lealtad a todos los miembros de la familia, y que traer un pretendiente a casa, es una ocasión importante, casi una ceremonia ritual en muchas familias tradicionales, y que además de conocer a docenas de parientes, todos ellos esperarían una muestra de respeto, un gesto personal.

Por otra parte, debió haber explicado a sus padres, que Jeff podría sentirse abrumado al ver la multitud que le esperaba, e inseguro de lo que tenía que hacer. El simple hecho de haber informado a una o ambas partes lo que podrían enfrentar, hubiera evitado los malos entendidos, el dolor y la verguenza.

Una vez que Rosario comprendió donde estuvo su falla, se sintió mejor preparada para lidiar con este tipo de problemas en el futuro.

La lección más importante que ella aprendió de esa experiencia, es que ante el choque cultural, los miembros de la familia González respondieron volviéndose ultra-hispanos, mientras Jeff reaccionó de una manera ultra-americana. Su papel, desde ese momento habría de ser, primero, buscar dentro de ella misma un compromiso, y luego promoverlo entre los suyos y su novio. Tendría que responsabilizarse con que los unos y los otros aprendieran a conocerse sin menospreciarse, ni juzgarse.

Eventualmente, Rosario pudo felicitarse por haber logrado que ambas culturas llegaran a conocerse. De hecho, se sintió conmovida al ver que a medida que Jeff se soltaba, su familia se volvía mucho más flexible.

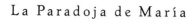

Es importante recordar que Rosario pudo tomar control del choque cultural, y negociar un compromiso, sólo cuando comprendió que antes había estado sintiéndose avergonzada, y actuado desde esa postura.

También se aclaró que su crisis de identidad se profundizó, cuando ella cayó en la trampa tradicional *marianista* de culparse a sí misma y temer enfrentar tanto a Jeff como a su familia.

Aprendiendo a Ser Objetiva

Ramona también llegó a beneficiarse del *autonomismo*. A sugerencia de su esposo Peter, buscó ayuda en la terapia, y pronto pudo ver que, inconscientemente, había perdido el control cuando adoptó papeles que eran un compendio de puras nostalgias anticuadas. Igualmente estaba percibiendo como un ataque personal las enérgicas enseñanzas de Peter, a menudo insensibles. Y el hecho de que nunca se le ocurriera confesarle que se sentía particularmente vulnerable, y que jamás le pidiera ser más sensible a sus necesidades, era la prueba de que la sumisión *marianista* fue su respuesta a las nuevas exigencias culturales.

Al principio Ramona no entendía que adaptarse a una nueva cultura lleva implícito estrés y vulnerabilidad, y que mientras mayor es la disparidad entre ambos estilos culturales, mayor es el estrés. En terapia se le ayudó a ver que estaba empleando temores y dinámicas traidas del Perú, que aumentaban su vulnerabilidad en vez de aliviarla. En su país ella era considerada *una mujer moderna*, que pudo encontrar un compromiso cultural para Peter, y ayudarlo a ajustarse al mundo de ella. Pero aquí los papeles cambiaron. El no quería que ella sintiera el deber de cuidarle, como si fuera su madre.

Durante el tratamiento, Ramona admitió que muy dentro de ella sabía que tenía que moverse en una nueva dirección, del *marianismo* a la autoestima, incluso antes de comenzar a aculturarse, y aprender a ser bicultural, que era lo que deseaba.

Finalmente logró distanciarse lo suficiente del conflicto, y pudo ver que la causa del problema era su confusión cultural, y no la falta de valor personal. Una vez que vio las cosas con más objetividad, pudo explicar sus pensamientos y sentimientos a su esposo, sentir que él la escuchaba, y así expresarle su disposición a aceptar muchas de sus sugerencias.

Entonces fue capaz de establecer un compromiso: de la misma manera que ella había ayudado a Peter a adaptarse a Perú, él podía ser recíproco sirviéndole de guía en norteamerica. Fue honesta en reconocer que todavía le quedaban muchos cambios por hacer, y en admitir que necesitaba mucho de su apoyo para lograr vencer el miedo a la aculturación.

Con su corazón y su mente abiertos, Ramona comenzó su difícil pero emocionante viaje que la llevaría a convertirse en *una nueva marianista*, una mujer que podía convivir en dos mundos.

La Nueva Marianista: El Bello Arte de Adaptarse

Tú estás leyendo este libro porque también escogiste el camino que te llevará a convertirte en una nueva *marianista*, cuyo lema es : "La mujer puede transformar el sufrimiento en amor propio".

Si eres inteligente, conjugarás valores hispanos como el *familismo* y *la simpatía* con la confianza y el respeto, y así ganarás el apoyo de tus amistades y seres queridos, para lograr tus metas, en beneficio de todos. Sólo cuando crees sinceramente que mereces ese apoyo, es cuando lo alcanzas. Y justo cuando lo alcances, es cuando te sentirás libre para enfrentarte con toda confianza al gran mundo de posibilidades que espera por ti.

Para concluir este capítulo, queremos repetir que al venir a Estados Unidos, todos pasamos por un difícil proceso de adaptación, a menos que nos aislemos totalmente de la realidad que nos rodea. Pero lo que hace la diferencia entre los que triunfan y los que fracasan, es el camino que se escoge. Podemos escondernos detrás de nuestras tradiciones, como Tina y Ramona, o podemos tratar de "pasar" por norteamericana, como hizo inconscientemente Rosario... O, por el contrario, nos aculturamos, y tratamos de fundir los aspectos más positivos de ambos patrimonios culturales en una sólida estructura donde podamos construir una autoestima saludable.

Es casi seguro que se producirá la crisis de identidad, porque ello es parte integral de la transición cultural, que no se puede eludir. Pero entendiendo la situación, puedes estar preparada para defenderte.

Recuerda, cualquier proceso de adaptación no es cosa de juego. Inclusive, mudarse a un nuevo barrio puede producir ansiedad a cualquiera. Pero si te despojas de los esquemas mentales negativos del *marianismo*, y adquieres las habilidades de la autoafirmación, la transición puede ser mucho más fácil y excitante.

3

"No Te Quedes Soltera, No Seas Independiente, Ni Tengas Opinión Propia"

▭

Reforzar el Marianismo,
o Forjar un Estilo de Vida
Que Te Satisfaga Personalmente

—Como decía mi mamá: *"¡Los hombres tienen que tomar las grandes decisiones!"*—. Insistía Aurora, una mujer de treinta y cinco años, de ascendencia ecuatoriana, que vino a terapia quejándose de una depresión crónica. Ella es maestra de una escuela pública. Conoció a Larry, su marido irlandés norteamericano, cuando éste era supervisor del distrito donde ella enseñaba. La madre de Aurora, una señora más que tradicional, hubiera preferido que su hija se casara con un latino, pero le dio su consentimiento a Larry porque pensaba que era un buen católico.

A lo largo de diez años de matrimonio y del nacimiento de dos niños, Aurora se las ingenió para mantener un trabajo, atender su hogar, y dedicarle un amoroso cuidado a su esposo y a los pequeños. Pero cuando llegaba el momento de tomar decisiones importantes en la familia, Aurora no quería, o no podía participar. En su país de origen la falta de asertividad podría, quizás, haber sido aceptada por su esposo, y hasta puede que ella misma habría podido tomar esa ausencia de convicción como símbolo de que era "una buena mujer". Pero Nueva York no es Ecuador, y Larry se lamenta de tener que tomar él solo todas las decisiones. Por ejemplo, ahora están planeando comprar una casa, y aunque ese es uno de los pasos más importantes en la vida de la familia, Aurora no se anima a sugerir donde le gustaría vivir, o que estilo de casa preferiría. Y esa falta de asertividad está volviendo loco a Larry, y creando muchas tensiones entre ellos.

Lo que Larry no entiende es que en nuestros países, aceptar con *resignación y pasividad* el lugar de uno en la vida, es la virtud más apreciada en *la mujer perfecta, la marianista por excelencia.* Larry no sabe que en Ecuador y en toda América Latina, se espera que la mujer tradicional ideal sea dependiente, sumisa y subordinada a su hombre.

Por su parte, lo que atormenta a Aurora es no poder ser más asertiva en su matrimonio. Ella quisiera complacer a su esposo, incluso siente que ese es su deber. Pero lo que él le pide es que dé su opinión y que se haga oir. Y eso es justamente lo que ella no puede hacer. Lo único que logra es deprimirse porque, por primera vez, su *marianismo* la está haciendo sentir *una mala mujer.*

LA TRAMPA DE LA PASIVIDAD Y LA DEPENDENCIA

Aunque Aurora ha dejado atrás su país, su tradición *marianista* de pasividad y dependencia femenina permanece como un componente profundamente arraigado en su conjunto cultural de creencias. Desde niña, había sido recompensada cada vez que actuaba de esa manera.

En Ecuador complació a su madre consagrándose a su padre y a sus hermanos, y dejándolos tomar todas las decisiones por ella. Pero ahora se siente confundida, enfadada y deprimida, porque al darle gusto a su madre está disgustando seriamente a su marido. Y es que, aunque por fuera parezca una mujer moderna, por dentro sigue siendo una esposa del viejo mundo, incapaz de ser asertiva.

Los sicólogos R. E. Alberti y M. E. Emmons definen la *asertividad* como la habilidad de expresar y defender honestamente nuestros sentimientos, pensamientos y opiniones, sin experimentar conflictos al hacerlo. Y en esto, Aurora representa la regla, no la excepción.

Incontables latinas que viven en Estados Unidos, aún consideran que depender del hombre es un papel femenino respetable. Por ello nunca llegan a desarrollar su potencial personal. Expresar asertividad para ellas se vuelve demasiado conflictivo, y lógicamente, como resultado, se deprimen.

¿Puedes tú identificar algún vestigio de dependencia y pasividad en tí? ¿Te consideras poco asertiva? Cualquiera que sea tu respuesta, no te avergüences de admitirlo. ¡Si no lo puedes admitir, no podrás cambiarlo! A propósito, si eres más asertiva que Aurora, y piensas que la pasividad, la dependencia y la subordinación son costumbres del pasado en la América Latina de hoy, estás equivocada. Las investigaciones de la antropóloga mexicana y científica social, Marcela Lagarde, muestran que la mayoría de las mujeres latinoamericanas continúan comportándose como *marianistas*. Nos guste o no, los principios del *marianismo* permanecen como piedra angular de la autoestima de la latina.

Ahora haz una pausa y hazte estas preguntas para saber cuánto *marianismo* existe en el conjunto de tus creencias:

- ¿Verdaderamente me gustaría dejar las responsabilidades de mi vida en manos de otra persona?
- ¿Prefiero que mi esposo, o novio, tome la mayor parte de las decisiones por los dos?
- ¿Accedo a su decisión, aún cuando yo habría escogido otra opción?

- ¿Siento que es el deber de mi esposo mantenerme?
- ¿Pienso que las mujeres sin un hombre son un fracaso?
- ¿Mi dependencia de un hombre me ha hecho sentir disgustada en algún momento?
- ¿Le sigo la corriente a mi novio, o esposo, por temor a que si hago lo contrario él me abandone, y yo no sea capaz de sobrevivir sola?

Si contestaste "sí" al menos a cuatro de estas preguntas, es que te estás comportando de acuerdo a las viejas costumbres, y quizás estés arriesgando tu habilidad para desarrollar todo tu potencial humano. En ese caso es imperativo que reconozcas tu pasividad y dependencia, que te permitas expresar las emociones conflictivas que ello te causa y comiences el viaje hacia la autosuficiencia. Es crucial para este proceso darse cuenta que algunas veces al actuar como te enseñó tu mamá, estás funcionando como tu propia carcelera.

En este capítulo te mostraremos cómo te puedes sentir *una buena mujer* sin tener que ser una esclava. Te probaremos que, como *nueva marianista*, puedes asumir la responsabilidad, y tomar el timón de tu vida para manejar tu destino. Te ayudaremos a desafiar los conceptos *marianistas* que te enseñó tu mamá, lo que tu abuela le enseñó a ella, y lo que tu bisabuela le enseñó a tu abuela.

Para comenzar este viaje hacia la libertad y el orgullo genuino, veamos los elementos del conjunto de creencias hispanas que pudieron haber sido adecuados en el pasado, pero no lo son en el mundo en que vivimos actualmente.

Las Raíces del Marianismo

¿Cómo las latinas llegaron a ser lo que son? ¿Cómo fueron transmitidos hasta ti los principios de dependencia y pasividad *marianistas*? ¿Cómo llegaron a ser parte de ti? El *marianismo* forma parte intrínseca del papel de la madre, y algunas respuestas a las preguntas anteriores pueden encontrarse en el proceso llamado **socialización**.

Socialización es el proceso que permite al niño aprender los valores de la sociedad, creencias, actitudes, lo que se espera de la función de cada sexo, mito, religión y lenguaje.

En la mayoría de las sociedades, el papel de la madre es enseñar a sus hijos desde el día que nacen, los valores culturales y la visión global de su sociedad. En otras palabras, ella debe socializar a su niña o niño, para que estén preparados cuando su mundo joven se amplíe más allá de ella. Estarás de acuerdo en que, en la sociedad hispana, el papel de la madre está como grabado en piedra. Aunque no el único, ella es el agente más importante en inculcar a sus hijos los principios del *marianismo* y el *machismo*.

De hecho, el clima tradicional para que se desarrollen los papeles de cada sexo, comienza antes del nacimiento, ya que —según Marcela Lagarde— la mayoría de las familias hispanas prefieren tener varones en lugar de hembras. No decimos que en otras culturas no se dé también esta preferencia, pero en nuestros países es grandemente exagerada, y el deseo por los varones es absoluto. Esto, tal vez, es debido a que un varón es considerado la orgullosa prueba de la virilidad de su padre. No se puede negar que en muchos casos, el nacimiento de una niña es considerado una desilusión, especialmente si no tiene hermanos varones mayores. No estamos diciendo que una niña nunca es deseada, pero cuando es bienvenida, es frecuentemente porque se espera que ayude a su madre en el cuidado de su padre y sus hermanos, y luego de su suegro y cuñados.

Claramente, esa preferencia puede impactar la vida de la pequeña hasta mucho después que su niñez haya pasado.

Toma por ejemplo el caso de Zulma, una puertorriqueña estudiante del primer año de medicina, que comenzó la terapia consumida por dudas y una ansiedad aplastante, que parecían no tener una causa real.

Zulma viene de una familia que ha logrado grandes realizaciones. Su padre es un conocido negociante de San Juan. Su madre, una notable profesora de sociología de la Universidad de Puerto Rico, y su hermana mayor es sicóloga. Zulma siempre fue una de las mejores alumnas en cualquiera de las escuelas a las que asistió. Y esto lo lograba sacrificando su vida social muchas veces.

En Estados Unidos, un país nuevo, y ante una situación académica muy exigente, Zulma se obsesionó con el fracaso. Cuando se le presionó, admitió que para ella "fracaso" significaba no ser la primera en su clase de medicina, y por ello decepcionar a su madre y padre, especialmente a él. Ella no sabía por qué se sentía así, hasta que en terapia recobró un recuerdo extraordinario.

Siendo una niña de unos cinco años, Zulma escuchó una conversación entre su madre, su tía y su abuela, sobre un incidente que pasó cuando ella nació. Uno de sus tíos, para jugarle una broma a su padre, le telefoneó diciendo que había nacido su primer varón. El padre de Zulma inmediatamente compró a sus amigos tabacos y tragos para celebrar el nacimiento de su hijo. Pero cuando se enteró que era una hembra, y que se le había jugado una broma, se sintió tan enojado, que no volvió a hablar con su hermano durante veinte años.

Aunque era muy joven para comprender todo lo que se dijo, Zulma comprendió lo suficiente para crecer sintiéndose no deseada por la familia, especialmente por sus padres, y mantener durante mucho tiempo ese doloroso conocimiento reprimido. De hecho, cuando comenzó a recordar, el sentimiento de culpa la aplastó, y su autoestima se hundió.

Al crecer, Zulma comenzó a usar la excelencia académica como un medio para sentirse reconocida y querida. Ella pensaba que de esa manera se ganaba la aprobación de su padre. También la utilizó como el modo de conectarse con su madre, cuya reserva emocional, Zulma la achacaba a la misma razón por la que su padre se sentía desilusionado.

Zulma un día comentó con su terapeuta que ella debió haber sido una doble decepción para su madre, quien —según ella— seguramente sintió que le falló a su esposo al darle otra niña, y al mismo tiempo, se habría fallado a sí misma, dejando de ser *una buena mujer*. De acuerdo a Zulma, ella era la prueba viva de la insuficiencia de su madre…

Ya volveremos a la historia de Zulma, pero antes, profundicemos un poco más en las raíces de ese sentimiento de poca autoestima natural en tantas latinas.

SE BUSCA UN BEBÉ, PREFERIBLEMENTE VARÓN

La sicología básica nos dice que durante la infancia, el sentimiento positivo de los padres —y particularmente de la madre— hacía la bebita, será la base sobre la cual la niña construirá una valoración de sí misma, que la acompañará durante toda su vida.

Pregúntate: ¿Fuiste bienvenida por tu familia a este mundo? ¿Quería tu mamá un hijo, o una hija? ¿Y tu padre? ¿Tienes alguna razón para pensar que él habría preferido que fueras un niño? De acuerdo a lo que te han dicho ¿qué miembros de la familia estaban complacidos de que fueras hembra? ¿A quienes no les satisfizo?

¿Recuerdas con qué jugabas de niña? Lo más probable es que tuvieras muñecas, utensilios de cocina y casitas, que barrieras el piso con una escobita, hornearas pasteles de mentirita, que imitaban los deliciosos dulces que hacía tu mamá.

Estamos casi seguras que tus padres fruncían el seño ante la idea de que jugaras con revólveres, soldaditos, caballos de palo y espadas, porque esos no eran *juegos de niñas*. Seguramente se te ordenó que no retozaras con los varones, porque eso no era de señoritas. La verdad es que, a no ser que hayas crecido en un ambiente poco convencional, de ti se esperaba que vieras con emoción y placer la gran femineidad que te aportaría jugar a las casitas.

LA ESCUELA DE LA OBEDIENCIA

Un importante aspecto del entrenamiento para la obediencia en la latina, es aprender a ser sumisa y dependiente de sus padres, mientras ellos preparan a la niña para que luego llegue a ser una buena y pasiva esposa. *Una niña bien educada* es un modelo de obediencia, humildad, y respeto hacia las personas mayores. Y esto es una orden que se impone de distintas maneras. ¿Recuerdas haberte portado mal alguna vez, y haber sido aterrorizada por tu madre al amenazarte: "¡Espera a que tu

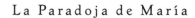

padre llegue!"? Muy pronto aprendiste que el padre tiene autoridad absoluta, y que la madre era totalmente abnegada y resignada, dependiendo de que él tomara las decisiones e impusiera los castigos.

Si piensas que lo que decimos es exagerado, he aquí la prueba de lo contrario: en un estudio realizado en Ciudad México, por el respetado siquiatra, R. Díaz-Guerrero, se encontró que entre las mujeres encuestadas, el 87 por ciento sentía que nunca debía retar la opinión de su madre, el 71 por ciento creía que una buena esposa nunca cuestionaba la conducta de su esposo, y el 84 por ciento sentía que una buena esposa siempre debía estar al lado de su hombre, sin importar las circunstancias.

La buena noticia es que, no importa lo que hayas aprendido en la niñez, cuando te conviertas en una adulta aculturada, tendrás la oportunidad de desafiar esas lecciones. Ya no estarás obligada a ser obediente, pasiva, ni sumisa. Ahora, en los tiempos modernos, puedes dar pasos para fortalecerte y tomar control de tu propia vida.

El primer paso es reconocer que siendo dependiente no eres feliz. Y el segundo, es encontrar una manera constructiva de dejarle saber a tu hombre que quieres participar en el proceso de tomar decisiones. Sabemos que no será facil porque, al menos en las primeras etapas, podrías sentir tu nueva conducta poco natural. Y tienes que saber que mucha gente se va a sentir amenazada por tu nueva asertividad, y te va a hacer la vida imposible.

Y ¿quién te enseño a ser tan obediente con tus padres y tu hombre? ¿De quién aprendiste tu *marianismo*? Las respuestas a esas preguntas te llevarán a una sola fuente: tu interacción con tu mamá.

Tú y Tu Mamá

La relación más formativa en la vida, como hemos dicho, es la que se establece entre madre e hija. Las expectativas culturales en la sociedad latina son que la madre es responsable de la crianza de sus hijos. Así, es claro que tu mamá jugó un papel significativo en tu desarrollo como *marianista*.

El enfoque principal de muchas latinas que vienen a nuestro consultorio, es corregir aspectos negativos de su conducta, que son resultado de la relación *marianista* entre la madre y la hija. En este contexto, es bueno preguntarse:

¿Haz olvidado el poder de tu madre? ¿Cómo habrías podido olvidar aquellos momentos cuando ella pensaba que tú eras muy desobediente? ¿Y qué de aquellas batallas que frecuentemente mantuviste con ella, cuando deseabas ser independiente? ¿Cuando querías ir a jugar con los varones, y ella te lo prohibía temiendo que fueras a convertirte en una marimacho? ¿Cuando quisiste estudiar leyes, pero ella insistió en que esa era una carrera para hombres? ¿Verdad que siempre proclamó que sólo ella sabía qué era lo mejor para ti?... Podríamos continuar citando ejemplos que te recuerden las dolorosas heridas que te dejaron aquellas guerras en las que aprendiste a ser sumisa ante la voluntad de tu mamá.

Y es que, a pesar de su pasividad y obediencia en lo que se refiere a los hombres, tu mamá era probablemente implacable en su relación contigo. Seguramente demandaba estricto cumplimiento de lo que creía correcto, y esperaba que tú lo aceptaras sin chistar. Claro que a la mayoría de nosotras ni siquiera se nos habría ocurrido mostrarnos en abierto desacuerdo con sus deseos.

Si eres como muchas de las latinas con las que hemos trabajado, puede que siempre hayas sentido que tener una madre controladora y exigente era culpa tuya, todo provocado por tu propia actitud. Pues, déjanos decirte que no es así.

Un estudio de los científicos sociales N. F. McGinn, E. Harburg, y P. Ginsburg, encontró que la madre mexicana promedio tiende a ser estricta, severa e irritable. Que castiga con ira y desalienta el desacuerdo. También concluyó que ella prodiga amor a sus hijos, es indulgente con sus caprichos, y les concede sus deseos, siempre que esos caprichos y deseos no choquen con los suyos propios. Nuestras observaciones clínicas apoyan esas conclusiones. Y es casi seguro que esas conclusiones también te sean familiares a ti.

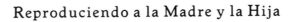

Reproduciendo a la Madre y la Hija

Ahora podemos comenzar a ver que la relación temprana con tu madre ha tenido el poder de influenciar tus relaciones posteriores con esposos, amantes, amigos, hijos, nietos, e incluso colegas. De hecho, frecuentemente encontramos que muchas latinas transfieren esos sentimientos relacionados con su madre, a otras personas en sus vidas.

Transferencia —define el siquiatra H. Nunberg—, es un fenómeno sicológico fascinante relacionado con sentimientos inconscientes que desarrollaste durante la infancia hacia una persona específica. Y luego, en la vida adulta, reaccionas hacia otra persona compulsivamente y repetitivamente, con aquellos mismos sentimientos de tu niñez.

Por ejemplo, puede que no te dieras cuenta de cuánto te disgustaba que tu madre te ordenara hacer cosas y controlara muchos momentos de tu existencia. Pero hoy, sin saber exactamente por qué, te descubres sintiendo intensa antipatía ante algunos hombres o mujeres mandones. Y luego, en terapia, te das cuenta que esa persona te recuerda el aspecto más dominante de tu madre.

Hacer esa asociación entre el presente y el pasado es muy liberador porque transferir una emoción es como luchar contra un fantasma. No resuelve los conflictos de tu niñez porque ese tiempo ya se fue para siempre, pero puede complicar tu vida presente. Sin embargo, tan pronto detengas la *transferencia*, el objeto de tu desagrado no tendrá más poder sobre ti, y aunque esas personas nunca lleguen a convertirse en tu gente favorita, podrás lidiar con ellos de una manera menos cargada, y más racional.

La *transferencia* era un terrible problema para Ana, una costarricense de cuarenta y un años, que trabajaba como contadora en un gran hospital municipal. Ella se preguntaba por qué permitía que una colega muy dominante, llamada Irene, la mandara todo el tiempo, a pesar que ambas tenían el mismo rango. Ante esta situación, Ana se sentía furiosa contra ella misma, pero era incapaz de frenar a Irene. Sólo en terapia comenzó a darse cuenta que necesitaba la constante aprobación y el aprecio de Irene, porque estaba haciendo una réplica de su relación con su madre.

Ana trabajó duro para entender esta relación, y cuando se preguntó: "¿Qué clase de madre tuve? Comenzó a recordar que su madre no hubiera querido dejarla sobrepasar la infancia. Sus tíos y tías le dijeron que tan pronto empezó a caminar su madre siempre la había sobreprotegido. También recordó lo molesta que se puso su mamá un día que ella quiso explorar el mundo con sus compañeros de juego, y le gritó que era una niña mala y desobediente.

Al mismo tiempo, el sentimiento de culpa que Ana sentía por desear separarse de su madre era enorme. Obedientemente, había aprendido a cocinar y atender la casa, porque su mamá le decía que tenía que estar preparada para casarse con un buen hombre que iba a requerir una esposa con habilidades domésticas.

Ana recuerda que su madre siempre la acompañaba a la escuela, e incluso a los doce años, leía sus cartas y su diario, y le exigía conocer a todos sus amigos, dictando, con mano de hierro, cómo debía vestirse y comportarse. Cuando comenzó a salir con jóvenes, su mamá insistió en chaperonearla.

Finalmente Ana se casó con Rubén, un cubano: el hombre que la madre había escogido para ella. Rubén era una buena persona y estuvieron felizmente casados por siete años, y tenían una hija de cuatro años. Pero había un importante impedimento para la verdadera felicidad conyugal: la madre, cuya intrusión en sus vidas tampoco Rubén podía soportar.

Por su propia paz mental y por el bien de su matrimonio, Ana trató seriamente de convencer a su madre de que no tratara de controlarlo todo cada vez que la visitaba, pero vio que pocas veces la podía mantener dentro de límites. Y a pesar de todo, Ana seguía sintiéndose terriblemente culpable de enfadar a su madre, y de estar ella misma tan enojada. Dentro de todo ese conflicto, Ana también temía que si expresaba su ira, algo terrible le iba a pasar a su madre.

Si te descubres reaccionando exageradamente, como hizo Ana

con su compañera Irene, tómate una pausa y pregúntate: "¿Por qué reaccioné de una manera que estaba totalmente fuera de proporción con la situación?".

Cuando reaccionas así, debes tomarlo como una señal de que hay algo más dentro de tu cabeza. Y cada vez que descubres qué es ese algo, estás profundizando tu conocimiento sobre ti misma, y ampliando tus opciones.

Frecuentemente no nos damos cuenta que estamos tratando con un sentimiento inconsciente, en lugar de las circunstancias reales. Pero cuando entendemos por qué actuamos de esa manera, podemos dar el primer paso hacia el cambio, y comenzar a liberarnos del pasado.

 RETANDO LOS MITOS DE LA NIÑEZ

Como adultos, tenemos el poder y el potencial de ganar conocimiento propio e iniciar el crecimiento personal que nunca tuvimos de niños. Ya no dependemos más de mamá para sobrevivir, y no tenemos que esperar por ella para que nos defina quiénes somos. Es crucial para las latinas alterar la creencia de que no se puede cambiar el sentido de valía personal que nos impusieron en la niñez. No solo se puede cambiar, sino que para seguir adelante en la vida moderna, tenemos que retar los mitos de la niñez, y cambiar los valores que ya no nos sirven. Hoy, autodefinirse es la principal tarea de una mujer saludable.

Pero para hacerlo, necesitas saber si la definición que tienes sobre ti misma es el reflejo exacto de lo que eres, o si es un producto de las circunstancias y de las percepciones erróneas de otra gente. Y es que solo cuando maduremos, y dejemos atrás la infancia, podremos cultivar la compasión y el perdón que vamos a necesitar para liberarnos. Claro, lograr eso requiere muchísima dedicación, y no siempre es fácil.

Queremos aclarar que culpar a tu mamá no debe ser la justificación que uses para no tomar acción, como tampoco debes olvidar que, de acuerdo a las condiciones en las que vivió y fue educada, tu mamá sentía que estaba actuando de una manera amorosa y por tu bien.

Para comenzar a crecer, deberías decirte: "Ahora soy una adulta, y no tengo que actuar como lo hacía cuando niña". Así es como empieza el proceso de dejar atrás la niñez, y se le llama *separación*.

Separación e Individualidad: Sobrepasar el Reproche

La separación y la individualización son desafíos para cualquier niño, pero especialmente para una niñita, según la sicoanalista francesa, Christiane Olivier. Separación es la habilidad del niño (en este caso de la niña) de poner distancia emocional y física entre ella y su madre. Desarrollarse como una persona distinta de su mamá, se llama Individualización. Ana pudo comenzar a separarse de su madre sólo cuando empezó a verse a sí misma como una adulta a cargo de su propia vida y responsable de sus acciones. Como tal, pudo ver claramente que sus necesidades habían cambiado de cuando era una niñita en Costa Rica. Ya no necesitaba que su madre le dijera lo que tenía que hacer, ni tenía que aceptarla como su principal modelo de conducta.

Ella aprendió que parte de su tarea de latina que se está aculturando, era clasificar y descartar de su conjunto de creencias, las conductas inefectivas que adquirió del *marianismo* ortodoxo de su madre, y reemplazarlas con observaciones más exactas y positivas. Como resultado de su nuevo entendimiento en cuanto a la relación con su madre, también aprendió a tratar de diferente manera a su hija de cuatro años.

Pensando como *una nueva marianista*, ella ahora cree que una madre puede ser firme, sin ser controladora ni intrusa.

Ten presente que la cadena de tu vida, puede ser cambiada, si identificas las fallas que marcaron tu relación con tu progenitora, y reconoces que las reacciones exageradas pueden ser una señal de que todavía te afectan aquellas fallas.

MAMÁ QUERIDA
Regina, una cubana de cuarenta y ocho años, era simplemente incapaz de establecer límites con su mamá Leonor, que vivía con ella. Ben, el esposo americano de Regina, y su hijo Charlie, de catorce años, tam-

bién tenían que soportar las constantes exigencias de la abuela. A su tiempo, el matrimonio de Regina comenzó a sufrir tensiones por la interferencia de la anciana en el manejo de la casa, y el resentimiento de Ben hacia Regina por no intervenir.

Regina, por supuesto, sentía terribles remordimientos *marianistas* cuando creía faltarle el respeto a su madre al decirle lo que ella, Ben y Charlie sentían. Se ponía furiosa, y quería que la madre se fuera, pero enseguida que dejaba la ira salir a la superficie, desarrollaba terribles jaquecas.

En terapia, Regina recordó que de niña oyó a una tía abuela decirle a Doña Leonor que "desear el mal a alguien era un pecado mortal". Y por eso Regina temía ser castigada por tener pensamientos negativos hacia su madre. Inclusive durante una sesión, dejó entrever que sus jaquecas eran el castigo de Dios por sus pensamientos "diabólicos" sobre Leonor.

Nos asombraría que tú misma no supieras que en alguna que otra situación, la relación con mamá puede ser problemática, por decir lo menos, y llena de sentimientos encontrados. Esta relación puede ser tan complicada, que algunas latinas se van a los extremos, y sienten tanta furia, que sólo pueden ver el lado negativo de sus madres, mientras ignoran sus cualidades. Y es interesante recalcar que, frecuentemente, las cosas que más detestas sobre ti misma, son los aspectos de tu personalidad que más se parecen a ella. Pero una vez que lo reconoces, los puntos en común de ambas personalidades pueden servir de puente para mejorar la relación. Desarrollar una estrecha relación con tu madre es especialmente importante si quieres obtener su colaboración. Si, por ejemplo, quisieras vivir sola, o decides no casarte, y a tu familia ello le parece un estilo de vida no aceptable, el apoyo de tu mamá puede resultarte invaluable.

El Complejo de Solterona

Como sabes, la mujer sola, ya sea soltera, divorciada o viuda, no tiene un puesto válido en la sociedad latinoamericana, porque se espera que el papel de la mujer sea el de esposa y madre. Demasiado frecuentemente, las mujeres que eligen estar solas son vistas como parias. Sin embargo, existen muchas norteamericanas que están solas por su propia elección, y son aceptadas por la sociedad. Cuando comiences el proceso de aculturación, verás que en Estados Unidos la mujer tiene muchas opciones. Aunque puede que tú, como latina, sientas una ansiedad intensa cuando pienses en ellas, porque crees que al seguir un camino no tradicional es casi seguro que no obtendrás el apoyo de tus seres queridos.

Ese era el dilema de Lucía, cuya tristeza crónica, e insatisfacción con ella misma, la condujeron a terapia. De treinta y cinco años de edad, hija de una familia de clase media de Medellín, Colombia, y graduada de escuelas religiosas secundaria y universitaria de gran prestigio, ella aceptó un puesto importante en la sede de las Naciones Unidas, en Nueva York, solo para encontrarse con la furiosa desaprobación de su familia, por haber escogido una carrera, en lugar del matrimonio y los hijos. Lucía sentía una tremenda ira y sentido de culpa cada vez que llamaba a su madre, porque siempre recibía un sermón por negarse a cumplir la *tradición familiar* de encontrar un *hombre bueno* y convertirse en una ama de casa.

Lucía era la única de las hermanas que se mantenía soltera y financieramente independiente. Una y otra vez su hermana mayor, que era casada y madre de cuatro niños, la regañaba por no haber aceptado a uno de sus pretendientes ricos. Para añadir leña al fuego, Lucía había estado viviendo seis años en Nueva York con un diplomático italiano, sin casarse con él. Después se separaron cuando él fue trasladado permanentemente a Italia, y Lucía no quiso mudarse. El rompimiento de su relación no mejoró las cosas con su familia. Para ellos, el daño ya estaba hecho.

A medida que su terapia progresó, Lucía comenzó a recordar cosas del pasado. Ella mencionó que, incluso de niña, tenía una tendencia a la independencia que era la ponzoña de sus padres. Y recordó que un día, durante la cena, su madre se quejó de su testarudez, y su padre le respondió: "¡Así la criaste!". No sólo se dijo todo eso como si Lucía no estuviera presente, sino que su madre no levantó la voz para defenderse a sí misma o a su hija. A medida que pasaron los años, toda la vida de Lucía se convirtió en la determinación de parecerse lo menos posible a su mamá. Y cuando Lucía comenzó a rechazar un buen pretendiente tras otro, su madre le dijo que hubiera sido preferible que se hubiera convertido en una monja... cualquier cosa menos una *solterona*.

El resultado de todo esto, es que el padre de Lucía dejó de hablarle por años, y su madre estaba fuera de sí porque la consideraba una mujer perdida, que ignoraba el respeto que debía a sus mayores y a su familia. En los ojos de los suyos, Lucía era una pecadora, porque tenía una mentalidad independiente y ejercitaba su derecho a escoger lo que quería de la vida.

Las acciones de Lucía desafiaban el status quo y los principios de dependencia y sumisión de la ideología *marianista*. Pero hay que decir que Lucía estaba pagando un duro precio por su valentía. Cuando vino a terapia, se quejó de sentirse muy vulnerable, de su sentido de culpa, de su enojo, y de su desprecio de sí misma. Su médico la diagnosticó como "la solterona neurótica". Lucía estaba sufriendo del Complejo de la Solterona.

Ella había hecho su elección, sabiendo que sería apartada de muchísimos valores tradicionales, incluyendo el *familismo*, pero sentía fuertemente que tenía el derecho de ser lo que quisiera ser.

Como hemos visto, en los países latinoamericanos en general, las mujeres son definidas de acuerdo a las reglas del *marianismo*, que a su vez son dictadas por las reglas del *machismo*. Y esos papeles tradicionales encasillan tanto al hombre como a la mujer, dejándolos a ambos infelices e insatisfechos.

En norteamérica, las mujeres como Lucía se atreven a desafiar las conductas convencionales que no dan satisfacción personal. Sobrepasan el dolor del cambio, y se convierten en *nuevas marianistas*, capaces de realizarse tanto en el trabajo como en el hogar.

De todas maneras, si tú vas a enfrentar esta transición, hay un paso crucial y muy atemorizante que vas a tener que dar: la confrontación con tu mamá.

Confrontando a Mamá

Queremos hacer hincapié aquí, que la tradición hispana no alienta a las hijas a que confronten a sus madres, porque ello puede interpretarse como *falta de respeto*. Y Regina, la cubana cuya madre le estaba haciendo la vida imposible, lo sabía. Pero esto no le impidió llegar a expresarle sus sentimientos. No fue fácil. Ella dedicó mucho tiempo en terapia a trabajar en ello. Primero tuvo que reconocer su enojo contra su madre, y temía que esto la atormentara tanto, que llegara a perder el control, y hacer algo horrible.

Una vez que reconoció su enojo, Regina vio que detrás de ese sentimiento había desesperación, miedo a la traición, tristeza, sentido de culpa, impotencia, y sobre todo una pobre autoestima.

Después se dio cuenta que el constante criticismo de Leonor no sólo rebajaba su sentido de valía personal, sino que aumentaba su necesidad de aprobación, cosa que, por supuesto, nunca llegaba de parte de Leonor.

Este descubrimiento supuso un avance para Regina, porque le permitió entender la conección emocional que existía entre su necesidad de aprobación, su pobre autoestima, y el enojo que sentía cuando su madre se negaba a elogiarla.

"No importa lo que yo haga —decía Regina repetidamente—, nunca va a ser suficientemente bueno para mi madre". Y cada vez que lo decía se sentía peor. De hecho, su pobre opinión de sí misma, le hacía ver hasta la más ligera crítica de su madre, como un ataque a gran escala.

La acción más importante que Regina tuvo que tomar, fue comenzar a darse mérito y aprobación en sus funciones de madre y esposa. Aceptó el hecho de que su sentido de autovaloración no podía depender del sello de aprobación de su madre. En terapia, se le ayudó también a percibir a su madre más realísticamente, reflexionando sobre el contexto cultural en el que la anciana creció. Lentamente fue recordando todas las historias de la madre en cuanto a lo difícil que fue criar a Regina y a su hermano. A pesar que Leonor estaba totalmente dedicada a sus hijos, su esposo era extremadamente crítico de sus habilidades maternales y clamaba que ella no hacía suficiente por los niños "de él". Y también estaban las historias familiares de que nunca la sacaba a pasear, porque *su deber era criar a los hijos*, dejándole sólo el desahogo de la iglesia y la familia.

A pesar de que Regina nunca discutió con su madre el hecho de que el padre mantenía una amante, ello era un "secreto" conocido por toda la familia. Aún, años después, el padre se refería a su esposa como *una mujer santa*, quien era no sólo la mejor madre del mundo, sino también una mujer comprensiva que aceptó su infidelidad.

Cuando el padre de Regina murió, y su hermano no mostró interés en que su madre fuera a vivir con él, ella continuó la tradición de que la hija es la responsable de cuidar de sus envejecidos padres. Y esto a pesar de que ella nunca se había llevado bien con Leonor, y que las relaciones empeoraron después que Regina se casó con un norteamericano.

Pensando sobre el desinterés de su padre y hermano, ella un día en terapia subestimó la realidad diciendo: "Los hombres de mi familia no nos han servido de gran apoyo a mi madre y a mí". Cuando Regina analizó lo que había dicho, comenzó a entender mejor los problemas propios de su madre, e incluso sintió una especie de simpatía con lástima por ella, un gran cambio si se tiene en cuenta el aplastante enojo que sentía antes. De repente, comenzó a ver a su madre no como *una bruja*, o como la *santa marianista* que su padre alababa, sino como una mujer solitaria que fue constantemente menospreciada durante su vida de casada. Ahora Regina podía sentir compasión, gratitud, e incluso un sentido de comunión con Doña Leonor.

También para ti, esa puede ser la clave: tener acceso a otros sentimientos hacia tu mamá que no sea la rabia, que tanto temes. Como Regina, es casi seguro que un día descubras que muchas de tus emociones son positivas, ya que no hay relación que sea sólo blanco y negro. Y cuando finalmente logres un balance emocional, vas a sentir, igual que Regina, que te has quitado un gran peso del corazón.

Hemos trabajado con muchas latinas que no son capaces de ver que sus madres realmente las quieren y admiran. Si tu relación con tu madre es difícil, depende de ti ser la primera en comprender, y después romper el círculo vicioso que las mantiene a ambas cautivas.

He aquí como funciona ese círculo vicioso: tu pobre imagen sobre ti misma aumenta la necesidad de que tu mamá te apruebe, mientras intensifica tu creencia de que ella generalmente te desaprueba. Consecuentemente, te enfureces y te desprecias. Al mismo tiempo, tu autorespeto decae porque tu modo de lidiar con ella está siempre lleno de ese enojo al que tanto temes.

Regina, al ver esos patrones de conducta en su relación con Leonor, trabajó duramente para aumentar su autoestima, usando ejercicios de valorización, visualización, y afirmaciones. Una estima personal más alta hizo que se sintiera más cómoda cuando tenía que decirle a su madre que estaba enojada con ella, así como cuando se identificaba con ella.

Leonor por su parte, comenzó lentamente a reconocer las cualidades de su hija, y elogiarla por sus logros profesionales, e incluso sus habilidades culinarias. Y llegó el día en que Leonor dijo a Regina que había demostrado sabiduría al seleccionar a un hombre tan bueno y amoroso como Ben, incluso sin ser cubano.

"Tu papá —le dijo un día— nunca me hizo sentir bien en cuanto a mí misma, y no quiero eso para ti".

De la historia de Regina podemos ver que es posible encontrar un camino que te conecte emocionalmente con tu madre, y les permita a ambas experimentar tanto el afecto como la irritación, que son partes igualmente normal de cualquier relación íntima. Veamos ahora a otras mujeres que ya conociste en este capítulo, para ver en qué terminaron sus confrontaciones con mamá.

Madre e Hija: De Adversarias a Aliadas

¿Recuerdas a Zulma, la estudiante de medicina atormentada por el conocimiento de que su padre habría querido que ella fuera un varón?

Durante una visita a Puerto Rico, ella decidió que era tiempo de confrontar a su madre y padre. Cuando él la invitó a visitar una de sus factorías, para aconsejar a los empleados sobre los servicios de salud, Zulma sintió que era una oportunidad dada por Dios. Después de la visita, se detuvieron a tomar algo en un café cercano. Haciendo acopio de valor, Zulma le expresó a su padre cómo el haber sabido su reacción al ella nacer, inconscientemente la había hecho sentir inadecuada toda su vida. Le explicó que su necesidad de sobresalir en sus estudios era debido a su baja autoestima, y también le estaba causando problemas físicos y mentales. Además le informó que intentaba hablar francamente sobre el tema con su mamá.

El padre se sorprendió de que ella admitiera sus problemas, y dijo que lo que hizo siendo joven había sido muy tonto, que se sentía feliz de tenerla a ella, y que sería igualmente feliz sin importarle sus logros en la escuela. Pero le pidió a Zulma no ser muy dura con su madre. Por primera vez, Zulma se daba cuenta cuán incorrectamente ella interpretó la distancia emocional de su mamá.

El le confesó que durante toda la infancia de ella, él había tenido una amante, probablemente porque creía que eso era lo que un *macho* tenía que hacer. Cualesquiera que fueran las razones, su romance hizo a su mamá muy infeliz. Finalmente Zulma comenzaba a ver que la actitud fría y reservada de su mamá era resultado de su baja autoestima, al pensar que no satisfacía sexualmente a su esposo.

"Esa relación quedó en el pasado —continuó su padre—. Tu mamá es una buena mujer. Yo le pedí perdón, y ella me perdonó. Estoy tan feliz de tenerla a ella por esposa, como lo estoy de tenerte por hija". —Y mientras la abrazaba, concluyó—: "Pero si un día tienes un hijo, asegúrate de no criarlo como me crió mi madre. Así fue como aprendí que conducirme tontamente como un macho te hirió a ti, y a tu madre, las dos mujeres que amo con todo mi corazón!".

La confrontación de Zulma con su padre resultó mejor de lo que ella pudo haber esperado, pero todavía le quedaba la conversación con su madre. Cuando la mamá sugirió ir juntas de compras, Zulma se quedó desconcertada. Mientras conducía hacia las tiendas, la madre le dijo que su padre le había contado sobre su conversación en el café. Y por eso quería hablar con ella. Zulma se había estado sintiendo ansiosa al asumir que su madre estaría enojada. Pero de nuevo se equivocó.

Nunca llegaron a ir a las tiendas, se fueron a la playa, donde Zulma dijo francamente cuán rechazada se sintió de niña. Muy pronto, ambas estaban llorando. Pero su madre la sorprendió diciéndole cuánto lo sentía, y que tenía todo el derecho de sentirse mal. Le explicó que las quería mucho a ella y a su hermana, pero que su propia preocupación ante la posibilidad de perder a su esposo, y consecuentemente tener que criar sola a las dos niñas, había impedido que expresara el amor que sentía.

"Pero ahora quiero hacerlo" —le dijo a Zulma abrazándola y besándola—. Y al igual que tu padre ¡voy a seguirte queriendo y respetando, sin importarme que seas la primera o la última de tu clase!

A medida que el tiempo pasó, la autoestima de Zulma continuó creciendo. Aprendió a manejar su tiempo, y a pesar de las presiones de la escuela de medicina, se graduó entre las veinticinco mejores alumnas de su clase.

Después comenzó a salir con Paul, un pediatra americano que apoyaba sus metas profesionales y personales. Hoy Zulma es una exitosa pediatra con consulta privada en Manhattan. Es esposa de Paul, y madre de dos hijos que tienen en Puerto Rico a los abuelos más indulgentes y amorosos que existen.

Y Ana, cuya inhabilidad de expresar enojo ante su madre la llevaba a sentirse intimidada ante su mandona colega, aprendió lentamente a expresar su resentimiento sin causar daños irreparables a su mamá. Comenzó por decirse a sí misma: "No resulté tan mala. ¡Mira todo lo que he logrado!". Después de admitir que se gustaba y valoraba a sí misma, comenzó a enfrentar a su madre sin sentir que *era mala*. Y cuando lo hacía, siempre comenzaba diciendo: "Mami, yo realmente te quiero y deseo comprenderte mejor...".

Un día, su mamá le reveló un sobrecogedor secreto de su pasado.

Su primera niña había muerto al nacer. Después tuvo tres varones, pero deseaba mucho tener una hembrita. Cuando Ana nació, la mamá hizo la promesa a Dios, de que jamás permitiría que algo malo le pasara a su hija, que había sido la respuesta a sus oraciones.

A través de toda su niñez, la madre había vivido aterrorizada de que se le fuera a morir también. Nunca pudo superar ese miedo, incluso después que Ana se convirtió en adulta, y tenía su propia familia.

Ana le dijo a la madre que entendía su terror, pero que Dios le había permitido crecer hasta convertirse en una adulta.

"Mamá —le dijo Ana—, ahora tienes que dejar de controlarnos, por el bien de mi familia". Entonces le contó cuánto la había ayudado la terapia, y le preguntó si quería hablar con alguien sobre esos temores que no la abandonaban. Llorando, la madre admitió que sí quería. Entonces Ana contactó una monja, que era trabajadora social de la iglesia de la madre, y esta comenzó a verla.

Como aliadas, ambas en terapia, Ana y su mamá crecieron en nuevas direcciones. Ana se volvió más asertiva, y mamá menos controladora. Ahora Ana tenía la fuerza para comenzar a lidiar con su autoritaria compañera de trabajo, Irene.

Ahora que sentía más confianza en sí misma, practicó diferentes escenas, usando ejercicios de visualización, donde confrontaba imaginariamente a su colega. Finalmente, llegó el día en que Ana pudo decirle a Irene firmemente que dejara de ser tan mandona. ¡Qué satisfacción experimentó de haber logrado establecer nuevas fronteras en ambas relaciones!

Al año siguiente, el nuevo sentido de autoestima de Ana produjo resultados al ser promovida a una posición de supervisora. ¿Adivina quien tenía que rendirle cuentas? Cuando Ana se lo contó a su mamá, la anciana replicó con un gesto arrogante de su cabeza: "¡Ahora le mostraremos a Irene quién es la jefa aquí!".

Lucía, cuya familia la tenía como una mujer perdida y como una solterona, finalmente vio que ella tampoco iba a hacer las pases consigo misma, hasta que no confrontara a su madre. Ella y su terapeuta estuvieron de acuerdo en que el mejor momento para hacerlo, era durante una visita que su mamá iba a hacer a Nueva York. También idearon un plan para iniciar la confrontación con mucho respeto. Cuando la madre llegó a Nueva York, Lucía le escribió una carta personal, asegurándose de que el tono fuera lo menos combativo posible, como si le estuviera escribiendo a una amiga. Ella sentía que escribir la carta sería lo más efectivo, ya que podría mantener bajo control sus emociones y sentimientos. En lo más profundo de su alma, Lucía sabía que amaba a su madre, quien en definitiva era una víctima de la manera en que la sociedad trataba a la mujer, y nunca tuvo las opciones que ella misma tenía.

Lucía le entregó la carta en persona, junto con una docena de rosas rojas, las favoritas de su madre. Al ver las flores, la anciana exclamó: "¡Pero si hoy no es el Día de las Madres!".

"Todos los días son Día de las Madres —le replicó Lucía—. Pero además ¡estamos celebrando la reunión de dos buenas amigas, mamá!

La carta comenzaba: *Queridísima mamá y amiga*... Y terminaba: *"Con respeto y admiración tu hija y amiga"*.

Mientras la madre leía la carta, comenzó a llorar, y por un momento, Lucía tuvo miedo de que la fuera a rechazar. Pero para su sorpresa, la madre terminó de leer, se paró, fue hasta ella, y la abrazó diciendo: "Hablemos. No importa lo que decidas hacer con tu vida, siempre serás mi hija!".

Lucía tuvo que acopiar todo su coraje para poner sus sentimientos en un papel, y su mamá reconoció eso, y la respetó por ello. Al hacerlo de esa manera, Lucía abrió la puerta para que dos latinas de diferentes generaciones pudieran hablar corazón a corazón, como aliadas, sobre sus cosas comunes y sus diferencias. Y mamá en realidad se convirtió en la aliada de Lucía. Con una amplia sonrisa, Lucía le dijo a su terapeuta que su madre había regresado a Colombia siendo la más ardiente defensora de su independencia, inclusive la apoyó cuando comenzó a viajar a países del tercer mundo, como la jefa de una agencia de ayuda humanitaria.

Incluso el padre de Lucía llegó a decirle: "¿Qué te pasó en Nueva York? ¡Te has convertido en la abogada defensora de Lucía!". A lo que la madre contestó con cierto misterio: "Oh, sólo una mujer podría entender...".

TRATÁNDOTE COMO SI FUERAS TU PROPIA MADRE

Las historias de éxito de muchas latinas en proceso de aculturarse, sugieren ciertos puntos en común. A continuación exponemos seis pasos cruciales para cuidar de ti misma de un modo maternal, que han sido recomendados por Victoria Secunda en su libro *When You and Your Mother Can't Be Friends: Resolving the Most Complicated Relationship in Your Life*, o en español: *Cuando Tú y Tu Madre No Pueden Ser Amigas: Resolviendo la Relación Más Complicada de Tu Vida*:

Paso 1: Logras entender tu relación con tu madre.

Paso 2: Determinas como la relación con tu madre colorea el modo en que te relacionas con otros.

Paso 3: Reconoces lo que hacía tu mamá para controlarte cuando eras niña, y tal vez aún sigue utilizando hoy, que eres una adulta.

Paso 4: Observas tus propios sentimientos en respuesta a la conducta controladora de tu mamá.

Paso 5: Exploras puntos en común, y desarrollas alianzas con tu mamá.

Paso 6: Defines qué acciones necesitas tomar para disminuir el poder de tu mamá sobre ti, y cambiar tu relación con ella.

No podemos recalcar suficientemente que como adultas ya no somos más impotentes en relación con nuestras madres. Al contrario, tenemos la libertad de definir nuestro propio valor independientemente de nuestras experiencias de la niñez. Algunas latinas aún son incapaces de reafirmarse en presencia de sus madres, y temen entrar en un diálogo con ellas basado en la igualdad, porque creen que tal acto sería una falta de respeto. ¡Disparates! Vivimos en una época diferente, y quizás en un país distinto de donde vivieron nuestras madres. De hecho, te sorprenderá descubrir que realmente tu madre se alegra de tener la oportunidad de hablar contigo sobre lo diferente que eran las cosas cuando ella era pequeña. Nunca lo sabrás si no lo intentas.

Una nota de precaución: antes de que empieces una conversación con tu mamá sobre tu niñez, imagina una situación donde establezcas una discusión de fantasía con ella. Podrías incluso escribirla. Prepárate para todas las eventualidades: enojo, choque de percepciones, negarse a contestar, estar a la defensiva, y que diga que es una falta de respeto. Este ensayo te ayudará a lidiar con tu ansiedad, temores y sentido de culpa, y además te preparará para cualquier dificultad que pueda presentarse. Aquí, de nuevo, a medida que te alejas del *marianismo* y tratas de forjar una vida que te complazca a ti en lugar de a tu mamá, prepárate para muchísimos sinsabores.

⁜ NUEVAS REGLAS PARA UN MUNDO NUEVO

El número cada vez mayor de latinas en norteamérica que son cabeza de familia, divorciadas, viudas y profesionales —según el censo de Estados Unidos— sugiere claramente que cada vez son más las mujeres que desafían la ideología *marianista*. La oportunidad de desempeñar estos nuevos papeles, sin embargo, ha creado dificultades en la familia.

Es innegable que cuando aceptes que tus necesidades son tan importantes como las de cualquier otra persona, y lo hagas saber, probablemente surgirán problemas. Y tal vez no te sea fácil enfrentar esos conflictos porque tu temor al abandono podría hacerte retroceder.

Si cuando leas estas líneas, se te tensa el estómago o sientes dolor de cabeza, debes acopiar fuerzas para luchar contra tu inclinación natural a huir. Muchas hispanas están desarrollando conductas efectivas que las ayudan a adaptarse al nuevo medio sin alterar sus metas. Están aprendiendo a enfrentar esos conflictos y ayudar a otras que necesitan apoyo.

Tú tienes la oportunidad de cambiar las circunstancias mediante la concientización de tus necesidades y carencias, permitiendo que estas afloren, y reconociendo tu deseo de crecer como una mujer saludable, sin desvirtuarlas, no importa lo que diga tu familia. Hazte las siguientes preguntas para que conozcas tu grado de independencia:

- ¿Creo que tengo la facultad de escoger?
- ¿Veo alternativas para desarrollar mis recursos internos?
- ¿Evito pensar, tomar medidas, y asumir responsabilidad por lo que hago?
- ¿Creo que mi necesidad de acercamiento e intimidad son indicadores de mi falta de independencia?
- ¿Prefiero relacionarme con hombres porque ellos me dan una mejor idea de quién soy y de lo que valgo?

No te molestes si los resultados te revelan cosas acerca de tu persona que no querrías oír. Sólo recuerda que el cambio es posible siempre y cuando lo desees. Y no puedes realmente desearlo hasta que no veas el problema con claridad y lo confrontes directamente. Pero una vez que lo logres, podrás comenzar a reescribir el "libreto de tu vida", una frase utilizada por P. J. Caplan en su libro *Don't Blame Mother: Mending the Mother/Daughter Relationship*, o en español: *No Culpes a Mamá: Enmendando la Relación Madre-Hija*.

¡Reescribe el Guión de Tu Vida!

¿Recuerdas los cuentos de hadas que te hacían cuando niña? Por ejemplo, el cuento de la Cucarachita Martina, que fue recientemente recreado por la escritora puertorriqueña Rosario Ferré. Si piensas en ello, te darás cuenta que las expectativas culturales de ese cuento infantil transmiten un poderoso mensaje *marianista*. Veamos:

Cucarachita Martina se encontró una moneda y, después de pensarlo mucho, con ella compró talco para poder lucir bonita y así encontrar un esposo que cuidara de ella. Cucarachita rechazó las propuestas de matrimonio que le hicieron el perro, el gato y el gallo, porque eran arrogantes, insensibles y autoritarios. Cuando Cucarachita les preguntó que harían en su noche de bodas, cada uno ladró, maulló y cacareó: "¡Aquí mando yo!".

Finalmente, el ratoncito Pérez la sedujo con su comportamiento amoroso, sensible y adecuado, como le habría pasado a la mayoría de las latinas, que en el fondo de su corazón, buscan a un hombre con esas cualidades. Pero mientras Cucarachita preparaba un caldo para la fiesta de la boda como una buena *marianista*, el ratoncito Pérez, ansioso por probarlo, cayó en la olla, y se ahogó.

No sabemos si él hubiera satisfecho las expectativas de Cucarachita, pero las pequeñas aprendices de *marianistas* que escuchan este cuento, ciertamente se llevan la impresión de que aunque aspiren a un matrimonio de amor, el destino les negará la oportunidad ¡y en su lugar las unirá a un mandón!

Siempre ha sido verdad que las reglas de la sociedad se les enseñan a nuestros niños a través de los cuentos de hadas. Pero ahora en Estados Unidos, las mujeres se están cuestionando ese destino sumiso. Quizás las latinas puedan comenzar a romper el eslabón cultural y reescribir el cuento de Cucarachita Martina, y crear una historia en la que hombres y mujeres vivan en armonía, y considerándose mutuamente.

¿Te imaginas lo maravilloso que sería contarle historias a tu hija que no perpetúen los aspectos negativos del *marianismo*, y en su lugar se concentren en la oportunidad de ser independiente, decidida y activa sin perder el respeto por sí misma? Tenemos que admitir que reescribir la historia de tu vida es más difícil que reescribir un cuento de hadas, pero esto iluminará tu existencia y tu autoestima en este mundo real y excitante en que vives.

¿Recuerdas a Aurora, cuya lucha por complacer a su esposo y a su madre dio inicio a este capítulo? A través de la terapia, ella pudo aprender a encontrar el coraje para reescribir el libreto de su vida.

Primero, Aurora se dedicó a reevaluar lo que su femineidad significaba para ella, y entonces comenzó a separar su propia definición y sus propios deseos, de los de su madre. Ella fue la primera en admitir que tenía la suerte de contar con un esposo que la alentara a cambiar. Con el apoyo de Larry, Aurora fue capaz de empezar a tomar pequeñas decisiones, como escoger el restaurante cuando la familia salía a cenar. La primera vez que lo hizo, vio que tomó la decisión, y nada terrible sucedió. De hecho, todos la pasaron muy bien, lo que le dio a Aurora la confianza para reafirmarse. Pronto se vio involucrada activamente en busca de lo que ahora podía admitir era la casa de sus sueños.

Pero los problemas con su madre estaban todavía por resolverse. Luchando contra el temor de que Mamá no la fuera a querer si se hacía más independiente, Aurora comenzó a mostrar su desacuerdo, de manera respetuosa, cuando la situación así lo requería.

En una ocasión, ella y su mamá conversaban acerca de la nueva casa y mamá insistió en que se estaba comportando como una fierecilla al expresarse tan abiertamente. Aurora le respondió que Larry no se había molestado cuando le dijo que quería una casa estilo Tudor. De hecho, él recibió con agrado su opinión. De esta manera, le demostró a mamá que, en Norteamérica, las cosas entre marido y mujer eran diferentes. Y en este caso, Aurora pudo ver de nuevo con sus propios ojos que su desacuerdo no provocó ningún desastre.

Entonces vino la gran prueba: la Comunión de uno de sus niños. Mamá insistía en que debía ser ella quien escogiera el traje, el restaurante y los invitados. Haciendo acopio de todas sus fuerzas para lo que pensó sería una gran batalla, Aurora le dijo que agradecía el ofrecimiento, pero pensaba que podía arreglárselas sola.

"Mamá —le aseguró—, si me veo muy apurada, tú eres la primera persona a quien voy a llamar". Aunque la madre se sintió sorprendida, accedió, el acontecimiento fue un éxito y todos quedaron muy contentos.

Mientras continuaba sobrepasando su *marianismo*, la relación de Aurora con Larry fue mejorando hasta que ambos sintieron formar parte de un matrimonio saludable e independiente. Pocos años después, Aurora llamó a su terapeuta para comunicarle que había sido promovida a un puesto de supervisora en su distrito escolar. Quería darle las gracias porque sabía que su nueva asertividad y confianza en sí misma, habían contribuido a sus adelantos profesionales.

Quizás lo mejor de todo fue un día que Aurora y su madre fueron a buscar el automóvil al estacionamiento antes de irse de compras. Cuando el empleado las ignoró para atender a un hombre que acababa de llegar, Aurora protestó e insistió que ella iba primero. Entonces el empleado inmediatamente fue a traer su vehículo. Camino a él, mamá le puso el brazo sobre los hombros a Aurora, le dio un abrazo, y le dijo: "¡Nosotras las mujeres realmente nos estamos dando a respetar! ¿No es verdad?".

Nuestro trabajo con las latinas nos ha demostrado que tu objetivo nunca debe ser romper los lazos con mamá, aunque la conveniencia de un rompimiento total ha sido objeto de debates entre los especialistas en sicología durante décadas. Para nosotras, es imperativo establecer y mantener la conexión con decisión, explorando terrenos comunes, y desarrollando una alianza con tu mamá en lugar de luchar contra ella. Así te sentirás realmente con más fuerzas y sentarás las pautas para otras alianzas importantes con tus propias hijas y nietas.

En el pasado, el dogma *marianista*, diseñado para consolidar el *machismo*, llevó a muchas latinoamericanas a guiarse por las reglas tradicionales para criar y disciplinar a sus hijas. Sin embargo, el apoyo entre madre e hija, y entre una mujer y otra, debe proporcionarte ahora la fuerza para reescribir el libreto de tu vida. Estamos seguras que con ese respaldo podrás enfrentar el dolor y los anhelos de tu propio pasado y el de tu mamá, y sobrepasarlos, a medida que creas un futuro mucho mejor y de más amor para las dos, para tus hijas, para las latinas, para todas las mujeres.

4

"No Pongas
Tus Propias Necesidades
Primero"

*La Abnegación
contra la Autorealización*

Ernestina, una colombiana de treinta y dos años, estaba a punto de explotar porque Nestor, el hermano menor de su esposo, un buen día llegó de Colombia y se instaló, así porque sí, a vivir con ellos en Nueva York. A él no le importó que Ernestina y su esposo, Gilberto, no tuvieran suficiente espacio. Néstor simplemente acampó en la sala. Y para empeorar las cosas, bebía mucho y le gustaba irse de fiesta, por lo que llegaba a casa a cualquier hora, vociferando y buscando problemas.

Y para colmo, estando lo mismo borracho que sobrio, trataba a Ernestina como a una criada. Pero cuando finalmente ella se llenó de valor para darle las quejas a Gilberto, éste dijo que, independientemente de como se comportara, era su deber de hermano ayudar a Néstor a levantarse, y ella como su esposa, también tenía ese deber.

Ernestina no volvió a protestar. Como buena *marianista*, pensó que ella debía hacer honor a su esposo y a la familia de él. Cuando una amiga le preguntó por qué no había defendido su posición ante Gilberto, ella contestó: "¿Qué puedo hacer? Él es el hermano de mi esposo y es mi deber ayudarlo". Y continuó cumpliendo con su deber, a pesar de que ello la hacía desdichada, ponía grandes presiones en su matrimonio, y estaba echando por tierra su autoestima.

✳ CUANDO EL RESPETO Y LA DIGNIDAD CHOCAN

Recordarás que en el capítulo I citamos la definición que da Alfred Adler a la autoestima, y dijimos que comprende no sólo la aceptación individual del ser propio, sino también su voluntad de contribuir al interés social del grupo. A partir de esta premisa, podemos entender por qué las personas se involucran en actividades que suplen las necesidades comunitarias, como un medio de aumentar el sentido de su propio valor. Y por eso es que todos hacemos el mayor esfuerzo de seguir los dictados culturales aceptados por la mayoría, como hizo Ernestina.

También recordarás que en el capítulo 2 nos referimos al conflicto entre los valores culturales y las necesidades personales, que puedes experimentar mientras te estás aculturando. Si te conviertes en demasiado americanizada, corres el riesgo de perder la estima de los hispanos que te conocen, incluyendo tus seres queridos. Ser considerada una persona respetable por los tuyos, es de una importancia innegable, pero en el caso de Ernestina, el miedo a perder ese respeto la había llevado a la trampa *marianista* de la abnegación, la sumisión y el sacrificio.

En este capítulo, te mostraremos cómo el perfeccionismo *marianista*, unido al choque cultural, se revela diariamente en forma de abnegación, y cómo esa abnegación es parte integral de lo que muchas mujeres creen que es su papel femenino en las relaciones con los hombres. Verás cómo el *marianismo* afecta su autoestima y hace que permitan a su esposo maltratarlas, a su suegra fastidiarlas, o que un compañero de trabajo se aproveche de su falta de asertividad.

También te brindaremos orientación y ejemplos de mujeres que han librado una batalla por la autorealización, y han vencido.

Sandalias en una Nevada

Es claro que los dictados culturales con frecuencia existen para cumplir el propósito de la supervivencia. Esto en algunas ocasiones es muy evidente, y en otras no tanto. Pero lo cierto es que tales dictados están arraigados en la personalidad de la gente y son considerados requerimientos cotidianos y normales para pertenecer a un grupo. Por ejemplo, no es anormal llevar botas calientes y un abrigo pesado cuando está nevando. Pero usar sandalias y un traje de baño en esas mismas circunstancias parecería, por lo menos, poco práctico. Por otra parte, aparecerse en la playa con un abrigo de piel, en una sofocante tarde de agosto, sería igualmente visto como anormal o inapropiado.

Un dictado cultural que predominó durante milenios fue la creencia de que, dado que la principal fuente de alimento para el bebé es el pecho de la madre, las mujeres deben ser quienes fundamentalmente se encarguen del cuidado de los niños y de la familia en general. Y así, desde un punto de vista práctico, también podemos ver la importancia de la presencia materna en el desarrollo de la autoestima del niño.

Esto significa, como ya hemos visto, que el proceso de socialización, que afecta la autoestima del niño para toda su vida, evoluciona fundamentalmente a partir de la relación del individuo con su madre. Pero cuando el pequeño empieza a ir más allá de la relación exclusiva madre e hijo, y se individualiza, su autoestima es también afectada de manera positiva o negativa por otros miembros de la familia.

Y cuando el individuo hace su entrada al mundo exterior, su autoestima también es afectada por las actitudes del colectivo, ya sean los compañeros de aula o los amigos del barrio. Si esas actitudes son percibidas de manera negativa por él, entonces ejercen una influencia negativa en su sentido de identidad, que a menudo puede ser difícil de cambiar.

Si hacemos una abstracción, y vemos a un inmigrante como un "niño" cultural que se enfrenta al mundo por primera vez, podemos entender por qué la aculturación es tan difícil de alcanzar. De alguna manera, es como revivir una parte dolorosa de la infancia, en la que tú eres esa pequeña e indefensa criatura que se enfrenta a un mundo vasto y amenazador. En el caso del inmigrante ese mundo inmenso y extraño es la nueva cultura. En un clima de esa naturaleza, cualquier reacción negativa reverbera en nuestra autoestima con una resonancia excesiva.

Cuando examinamos la actitud general de los norteamericanos hacia los hispanos, descubrimos muchos estereotipos poco halagadores que no hacen sino afectar el modo en que nos sentimos en relación con nosotros mismos, aunque, en realidad, estos estereotipos negativos son con frencuencia resultado del choque cultural. Por ejemplo, si rechazas una beca universitaria o una buena oportunidad de empleo en otro estado porque eres quien cuida de tu padre enfermo, podrías ser percibida como una persona demasiado dependiente de tu familia.

De la misma manera, si después de divorciarte decides mudarte con tu familia porque tienes dos hijos y un empleo, y necesitas que alguien de la casa te ayude con los niños, también podrías ser considerada socialmente inadecuada e incapaz.

Algunas veces las presiones no son causadas por reacciones externas, sino producto de tus propias valoraciones, lo cual también puede causar confusión y malestar síquico. Cuando, como Ernestina, te ves atrapada entre una pobre autoestima y extremas obligaciones culturales que tu misma te impusiste, puedes sentirte abrumada por la tristeza.

Las Latinas y la Abnegación

Una y otra vez en nuestra práctica, observamos la tremenda tensión que se origina al tener que jugar con dos sistemas de valores distintos y con frecuencia opuestos. Esto ya lo hemos discutido con amplitud en capítulos anteriores. Como ya hemos dicho, no todos los problemas de autoestima guardan relación con la cultura, pero queremos enfatizar de nuevo que a menudo los conflictos se agudizan cuando el individuo está tratando de vivir en dos mundos a la vez.

Es natural que cualquier latina recién expuesta a visiones culturales diferentes, a través de la televisión, la escuela, el trabajo o sus amigas, comience a cuestionarse. Esta duda posee una dimensión que la mujer quizás no haya experimentado nunca antes. Se llama *alienación*, y lleva consigo una sensación constante de inutilidad y tristeza. En cuanto una latina se ve afectada por un sentimiento de no pertenencia, o de no encajar o ser incomprendida, puede tratar de hacer más y más esfuerzos por dar, ser todo lo *marianista* posible, para sentirse más buena, con mayor valor como mujer.

Sabemos que en general las latinas tendemos a considerarnos buenas o malas, de acuerdo a lo bien, o mal, que hagamos las cosas para los demás, porque en nuestras mentes y nuestros corazones están arraigados los valores *marianistas* que han pasado de generación en generación, a través de las personas que más respetamos, amamos y admiramos. Cuando vemos la tendencia de la mujer latina a ofrecer cuidados a toda costa, estamos presenciando una compulsión a ser abnegadas. Y esa abnegación realmente significa no tener en cuenta sus propias necesidades, no estar dispuesta a perder el tiempo ayudándose a sí misma. Esto, por supuesto, es parte integral del lema *marianista*, de que la mujer es capaz de todo tipo de sufrimiento, como lo muestra claramente la actitud *marianista* ante la maternidad.

Pero cuando a la mujer que se está integrando a una nueva sociedad, de pronto comienza a parecerle muy extraño aquel sentido de la abnegación —que había sido una parte tan natural de su persona— puede producirse una crisis de identidad.

William Jones, el gran pensador mencionado anteriormente, cree que cualesquiera que sean las metas que nos propongamos, estas se convierten en uno de los parámetros con que medimos nuestro propio valor. Queda claro entonces que si una latina en medio del proceso de aculturación opta por las metas del nuevo mundo, como tener una carrera, y su familia la regaña por esas ambiciones, su sentido de valía se verá afectado de manera significativa.

Pero incluso cuando las metas que nos proponemos son dictadas igualmente por preferencias culturales, tanto como personales, no llegar a cumplirlas nos hacen sentir indignos. Por ejemplo, una madre puede mostrar excelentes habilidades en el cuidado de su hijo un 80 por ciento del tiempo, y aún sentirse una mala madre cuando la suegra la critica por no haberle preparado al bebé la compota a mano, o por no ser una buena ama de casa.

De esa manera, cuando Néstor le dio las quejas a su hermano Gilberto de que Ernestina no le estaba mostrando el respeto adecuado, y Gilberto la regañó por eso, ella se sintió fracasada según las leyes del *marianismo*. Es cierto que se estaba enfrentando al choque cultural entre la expectativa hispana de dependencia y servilismo a su marido, por un lado, y por el otro, su ira por ser tratada como un trapo. Pero eso no hizo sino aumentar su inconformidad consigo misma.

Las Latinas y la Necesidad de Aprobación

Parte del problema es que la valía personal está también relacionada con la aprobación. Esto explica por qué para muchas latinas la necesidad de aprobación es muy, muy fuerte. Es también lo que nos hace más dependientes de otros, de lo que debiéramos.

Depender de alguien es una necesidad de la vida. Tenemos que depender de aquellos a quienes amamos y en quienes confiamos en busca de apoyo, cuidado, afecto, y para sentirnos mejor cuando atravesamos tiempos difíciles. Pero la dependencia positiva, como muchas cosas en la vida, es muy relativa. En consecuencia, si recurrimos a estas mismas personas para que reafirmen nuestro sentido de valía personal y hagan por nosotras lo que deberíamos hacer nosotras mismas —como tomar decisiones que nos afectan personalmente— entonces nuestra relación con ellos es enfermiza.

Probablemente estemos de acuerdo en que una persona es demasiado dependiente si supedita regularmente su voluntad a la de otros y es incapaz de tomar decisiones independientes o mutuas.

Es crucial para ti saber distinguir cuándo te estás relacionando con los tuyos de una manera recíproca, y cuándo lo haces de forma dependiente, poco saludable. Por cierto, esta dependencia puede fluir de ellos hacia ti. Pero en este caso nos vamos a referir a tu dependencia de ellos. También, sin darte cuenta, puedes estar alentando a tus hijos y a tu esposo a que asuman que eres responsable de hacerlos sentir bien. Y si no lo haces, no te sientes una mujer completa. Pero en honor a la verdad, para alcanzar esa plenitud, tú y sólo tú —no aquellos con los que te relacionas— debes ser la fuerza motriz que impulse tu autoestima.

Más adelante hablaremos de la manera que puedes lograrlo, pero veamos primero algunos ejemplos que ilustran claramente cómo el esfuerzo para ser abnegada, unido a la necesidad de aprobación, puede tener resultados muy destructivos.

DOÑA QUIJOTE

María, una dominicana de 28 años de edad, siempre soñó con ir a la escuela para hacerse enfermera, pero en su lugar, se casó con Pedro, que estaba decidido a estudiar medicina. Después de emigrar de República Dominicana a Nueva York, Pedro pudo lograr su sueño ayudado por el salario de María como secretaria ejecutiva. Cuando se hizo médico, María le hizo saber su deseo de dejar de trabajar y realizar su propia ambición de hacerse enfermera. Pedro no puso reparos, ni siquiera a que contratara una empleada doméstica, siempre y cuando María se encargara de toda la planificación del hogar y siguiera sirviéndole ese jugo de naranja fresco en las mañanas, le tuviera la ropa limpia en el ropero, y fuera una esposa "trofeo" que siempre luciera como una modelo.

Como buena *marianista*, María complació a su esposo siendo todo para todos. Hay que reconocer que fue capaz de graduarse de enfermera y que se hizo de una posición que le encantaba. A medida que avanzaba sólidamente en su carrera, la santa María seguía siendo la esposa y ama de casa perfecta. Entonces sobrevinieron una serie de acontecimientos que la llevaron a recurrir a terapia. Poco después de haber dado a luz una niña, el padre de Pedro murió, y se decidió que la madre viuda vendría a vivir con ellos. La mujer era intensamente crítica, muy exigente, y no dejaba a María en paz.

¿Pero qué podía hacer María? No pensaba que debía darle las quejas a su esposo, porque con toda seguridad él se iba a irritar, y a insistir en que complacer a su madre era parte de ser una buena esposa. Lo que molestaba particularmente a María era que él tenía hermanos y hermanas que estaban dispuestos a recibir a su madre, pero Doña Eva insistía en vivir con su querido Pedro y en conducirse como una reina, incluso monopolizando el baño por las mañanas cuando todos los demás de la familia tenían que prepararse para ir al trabajo o a la escuela.

Más tarde, a María le ofrecieron una magnífica oportunidad de empleo en Filadelfia, la cual tuvo que rechazar porque Pedro ejercía en el área de Nueva York.

María no tenía dudas de que quería su carrera, pero, al igual que muchas otras mujeres en este libro, tenía un sentimiento de culpa que se extendía a muchos otros aspectos de su vida. Por eso todas dependían de otros para definir su autoestima y valía personal a partir del desempeño de ciertos papeles tradicionales. En repetidas ocasiones hemos reconocido que algunos de los problemas descritos son universalmente comunes a mujeres de cualquier grupo étnico. Pero sabemos, por nuestra experiencia profesional, que tener que ser la mujer ideal para sentirse bien es un sentimiento muy generalizado entre las latinas. María es un ejemplo perfecto.

María se volvía cada vez más infeliz, deprimida y ansiosa. A pesar de eso, nunca se quejó con Pedro porque pensaba que su obligación era ser abnegada. Toda vez que le imponían algo, o se veía defraudada en sus aspiraciones, cada hueso *marianista* de su cuerpo le gritaba que ella era lo peor que una esposa y madre latina puede ser: egoísta.

"Yo sé que parece una locura —le dijo a su terapeuta—, pero pedirle a mi suegra que se vaya, me haría sentir muy egoísta". Cuando le preguntaron qué había de malo en ser "egoísta" en una situación en la que abusaban de ella sicológica y verbalmente, dijo que la terapeuta simplemente no la entendía. Primero puso a su abuela como ejemplo, de alguien que se había sacrificado por el bien de la familia hasta el extremo de la santidad.

"Y yo —continuó María— ni siquiera soy capaz de apoyar a mi esposo cuando él quiere ocuparse de su madre".

El hecho de que la abnegación de su abuela tuvo lugar en una época y lugar muy remotos, no parecía tener importancia para María. Lo que pudo finalmente entender era que estaba tratando de ser su propia abuela. "Y —agregó la terapeuta— ¡también tu suegra y tu madre!".

En honor a la verdad, María estaba tratando de ser una buena esposa y madre, una amiga fiel, una anfitriona perfecta, y todos los otros papeles que el paquete *marianista* le tenía asignados.

"A partir de ahora —le dijo la terapeuta— te voy a llamar María Doña Quijote ¡porque estás tratando de realizar el sueño imposible!".

DÓNDE COMIENZA LA AUTOREALIZACIÓN

Si te sientes atrapada entre la abnegación y el egoísmo, si te das cuenta de que cumplir con tu deber te hace sentir mal contigo misma, pero que no hacerlo te llena de culpabilidad, tienes que dar un paso atrás y evaluar objetivamente lo que está sucediendo. Según un viejo proverbio, un viaje largo empieza con un paso. Para ti, eso es literalmente cierto. Ese paso atrás es donde comienza el viaje hacia la autorealización.

Míralo de esta manera: cada situación consiste en una serie de circunstancias. Lo que tienes que hacer es examinarlas. Veamos:

Cuando haces cosas para ti misma ¿cómo te sientes? Si nunca, o en raras ocasiones las haces, prepara una lista de aquello que siempre soñaste hacer un día para ti misma.

¿Hay algo que en este preciso instante disfrutarías verdaderamente? Piensa en ello, y analiza incluso lo que sientes de sólo pensar en ello. Si te sientes culpable, debes sostener un diálogo contigo misma.

Teniendo en cuenta que tu meta es aceptarte, busca cinco razones por las que mereces llevar a cabo aquello que verdaderamente disfrutarías.

Sé todo lo creativa que quieras y dá rienda suelta a tu imaginación. Por supuesto, si escoges actividades que están realmente a tu alcance, quizás no tengas que esperar tanto para lograrlas. Pero en cualquier caso, las fantasías, especialmente cuando las escribimos, pueden decirnos mucho acerca de nosotros mismos.

Ahora piensa en varias actividades que haces para los demás, que realmente te desagradan, como ir de compras al supermercado, o ser siempre quien tiene que levantarse a medianoche a atender al bebé.

¿Cómo te sientes al hacer estas cosas? ¿Estás cayendo en la trampa de creer que son exclusivamente tu responsabilidad? Recuerda, son tu responsabilidad sólo si tú piensas que lo son. No tomes a tu madre como ejemplo, porque su acondicionamiento cultural fue diferente ¿y quién sabe si ella estaba realmente más contenta que tú en esos aspectos?

¿Puedes decir cómo reaccionas a las críticas de lo que tú consideras tu responsabilidad exclusiva?

¿Quienes son parte de esa responsabilidad?

¿Tu esposo, compañero, o novio?

¿Tus hijos? ¿Tu mamá? ¿Tu suegra?

Ahora busca una hoja de papel y anota las áreas en las que mejorar tu desempeño te harían sentir bien contigo misma. Estúdialas una por una y pregúntate:

¿Por qué me siento así?

¿Quién está interesado en que mejore? ¿Yo, u otra persona?

Por supuesto, siempre es posible que, por el apoyo y el afecto que también recibes de un ser querido, acceder a sus exigencias puede muy bien merecer el sacrificio personal. Pero tienes que entender que si no crees que la petición es justificada, hacerla de todas maneras para satisfacer a alguien, a la larga no te hará bien. En su lugar debes preguntarte qué tipo de compromiso puedes idear para hacer la situación más tolerable para todos los interesados.

¿Debió María pedirle a Pedro que hablara con su madre y explicarle que tenía que esperar a que todos se fueran al trabajo para usar el baño?

¿Debió decirle a Pedro lo difícil que se le hacía tener que enfrentar las constantes exigencias de su suegra? ¿Sobre todo cuando habían otros familiares que podían aliviar un poco las presiones a las que estaba sometida María? Por ejemplo, invitando a Doña Eva a quedarse con ellos unos días, quizás en visitas rotativas?

¿O debió simplemente seguir obedeciendo las reglas del *marianismo* y soportar las exigencias y las burlas de su suegra con un suspiro callado?

Si crees, como creyó María al principio, que para que te amen y te consideren una buena persona, tienes que ser abnegada y poner las necesidades de los demás antes que las tuyas, sólo estás buscando líos. En la sociedad contemporánea, el precio que pagarás por esconderte detrás de la abnegación *marianista*, será no sentirte nunca verdaderamente segura de llegar a recibir el amor que esperas de los demás. Y eso es porque esa actitud no viene de tu interior, sino de otros.

Es realmente cierto que amarte a ti misma es un prerrequisito para recibir el amor de otros, así como para poder darlo plenamente. Llamar egoísta a una persona que se ama a sí misma, no sólo es erróneo, sino también completamente insano. Mira a Clara.

Reconociendo la Abnegación

Clara es una trabajadora social nicaragüense de poco menos de cuarenta años, cuyo esposo, Roberto —un ingeniero—, perdió el empleo y estuvo sin trabajo durante dos años. Clara era entonces el único sostén de la familia, y le entregaba su salario cada semana, para que él pudiera mantener su imagen de macho y siguiera manejando las finanzas de la familia. Desafortunadamente, Roberto usó ese dinero para seguir el estilo de vida que llevaba cuando trabajaba. Su colección de discos compactos aumentaba, seguía comprando caras obras de arte y saliendo por las noches con sus amigos. Y se negaba a reconocer la necesidad de hacer sacrificios hasta que volviera a conseguir empleo.

Aunque el comportamiento de Roberto molestaba a Clara en extremo, no le dijo ni una palabra porque el *marianismo* ordena que no debes desafiar la autoridad masculina, y siempre debes darle la razón a tu hombre. En su lugar, trató de reducir cada vez más sus propios gastos, dejó de comprarse ropa, y dejó de ir al cine con sus amigas. Por supuesto, cuando sus dos pequeños hijos necesitaban algo, ella les compraba lo mejor. Sólo se negaba cosas a sí misma.

Con el tiempo, Clara comenzó a padecer de úlcera estomacal y siempre estaba triste y llorosa. A sugerencia de su médico, recurrió a la terapia, pero ni siquiera sabía que estaba ansiosa y deprimida, o que su ira y victimización autoimpuesta le estaban causando enfermedades físicas.

Al igual que María, Clara pensaba que era su deber apoyar a su marido. Después de todo, insistía ella, él se sentía mal porque se había quedado sin trabajo y ya no era el sostén de la familia. Y ella había sido educada con la creencia que los hombres siempre necesitan ser atendidos, así como con el dogma *marianista* de que las mujeres nacen para sacrificarse.

Desde la niñez, el ejemplo de Clara había sido su madre, a quien consideraba una santa. Viuda desde los treinta años, nunca se había vuelto a casar. Clara contaba con orgullo cómo su madre se había dedicado tanto a ella y a su hermano y hermana, que raras veces salía de la casa, excepto para ir a la iglesia, al mercado, o una que otra vez a visitar a un familiar. Pero esa ciega devoción que Clara tanto admiraba, era el mismo sentimiento que, en un contexto diferente, le estaba causando a ella mucho pesar.

Si pensamos en María y la madre de Pedro, en Ernestina y su cuñado, en Clara y su insensible esposo, como grupo, vemos que todas comparten el mismo sentimiento de abnegación a expensas de dejar hundir su autoestima. Cada una de esas mujeres se dejó victimizar y explotar. Cada una de ellas creyó, como le enseñó el *marianismo*, que el sufrimiento y el sacrificio eran su destino en la vida.

Quizás estás en una situación similar a la de Clara, Ernestina o María. Piensa en cualquier molestia que la abnegación te esté causando en este momento. ¿Te dices a ti misma: "tengo que ser buena"? Imagínate que eres una amiga tuya. Sostén un diálogo interior con esa amiga y asegúrate que sea comprensiva y no critique. Deja que tu amiga imaginaria te diga que no debes soportar ninguna situación que te haga sentir como una víctima.

Después que hayas completado este ejercicio, recurre a una persona real, a tu mejor amiga. Asegúrate, claro está, que esa amiga sea también comprensiva y no sea demasiado crítica. Después de que le hayas hablado de tu problema, compara la conversación real con la imaginaria.

Esperamos que con estos ejercicios aprendas que siendo abnegada, estás inconscientemente siguiendo una norma cultural rígidamente definida que pudiera estar haciéndote infeliz en extremo. También llegarás a darte cuenta que tienes otras opciones y modelos que no son los que escogiste en el pasado. No hay dudas de que en tu nuevo país se te ofrecen nuevos desafíos y alternativas. Y estos incluyen la oportunidad de desarrollar tu sentido de plenitud total.

A medida que leas las historias de este libro y encuentres una con la que te identifiques plenamente, trata de analizar el problema antes de leer la solución, y entonces elabora tus propias conclusiónes. Después, lee el resto de la viñeta y fíjate en cuánto te acercaste a lo que la mujer pudo lograr con ayuda. A continuación te ofrecemos una breve historia que ilustra el problema de una mujer y cómo lo resolvió, para que puedas practicar el ejercicio anterior.

Josefa, una cubana, necesitó mucha ayuda terapéutica antes de pedirle a su hija de ocho años y sus hijos de trece y quince años que le ayudaran con la minuciosa labor de llevar las cuentas en un mercado que ella y su esposo tenían en Queens, Nueva York. Su esposo Manuel era un hombre hacendoso que había llegado a Nueva York desde España. De hecho, él era el esterotipo del inmigrante que vive solo para trabajar. Su laboriosidad había convertido su pequeño establecimiento en un próspero supermercado, y se habían expandido a otras áreas empresariales, incluyendo un servicio de entrega de comida. Josefa no entendía por qué Manuel se negaba a contratar ayuda externa o instalar una computadora y un fax.

Ciertamente, en la medida en que el negocio de la familia fue creciendo y se hizo más próspero, Josefa a duras penas podía con la creciente montaña de trabajo que significaba llevar las cuentas. Esa sola tarea le consumía unas diecisiete horas diarias. Además, tenía otras obligaciones de trabajo que atender, así como todas las labores domésticas que se esperan de una esposa y madre latina. No había dudas de que Manuel dedicaba al negocio tanto tiempo como Josefa, pero él no tenía que llevar el peso del hogar y ocuparse de las necesidades de los niños.

Cuando Josefa fue a terapia, ya estaba a punto del colapso físico y muy deprimida. Y cuando le preguntaron acerca de lo que podía hacer para cambiar las cosas, enseguida respondió: "Contratar a un contador". Luego añadió que sería una pérdida de tiempo mencionárselo a Manuel. En lo profundo de su corazón, no ser capaz de llevar la contabilidad la hacía sentir inadecuada. Sin embargo, la terapeuta la presionó a que explorara posibles soluciones a corto y largo plazo.

Eventualmente, con el proyecto formulado, Josefa pudo ver que podía diseñar también un plan que le hiciera la vida más fácil. Además, se dio cuenta que estaba asumiendo responsabilidad por la felicidad de todos a expensas de la suya propia.

Mejor que tratar de enfrentar a Manuel directamente, Josefa discutió la situación con familiares en otros negocios, quienes le hicieron la sugerencia a su esposo. Sólo entonces supo que Manuel no había hecho nada porque temía que extraños le robaran. Después se dio cuenta que él estaba siguiendo el tradicional dictado cultural español de que los negocios deben manejarse dentro de la familia.

Ahora que Josefa había logrado alguna distancia emocional entre sus propias necesidades y su compulsión *marianista* de dedicarse por entero a su esposo y al negocio de él, ya estaba en condiciones de discutir los asuntos con su marido de una manera racional y utilizar mejor su tiempo. Entonces pudo empezar a hacer cosas buenas para sí misma, como tomarse unos días de descanso, irse de compras o almorzar con las amigas. Incluso una que otra vez se daba el lujo de dormir hasta un poco más tarde. Hasta que un día pudo confesar en sus sesiones terapéuticas: "¡Mi vida está más llena!".

Sin dudas, ocuparte de tu persona es el mejor antídoto disponible para la pérdida de la autoestima.

No debe sorprendernos que al principio, cuando Josefa comenzó a hacer cambios con su familia, su esposo y sus hijos no pensaron que ella se estaba volviendo autorealizada, sino egoísta. Su manera de enfrentar esa situación fue reunir a toda la familia y pedirles que expresaran sus opiniones sin irritarse. Cuando su esposo la acusó de holgazana, le respondió con calma que no podía continuar su agotador programa por tiempo indefinido. "Si sigo así, me voy a enfermar y eso no le va a hacer ningún bien a nadie", explicó.

Prosiguió diciéndole a su familia que llevaba dos trabajos de tiempo completo, a cargo de la tienda y como ama de casa, una tarea humanamente imposible de realizar. Entonces les pidió que la ayudaran y se prepararan sus propios desayunos los fines de semana y le permitieran un poco de tiempo de descanso en la tienda a intervalos regulares, así como en las labores de la cocina por las noches. Los niños, sugirió, podrían preparar un programa rotativo para hacer labores en la tienda y participar en la preparación de la cena, cuando mejor conviniera a sus programas escolares. Lo que Josefa estaba haciendo era armándose de poder personal.

Al igual que Josefa, tú debes aprender a sentirte responsable y con derechos a tu propia felicidad. Esto no es fácil para muchas latinas, dado que, de nuevo, el concepto de poder personal, o *empowerment*, no existe en la cultura hispana. De hecho, le hemos preguntado a muchos de nuestros colegas en toda Latinoamérica que nos traduzcan la palabra *empowerment*, y todos coincidimos en que no hay una traducción literal para ese término.

Si hubiera alguna, sería *empoderamiento* pero como probablemente notarás, en español la palabra no tiene el mismo peso. En cualquier caso, la latina en norteamérica debe entender que sí cuenta con alternativas, opciones realistas. Debe darse cuenta que puede negociar soluciones. No debe tener miedo a pedir ayuda en las labores del hogar, ya sea a su esposo, su compañero, sus hijos, o a una doméstica, si las finanzas lo permiten. Si tanto ella como su esposo trabajan, un centro de cuidado infantil es una gran posibilidad. El peligro aquí es que muchas latinas son demasiado perfeccionista para solicitar este tipo de ayuda.

¡No seas una de ellas! ¡Reconoce que tu tiempo y tu energía tienen límites! No poder hacer lo imposible no te hace una mala persona. Ciertamente, definirte como una persona "buena" no tiene que depender del sacrificio o de tratar de excederte tanto que después no puedas hacerle bien a nadie. Recuerda, puedes mantener muchas de las bellas tradiciones de tu cultura en el seno de tu familia, pero no tienes que hacerlo sola, y no tienes que convertirte en mártir en el intento. En el capítulo 8 abordaremos con profundidad este tema de serlo todo para todos, y te demostraremos que existen soluciones maravillosas para tus problemas aparentemente insolubles.

¿Egoísmo o Poder Personal?

Recordar que tenía derecho a ocuparse de sus propias necesidades fue fundamental para que María pudiera finalmente sacar a su suegra de la casa, sin provocar una guerra. En el proceso, también aprendió que las expectativas culturales de Pedro eran muy tradicionales, muy *machistas*. No era culpa suya asumir que su esposa tenía que mostrar a su madre el debido respeto. Él aprendió a comportarse así desde su infancia, al igual que María. En cuanto ella fue capaz de distanciarse lo suficiente para apreciar la situación de su esposo, pudo comenzar a solidarizarse con su posición y tomarla en cuenta para cualquier solución que ella ideara.

María le explicó a Pedro que sabía que él era un prisionero de las exigencias de su madre, y reconoció lo difícil que tenía que ser para él asumir la responsabilidad del bienestar de Doña Eva. Sorprendentemente, él le respondió cuánto le agradecía que comprendiera su situación. En poco tiempo, ya él conversaba con su esposa lo mucho que le molestaba cuando su madre se mostraba caprichosa y demasiado crítica. Antes de que pasara mucho tiempo, marido y mujer ya estaban unidos tratando de encontrarle una solución a lo que ambos consideraban un gran dilema doméstico.

Debes notar que María convirtió a Pedro de adversario en aliado, conversando con él de manera calmada y sin incomodarse, con simpatía por él, en lugar de antagonismo o desesperación. Ella aprendió que lo principal para obtener lo que uno quiere de otros es entender lo que sienten, y por qué lo hacen. Una vez que María y Pedro analizaron juntos la responsabilidad de cuidar a la madre viuda, él pudo admitir que no quería hacerlo, especialmente dado que su hermana estaba más que dispuesta a recibir a Doña Eva. De hecho, él confesó que necesitaba que María estuviera de su lado si iban a buscar una solución.

Por primera vez, María pudo mantener alguna objetividad y no caer en la línea de conducta *marianista* de comportarse como su abuela.

María y Pedro convocaron a una reunión con la familia de Pedro. Sin ira ni acusaciones, sugirieron que todos los hermanos debían estudiar el problema con su madre y proponer soluciones. Cuando algunas de las hermanas insistieron en que a su madre se le debía dejar escoger el lugar donde quería quedarse, María sabía que se estaban comportando según el tradicional "familismo" y no tomó sus opiniones desde un punto de vista personal.

Con el apoyo de Pedro, María les explicó que tener que complacer las exigencias crónicas de su suegra durante tres largos años, y a la vez llevar un empleo a tiempo completo, administrar el hogar y cumplir con sus propios deberes de madre, le había creado más tensiones de las que podía soportar. Propusieron que como la hermana mayor de Pedro contaba con el espacio y se había ofrecido a recibir a Doña Eva, esa alternativa debía presentársele a la señora. Llegado este punto, María y Pedro aseguraron que el traslado sería sólo temporal, hasta que la hija de María creciera. Y vean esto, cuando se le presentó el plan a Doña Eva, ella accedió. En cuanto comenzó a vivir con su hija en un espacio mayor, se dio cuenta de que se sentía más contenta y que podía visitar a su hijo periódicamente.

Esta solución tan amigable al problema de la suegra es un tributo a la nueva capacidad de María de pensar racionalmente sin culpar a otros, y de involucrar a todos los interesados en la toma de decisiones. Nunca cometas el error de creer que tienes que resolver los problemas tú sola, especialmente cuando la solución requiere la participación de otros. Si lo haces, te estás engañando, y socavando en gran medida tu posición. Una vez que María apreció la diferencia entre abnegación y plenitud, el sueño imposible se hizo realidad.

Es cierto que muchas personas podrían describir y entender la palabra *egoísmo* de distintas maneras. Sin embargo, nosotras realizamos una encuesta informal, entre mujeres que conocemos, para tratar de llegar a una definición sobre ese término. Y lo que descrubrimos fue que, en general, el concepto de egoísmo tiene una connotación negativa. La mayoría de los preguntados definieron el egoismo como "una preocupación excesiva por uno mismo", "alguien que sólo busca el placer", o "quien asegura el bienestar propio a expensas de los demás".

La definición también tendía a incluir un elemento de "todo o nada", ya que ponía énfasis en la satisfacción personal a toda costa.

En realidad, nosotros vemos el egoísmo de un modo un tanto diferente. Si bien son innumerables las personas que utilizan a otros para obtener lo que quieren, también hay muchas otras que poseen lo que nosotros llamamos *egoísmo positivo* o autoplenitud. Estas personas están motivadas por un saludable amor propio.

¿Y que significa exactamente autoplenitud? Para nosotras significa permitirse tener una sensación de satisfacción interior. Piensa en la diferencia entre sentirse con hambre y sentirse satisfecho. ¿Cuál preferirías? La autoplenitud te permite ocuparte de tus necesidades distinguiendo lo que es justo que hagas por otros, y lo que otros deben hacer por si mismos. Implica la responsabilidad de proporcionarte una sensación de comodidad, paz y felicidad, en lugar de una constante tristeza.

En resumen, autoplenitud significa estar consciente de tus necesidades, y luego distinguir la realidad de esas necesidades para prepararte a satisfacerlas. Requiere que pienses en ti sin sentimiento de culpa.

Pensar en ti misma y proporcionarte cosas no significa herir a otros. Significa asegurarte de que te preocupas por la calidad de tu propia vida. También significa permitir o pedirle a otros que te ayuden.

María fue capaz de hacer su vida más soportable y su autoestima más saludable con la ayuda de las siguientes medidas, de las cuales tú deberías tomar nota:

1. María confrontó el hecho de que las creencias culturales estaban ejerciendo una terrible presión sobre ella y su familia.

2. Definió exactamente cuáles eran esas creencias y los efectos negativos específicos que tenían en todos los afectados, comenzando por ella misma.

3. Se dio cuenta que estaba asumiendo la responsabilidad exclusiva en situaciones que debieron haber sido compartidas emocional y físicamente con otros.

4. Reconoció su derecho a la autoplenitud y se propuso alcanzarla.

Investiguemos ahora cómo Clara aprendió a considerar sus necesidades propias y hacer que su esposo desempleado, Roberto, mostrara una mayor sensibilidad hacia ellas. Antes de comenzar verdaderamente a actuar a partir de su autoplenitud, primero tenía que entender su identificación con su madre y luego iniciar una cándida conversación con aquella.

Para sorpresa de Clara, su madre le confesó que estaba arrepentida de no haber vuelto a casarse. Ahora que sus hijos eran adultos con familias propias, se sentía extremadamente sola. Sin embargo, agregó, quedarse soltera era su destino, y si se hubiera casado de nuevo, la unión hubiera sido duramente criticada por familiares y amigos. Por último, instó a Clara a no seguir sus mismos pasos, sino a pensar en sí misma y en sus propias necesidades y deseos. La madre de Clara le estaba dando permiso para que fuera autoplena.

Al fin Clara se sintió con derecho y con poder para confrontar a

Roberto y pedirle que asumiera la responsabilidad de no ser un botarate y de ayudar en las tareas de la casa ahora que tenía tiempo. Lo hizo de una manera gentil, sugiriéndole que necesitaba su apoyo. Apelando al machismo de él, ella se hizo entender. Primero Roberto empezó por llevar los niños a la escuela, las lecciones y las fiestas de cumpleaños. Este era un comienzo pequeño, pero Clara se aseguró de mostrarle su agradecimiento. Armado de ese agradecimiento, él gradualmente comenzó a ayudar en las labores hogareñas, incluso tratando de cocinar algunas cosas, siempre con el agradecimiento de Clara como premio. Clara también sabía que, en honor a la verdad, Roberto no estaba hecho para los trabajos caseros y haría cualquier cosas por quitárselos de arriba. Y lo hizo. ¡Encontró un empleo en tiempo récord!

Ahora regresemos a Ernestina, la mujer con el cuñado vividor. El comportamiento ultrajante de Néstor, junto a la incapacidad de su esposo para comprender sus objeciones, continuaron durante los años siguientes, mientras la autoestima de Ernestina iba en descenso. Con el tiempo, Néstor se mudó con su hermano, quien había dejado a Ernestina por otra mujer. Entonces fue cuando ella empezó su viaje de renovación.

Durante los primeros tiempos después de que Gilberto la dejó, Ernestina se derrumbó. Se sentía victimizada, sola y desalentada. Pero un día se levantó, y comenzó a ser buena consigo misma. Se daba baños de burbujas, salía a cenar y al cine con amigas, a dar largos paseos y montar bicicleta con sus hijos. También aceptó el hecho de que tenía derecho a incomodarse, y en consecuencia utilizó esa ira para llenarse de energía. Se sobrepuso, en lugar de dejar que el comportamiento de su esposo y su cuñado la destruyeran. No se culpó porque Gilberto la hubiera dejado por otra mujer. Culpó a quien lo merecía, a él, y decidió seguir adelante con su vida.

¿Es el valor de Ernestina inusual? Probablemente no. Sabemos de muchas latinas que se alzan ante la tragedia y reúnen el valor para hacer lo que sea necesario para sobrevivir y alcanzar la autoplenitud. Nosotras seríamos las últimas en negar que este proceso requiere de una cantidad enorme de esfuerzo, pero los resultados bien valen la pena. El caso de Ernestina es un bello ejemplo de la fuerza de la mujer. Nota que ella empleó parte de la consigna *marianista* de que las mujeres son espiritualmente superiores a los hombres y le añadió una nueva definición: las mujeres son espiritualmente superiores a los hombres y capaces de acabar con su propio sufrimiento.

Cuando le preguntaron cómo lo había logrado, Ernestina dijo: "No tenía otra alternativa. Tengo tres hijos". Pero se le debe reconocer con creces el haberse aventurado a un divorcio con dos hijos y una hija. Consiguió un empleo en una aerolínea antes de solicitar el divorcio, para asegurarse de que su familia tuviera ingresos, pasara lo que pasara. No obstante, muchos de sus familiares la culparon por, según ellos, haber destruido su matrimonio. "En ese sentido —dijo Ernestina—, creo que no tuve éxito del todo. Y les digo que primero pensé en mis hijos, pero luego empecé a pensar en mí".

Ernestina tuvo la fortuna de poder contar con un grupo leal de amigas que la apoyaron en todo momento. "Al principio fue difícil —recordaba—. Pero me repetía una y otra vez que era más difícil soportar el comportamiento inaudito de mi cuñado, y me obligué a reconocer los amoríos de mi esposo. Recé mucho e hice muchas cosas buenas por mí. Pero lo más importante es que creé una especie de *mantra* y me pegué a ella: 'Puedes hacerlo —me decía—. Puedes acabar con este abuso. Puedes hacerlo' seguía repitiendo no sé cuántas veces al día". (En la página 117, se explica lo que es un mantra.)

Una vez que Ernestina reconoció que merecía mucho más de lo que estaba recibiendo, comenzó a sentir una saludable sensación de ser merecedora. Dejó de ser abnegada y alcanzó la autoplenitud. Echó a un lado los estereotipos culturales que anteriormente la habían dominado. Después de negarse a definir su valía personal en dependencia de cuán buena esposa y madre *marianista* era, comenzó a pensar en términos de lo que era beneficioso para sus hijos y para ella.

Ernestina es un ser humano normal que aprendió a creer en si misma.

¿Crees tú en ti misma?

¿Sientes miedo de creer en ti misma?

¿Cuáles consideras que son tus fuerzas interiores?

Trata de dedicar un momento de tranquilidad a escribir tus lados buenos, así como tus fuentes de apoyo. Trata de no dejar que ningún pensamiento negativo interfiera en el proceso, y no utilices la excusa de que no tienes lados buenos. Sigue pensando hasta que llegues por lo menos a cinco cosas que admiras en tu persona, y a otras tantas fuentes de apoyo que puedas reunir.

Pregúntate: "¿No es mejor pasar por momentos difíciles durante un tiempo con el apoyo de tu familia, amigos y sicoterapia, que permanecer en una situación dolorosa y poco saludable?"

TÚ ERES TUS PROPIAS ALTERNATIVAS

El *empowerment,* o poder personal sólo puede ser adquirido a través de las elecciones que haces. Si no haces ninguna, no tienes ningún control sobre tu vida y, por tanto, ningún poder. Así que no dejes que te atrape el lado negativo del *marianismo* a expensas de tu autoestima. Prueba algunos de los métodos que recomendamos en *La Paradoja de María.* Esperamos que esto te dé una nueva sensación de control, y te haga sentir la libertad y el entusiasmo de ser al fin quien realmente eres.

Además, analiza los dictados culturales presentados en este libro y determina cuáles te son útiles y cuáles te hacen desdichada. Luego crea tus propias opciones, y refuerza los conceptos que te sirven de apoyo y ayuda. Por ejemplo, un dictado *machista* es que el hombre debe ser responsable de la mujer. Aprovéchalo para tu beneficio, permitiendo que tu hombre te cuide, cuando sea necesario. Úsalo de una nueva manera que le haga sentir que, darte lo que mereces, es parte de esa responsabilidad. Recuerda, un aspecto esencial de la autoplenitud significa aprender a negociar con los seres queridos.

Nunca olvides que darte a ti misma no es un lujo, es una necesidad. Conviértete en tu propia madre escuchando tus sentimientos, creyendo en ellos, permitiéndote descansar cuando estés agotada. Eso es lo

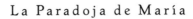

que harías por tus hijos. ¡Hazlo ahora por ti! Si el peso de tus obligaciones se hace abrumador, pide ayuda. Y nunca olvides que debes tener el valor de confrontar lo que te hace infeliz antes de comenzar el viaje hasta el nivel máximo de autoplenitud. Si alguien se lo ha ganado, esa eres tú.

5

"No Desees Más en la Vida que Ser una Ama de Casa"

El Mundo del Trabajo y
el Mundo del Hogar

Una amiga nuestra, colombiana de cuarenta y dos años, llamada Sonia, fue vice comisionada de una agencia gubernamental de la ciudad de Nueva York hasta un reciente ascenso. Sonia trabajó allí durante doce años, y llegó a ser la mano derecha de su jefe, el Comisionado. Muchos colegas pensaron que ella era quien verdaderamente dirigía el lugar, porque el Comisionado era un político designado, sin la experiencia administrativa de Sonia. Entre sus deberes estaban las negociaciones laborales, las relaciones interdepartamentales y la representación de su jefe en funciones fuera del horario de trabajo, tanto como en reuniones con los sindicatos. Claramente, habían delegado en Sonia responsabilidades substanciales que ella manejaba con profesionalismo y competencia.

Pero no llegó muy lejos sin tener que vérselas con algunas decisiones personales muy dolorosas. Sonia recuerda vívidamente los constantes conflictos con su madre y con su esposo, un exitoso abogado latino, cuando ella anunció que cursaría una maestría en Administración de Negocios, y que no podría continuar siendo una ama de casa a tiempo completo. También recuerda el sentimiento de culpabilidad que sintió por no poder estar siempre presente para atender a su hija adolescente.

Sin embargo, Sonia sabía que no podía ser feliz siendo sólo una ama de casa. Además de ser esposa y madre, necesitaba una carrera para sentirse realizada. Y para obtener lo que creía que merecía, Sonia tuvo que batallar con su esposo y su mamá, pero especialmente consigo misma. Ella dice que nunca olvidará la intensidad de sus dudas y el sentimiento de culpa que tuvo que soportar antes de lograr vencer el *marianismo*, para tener una carrera y mantener sana su autoestima.

Con similares conflictos, o sin ellos, la mujer hispana se está integrando a la fuerza laboral americana en gran número, como las siguientes estadísticas dramáticamente prueban:

De acuerdo a las cifras del Buró del Censo y del Buró de Trabajadores Femeninos, la participacion de los hispanos, hombres y mujeres, en la fuerza de trabajo de hoy es de 67.4 por ciento, una proporción mayor que los norteamericanos blancos (66.2 por ciento), y que los afroamericanos (63.8 por ciento).

Las mujeres hispanas alcanzaron un lugar notable al final de los años 80, cuando por primera vez el 50 por ciento de las latinas de dieciseis años en adelante fueron empleadas: 3.6 millones para ser exactos. El 41 por ciento se concentró en el área técnica, ventas y apoyo administrativo: como operadoras de computadoras, secretarias, tenedoras de libros, asistentes de maestras, enfermeras registradas y asistentes de trabajadoras sociales. El 21.7 por ciento fueron empleadas en los trabajos de servicios, entre ellos: cuidado de niños, camareras y sirvientas; y solamente el 15.7 por ciento trabajó como administradoras y profesionales.

Para el año 2000 está proyectado que 5.8 millones de mujeres estén trabajando. Esto constituye un sorprendente 57 por ciento de la población hispana femenina en Norteamérica.

Y lo más tremendo es que un gran número de ellas confrontará dificultades en sus carreras por razones de sexo, y de carácter cultural.

En este capítulo discutiremos los conflictos internos que muchas latinas experimentan debido a asuntos relacionados con el trabajo, como la competencia entre la familia y el empleo. Te vamos a dar ejemplos de nuestras prácticas clínicas con mujeres hispanas que han resuelto exitosamente estos problemas y establecido un compromiso entre su hogar y su carrera. Te enseñaremos a navegar entre ambos mundos como ellas lo hicieron, incluyendo aprender a ser asertiva, sin ser agresiva, manteniendo el status quo masculino a raya, poniendo el comportamiento tradicional latino a tu disposición y beneficio, y lidiando con las ansiedades y dificultades que los cambios traen consigo. Como esas mujeres, aprenderás a modificar o despojarte de los principios del *marianismo* en favor de la autoestima. El proceso vale cada onza de determinación que pongas en ello, pero no será fácil ni simple. En términos del *marianismo*, estarás dirigiéndote directamente al ojo del huracán.

CUANDO EL ÉXITO IGUALA AL FRACASO

Tomemos a nuestra amiga Sonia como ejemplo de lo que queremos decir. Cuando su madre y esposo la condenaron por querer continuar su educación —según ellos, a expensas de su deber de esposa y madre— Sonia tuvo que luchar duro para mantener su autoestima. Si no hubiera batallado contra la tradición *marianista*, habría sentido el triunfo como si fuera un fracaso, porque se habría visto a sí misma como su familia la veía: una madre y esposa imperfecta.

Piensa en eso. Para muchas, muchas latinas que están buscando carreras fuera del hogar, el triunfo en el trabajo es una bendición mixta.

Mientras más triunfan en la arena laboral norteamericana, más fracasadas se sienten en su mundo latino. Y muy a menudo se encuentran, sin saberlo, atrapadas en una crisis de identidad.

¿Recuerdas a Rosario en el capítulo 2: la joven que tenía un novio anglo y una familia muy tradicional? Eventualmente sus conflictos culturales vinieron a ser lo suficientemente severos para que ella tuviera que comenzar la terapia, arguyendo que tenía una crisis de identidad.

Vamos a explorar ahora lo que eso quiere decir verdaderamente. El *Diccionario de la Ciencia del Comportamiento* (*Dictionary of Behavioral Science*) define el concepto de *identidad* como el modo en que el individuo se proyecta hacia el mundo exterior. En otras palabras, lo que los otros ven de ti, el "yo" reconocido y correspondido por miembros de la familia, amigos, colegas y asociados. En una sociedad como Norteamérica, fundada en la ética laboral, la identidad es más amplia y seriamente definida a través del empleo, y así nuestros trabajos generalmente definen cuán bien o mal nos sentimos acerca de nosotros mismos.

Muchas latinas entran por primera vez en la fuerza laboral cuando llegan a Estados Unidos, lo que significa que durante los sorprendentes cambios que acompañan la inmigración, los problemas relacionados con el trabajo tienden a ser pasados por alto. Y es en esta etapa que las latinas sienten más el antagonismo entre el mandato *marianista* de quedarse en casa y la necesidad económica de trabajar fuera. Esto es especialmente desafortunado porque el choque entre los valores del viejo mundo y las expectativas del nuevo, tienen un impacto y repercusiones muy fuertes en la autoestima de la mujer latinas, que añora el respeto automático y el apoyo del *familismo*, pero también desea reconocimiento y respeto en el centro de trabajo, lo que era impensable para su madre y para su abuela. Y envuelta en ese conflicto, no está segura cuán asertiva quiere aparecer en cada esfera. No sabe si sus compañeros de trabajo van a menospreciarla por ser tímida, o si su familia la verá como una rebelde. Sin ser su culpa, ella entra en crisis porque su identidad se vuelve confusa.

Como una latina en Norteamérica ¿en qué situaciones te sientes más insegura? ¿Cuáles son tus tres sueños más grandes? ¿Puedes hablarle de ellos a tus seres queridos? ¿Hay alquien con quien puedas conversar cuando tus sueños chocan con tus expectativas, o las necesidades económicas van en contra de la tradición?

Es vital recordar que la mayoría de nosotras latinas trabajamos por razones económicas. Junto con el hombre, o en lugar de él, estamos asumiendo el papel de proveedoras, el de ganar el pan. En la Norteamérica de los años noventa la latina se siente presionada a rechazar el tradicional estereotipo *marianista* para poder proteger el bienestar económico de su familia. Pero pasa que, muy frecuentemente, sus hombres no realizan ninguna de las tareas del hogar, ya sea porque la mujer no se siente cómoda pidiéndoselo, o porque él ve la idea del trabajo hogareño como algo que no corresponde al papel del *macho*. Es este precario balance entre ser una asalariada y además la proveedora de cuidados en la casa, lo que entristece a la mujer con una nueva carga de culpabilidad, ansiedad y depresión.

¿Cuántas mujeres en tu familia trabajan o estudian? ¿Cómo son vistas? ¿Cómo te sientes con respecto a ellas?

Veámoslo de este modo: el *marianismo* demanda que cuidemos de los niños, atendamos la casa y que nos sintamos felices haciéndolo. Mientras, el lugar de nuestro esposo es fuera de la casa, proveyendo la seguridad económica para la familia. De acuerdo al *marianismo* no se supone que una mujer haga ese papel. Y aunque lleguen a ser vicepresidentas de corporaciones, muchas latinas solteras y sin hijos son menospreciadas. Todo porque no han cumplido con las expectativas culturales de ser madre y esposa. Y así, son muchos los que piensan que "¡son menos mujeres!... o que ¡Se comportan como hombres!".

Y vamos a reconocerlo, hoy en Norteamérica ser una madre a tiempo completo no te garantiza el reconocimiento que pudieras obtener en tu país. Las norteamericanas se han estado incorporando a la fuerza laboral en masa desde los años setenta, y para los ochenta la familia de múltiples proveedores se convirtió en la norma. También hubo un rápido ascenso en el número de familias mantenidas por ma-

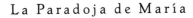

dres que tienen hijos en edad pre-escolar quienes, por necesidad, tienen que trabajar a veces en dos o más empleos.

Aún más sorprendente es una reciente encuesta de la compañía Gallup publicada por el *New York Times*, la cual reveló que las esposas norteamericanas comparten igualmente con sus esposos el sostenimiento de la familia: el 48 por ciento de las mujeres encuestadas reportaron que ellas proveían al menos la mitad de la entrada total. En conclusión, ya sea por necesidad o por deseo, la mujer norteamericana trabaja. Si tú quieres continuar viviendo como una *marianista*, la sociedad norteamericana sólo tendrá un lugar marginal para ti. Las latinas deben aprender que la competencia profesional es una fuente de autoestima tan aceptable como ser una buena esposa y madre.

Temor al Éxito

Las dos autoras de este libro hemos observado, sin embargo, que las latinas rara vez vienen a terapia expresando conscientemente ansiedad en cuanto a asuntos de dinero o de trabajo. Ellas comienzan hablando de dificultades matrimoniales o problemas con los niños, u otros miembros de la familia. Y es solamente en el transcurso del tratamiento que los problemas relacionados con el trabajo comienzan a surgir. Toma el caso de Cecilia.

"Mi matrimonio es mi más alta prioridad. Tal vez es que soy anticuada" —comenzó a decir Cecilia, una mexicana de 26 años, casada con un médico norteamericano, que viven en Nueva York. Ella estaba ansiosa y deprimida porque sentía que era insuficiente como ama de casa. "Soy una perfeccionista —decía— y realmente me castigo si hago las cosas mal". En su casa de México, siempre hubo una empleada doméstica para cocinar, limpiar y hacer las compras bajo la supervisión de su madre. Así que Cecilia nunca tuvo que aprender esas habilidades. Ahora, sin la guía de su madre, ella se condenaba por la idea de no saber hacer perfectamente las tareas del hogar, y se estaba ahogando en un mar de ansiedad.

Como muchas latinas, Cecilia tendía a enfocar lo que percibía como sus fallas y minimizaba su verdadero valor profesional, su capacidad intelectual y sus ambiciones, todas consideradas pecados capitales en el dogma *marianista*. Repetidamente también se subestimaba, asumiendo que "algo andaba mal con ella". En la actualidad sintiéndose inútil e insuficiente, estaba utilizando el *marianismo* para esconder problemas peores. Pero a medida que creció su crisis de identidad, la naturaleza real de sus conflictos comenzó a emerger.

Aunque estudió antropología médica, Cecilia nunca había trabajado en esa actividad. Ahora, después de dos años en Nueva York, estaba sintiendo las primeras perturbaciones de querer ser algo más en la vida que una esposa perfecta. Quería un trabajo: "Si yo me hubiera quedado en México, estoy segura que no me hubiera sentido así —confesó—. Me habría quedado en casa, como otras mujeres de mi clase, pero las cosas son muy diferentes aquí". Una vez que aceptó que las esposas norteamericanas trabajan fuera de la casa como algo normal, Cecilia abruptamente cambió de idea. De pronto, se sintió irreconocida e irrespetada porque no tenía una carrera. Comenzó a sentir envidia de su esposo George, y de repente se encontró deseando competir con él.

Los choques culturales habían disminuido su autoestima. Sin embargo, dentro de su conflicto, Cecilia fue afortunada: tenía el apoyo de un hombre compresivo. George, desde el principio, había dicho que él la apoyaría en cualquier carrera que ella escogiera.

Cuando Tu Hombre Es Parte del Problema

Nosotras nos damos cuenta que para muchas mujeres hispanas, y anglosajonas casadas con latinos, las cosas pueden ser más complicadas de lo que fueron para Cecilia, cuyo esposo estaba de su parte. No debemos olvidar que el hombre latino ha sido criado en la creencia de que su derecho de nacimiento es tener una mujer esperándole al final del día, con una sonrisa radiante y una comida caliente. Cuando ese patrón tan profundamente enraizado es alterado, él puede sentir que su mundo se derrumba.

Además, si la inmigración ha puesto más preocupaciones de trabajo en el hombre, el puede sentirse vulnerable respecto a su *machismo* y actuar con dureza ante los deseos o necesidad de su esposa de ayudarlo financieramente. Si el *machismo* de un hombre se ve amenazado, puede que él reaccione haciendo que su mujer se comporte de manera más subordinada, y así reforzar su propia decaida autoestima.

El caso de Cindy, una norteamericana de cuarenta y cinco años nos viene ahora a la mente. Cindy fue referida a terapia por un médico colombiano que era amigo de Carlos, su esposo, luego que ella se había estado quejando de depresión, insomnio y problemas estomacales.

Carlos, un cubano de cincuenta y siete años la acompaño a su primera sesión, a pesar de no sentirse muy contento de estar allí. Ellos habían estado casados por diez años. Se habían conocido en una agencia de publicidad de Manhattan, donde aún trabajaban. Cindy estaba bajo las órdenes de Carlos. Era el segundo matrimonio de ambos, y los dos tenían hijos crecidos y ya eran abuelos.

Cuando ellos se conocieron, Cindy se enamoró instantáneamente de aquel atractivo latino que, durante su noviazgo, siempre se mostró como un *caballero*, y demostraba un cuidado y energía que la hacían sentir segura y amada. Ahora, sin embargo, él se había vuelto irracionalmente celoso y tremendamente posesivo, exigiendo que ella le sirviera en cada uno de sus antojos y le obedeciera siempre. Si ella mantenía una conversación con un colega en alguna fiesta de la oficina, Carlos la acusaba de coquetear. Si su cena no estaba en la mesa cuando él la quería, protestaba diciendo que ella no estaba cumpliendo sus deberes de esposa. Según él, sus camisas nunca estaban bien planchadas ni la casa suficientemente nítida. Cindy se sentía tanto tiranizada como inapropiada.

Si la historia de Cindy te suena familiar, es imperativo que busques ayuda fuera de la familia: en la terapia, en un grupo de apoyo, o que converses con amigas que no sean de la familia, pero que sean confiables y leales, y que se ayuden unas a otras.

Pregúntate a ti misma:

- ¿Cómo se sienten los hombres de mi vida —padre, novio, marido, hermano— acerca de mis metas educacionales y profesionales?
- ¿Me han apoyado ellos?
- Si es así ¿estuvieron dispuestos a hacer los trabajos de la casa que tradicionalmente hacen las mujeres?
- ¿Me han desalentado?
- Si es así ¿qué fue lo que dijeron?
- Si son negativos ¿cómo me hace sentir su negatividad?
- Las decisiones que tomé en mi vida ¿afectaron mis sentimientos?
- ¿Pensé que los resentimientos de ellos surgieron de sus propias inseguridades?

Al respecto, te interesará saber que de acuerdo al censo de 1990, reflejado por Robert Brischetto en la revista *Hispanic Business* (*Negocios Hispanos*), por primera vez habían más mujeres profesionales hispanas que hombres, aunque ellas aún estaban menos representadas en las profesiones mejor pagadas. De hecho, el número de profesionales hispanas se duplicó durante los años 80. Sin embargo, mientras el 50 por ciento de las mujeres incorporadas al trabajo lo hicieron en ocupaciones tradicionalmente femeninas como el magisterio, el crecimiento promedio mayor fue en profesiones que siempre fueron desempeñadas por hombres.

Brischetto, usando la fórmula de crecimiento promedio (la cantidad de profesionales en 1990 dividida por la cantidad en 1980) reportó que las latinas habían tenido un crecimiento promedio de 4.7 entre los matemáticos y los científicos de computadora, 3.2 entre los abogados y jueces, 3.1 entre los científicos sociales y planificadores urbanos, 3.0 entre los ingenieros, arquitectos y topógrafos.

Estos datos sugieren que las latinas se están desplazando rapidamente hacia las posiciones profesionales, lo que implica que a un nivel personal están confrontando nuevos y dinámicos conflictos entre los principios *marianistas* y las expectativas norteamericanas de la carrera. Toma a Mercedes por ejemplo.

Gracia Bajo Presión

Mercedes, una cubana de treinta y cinco años, trabajaba en una prestigiosa firma de abogados en San Francisco, pero no era feliz. "Si yo quiero convertirme en socia —se quejó—, tengo que comportarme como un hombre, y eliminar a cualquiera que se meta en mi camino". Sus palabras suenan reales a mujeres de todos los ambientes y de todas las aspiraciones. Parece que lo que una mujer necesita para salir adelante, se mide con esos atributos masculinos de agresividad, competitividad, pensamiento analítico, orientación hacia las tareas, búsqueda del poder, relaciones impersonales, e invulnerabilidad contra las críticas.

Adoptar esos atributos masculinos, ha llevado a muchas latinas como Mercedes, al conflicto entre ser una mujer, y ser una triunfadora. Tal vez por eso hemos observado que muchas mujeres hispanas evitan las situaciones competitivas en sus trabajos, aún cuando al hacerlo obstaculizan el desarrollo de su propia carrera. Quizás tú recuerdes que cuando niña, las mujeres de tu familia te regañaban por pelearte con tu hermano, y te decían: "¡las niñas no pelean con los varones!".

Así, esa niña llegó a mujer sabiéndose de memoria una regla *marianista* inviolable: "Las mujeres no deben competir con los hombres"... y mucho menos en el mundo de los negocios. Tradicionalmente, la única forma de competencia aceptable para ella ha sido contra otra mujer... y por el amor de un hombre.

Pregúntate:

- ¿Qué significa para ti ser una mujer en el mundo de los hombres?
- ¿Cómo te hacen sentir las palabras *agresiva, competitiva, ambiciosa* y *consciente de poder"*?
- ¿Qué cualidades acerca de ti misma te enorgullecen más?
- ¿Cuánta satisfacción derivas del triunfo en tu carrera?
- ¿Sientes culpa o ansiedad cuando compites con un colega?

- Si pudieras ¿preferirías quedarte en casa cuidando los niños en lugar de ir a trabajar?
- ¿Cómo te sentirías si para poder triunfar en tu carrera tuvieras que trabajar hasta muy tarde y ver a los niños sólo por media hora antes de que se vayan a dormir?
- Si alguna vez terminaste una relación personal porque interfería con tu carrera ¿cómo te sentiste?
- ¿Crees que para triunfar en tu carrera tendrías que abandonar tu papel de esposa y madre?

GLASS CEILING VS. STICKY FLOOR: CIELO RASO DE VIDRIO CONTRA PISO PEGAJOSO

Es difícil negar que la mayoría de las mujeres, independientemente de su raza o grupo étnico, encaran discriminación laboral basada en el sexo. Esto es lo que se conoce como "Glass Ceiling", o Cielo Raso de Vidrio, y significa que pocas mujeres calificadas y competentes tienen puestos de ejecutivas en las juntas de directores de las corporaciones en Estados Unidos.

Recientemente, el *New York Times* publicó los resultados obtenidos por una comisión federal que estudió las barreras que obstaculizan la promoción de la mujer en la industria, y encontró que a pesar de tres décadas de programas de Acción Afirmativa, el "Glass Ceiling" sigue bloqueando a mujeres y minorías los puestos principales de dirección. A través de todo el país, las mujeres ocupan menos del 5 por ciento de todos los cargos ejecutivos.

Pero la baja representación de la latina en posiciones de dirección es aún más desalentadora. En 1988, el Departamento de Empleos encontró que éstas constituían sólo el 1.6 por ciento de todos los administradores. Lo que equivale a decir que el camino de ascenso para ellas es profundamente difícil. Además de la discriminación de sexo, deben encarar los conflictos creados por su cultura, que les fueron enseñados desde su niñez, como el *marianismo*.

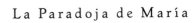

Esta doble atadura es explicada por Nelly Galán, una cubana de treinta y un años, y exitosa empresaria de los medios masivos de comunicación, que se divorció de su esposo latino cuando tenía veintidós años. Ella dijo en las páginas del *New York Times Magazine*: "En el círculo de mi familia yo no soy bien vista porque no estoy casada y no tengo hijos". Galán ilustra perfectamente como el *marianismo* choca con las aspiraciones profesionales. Las muchas latinas que, como Nelly Galán, quieren romper con su Cielo Raso de Vidrio, tienen que lidiar con un cambio de prioridades en los cuales, de repente, el esposo y los hijos no son el principio y el fin de todo, sino que son relegados a un segundo plano después del trabajo y la carrera.

Más aún, con vistas a ocupar una oficina ejecutiva, las hispanas tienen que mostrarse ambiciosas, competentes, asertivas, independientes, competitivas y deseosas de trabajar muchas horas fuera de la casa, en una forma autodisciplinada: ¡Muy bueno para un Curriculum!... ¡Pero muy desventajoso si quieres tener un marido hispano!

Como puedes ver, tener éxito es más difícil aún para las latinas, porque ellas tienen que luchar en tres diferentes campos de batalla: la presión del mundo de las corporaciones, la cultura hispana, y su "yo" dividido. Claramente, cualquier latina con ambiciones profesionales debe ser muy determinada, muy valiente, y estar lista para batallar contra viento y marea.

EL ALTO COSTO DEL ÉXITO

Volvamos a nuestra amiga Sonia. El haber logrado una carrera en el gobierno, a pesar de las objeciones de su familia, es uno de los ejemplos de autodisciplina, trabajo duro y tensiones emocionales, por las que tiene que pasar una latina para romper con el molde del *marianismo*.

El esposo de Sonia se negaba a aceptarla como la profesional que era. Tampoco se podía ver asumiendo algunas de las tareas hogareñas porque, según él, su carrera de leyes demandaba cada segundo de su tiempo. Al final se divorciaron. Esto sucedió hace 5 años, y desde entonces ella ha salido con otros hombres, pero no quiere llegar a algo serio: "Yo cambié mi exitoso marido latino por un buen puesto de trabajo —dice en broma, y entonces añade más seriamente—: Yo hubiera querido ser capaz de tenerlo todo: un esposo amante, que me apoyara, tener más tiempo para mi hija adolescente, y un alto puesto de ejecutiva... ¿por qué los hombres pueden tenerlo todo y las mujeres no?".

Sonia fue premiada cuando su esfuerzo y sacrificio resultaron en un nombramiento de secretaria asistente de una agencia federal en Washington. Pero antes de abandonar su trabajo, su jefe, el Comisionado, le pidió que le ayudara a seleccionar y entrevistar a su sucesor. Un hombre fue escogido para el puesto ¡ganando $15,000 más de lo que Sonia había estado recibiendo! El comisionado le dio a Sonia la débil explicación de que los hombres casados merecen salarios mayores porque tienen mujeres e hijos que mantener.

Ese tipo de discriminación en los salarios entre hombre y mujer, no sólo se aplica a las latinas. Cifras del Departamento de Empleos muestran que a finales de los años 80, las mujeres americanas empleadas como ejecutivas, administradoras y directoras, trabajando a tiempo completo, tenían ganancias medias de $21,874 mientras sus contrapartidas masculinas ganaban $36,150.

The Sticky Floor—El Piso Pegajoso

En el otro extremo del espectro laboral existe otra barrera para las latinas: lo que llaman el "piso pegajoso": son los trabajos de bajo nivel, que tienen salarios sumamente precarios en los gobiernos estatales y locales. Las profesoras Sharon L. Harlam y Catherine W. Berheide, de la Escuela de Graduados de Asuntos Públicos, en la Universidad de Albany, encontraron recientemente que el 63 por ciento de las latinas en todo el país están en esa categoría. De hecho, comparadas con otros grupos raciales y étnicos son las preferidas para secretarias, oficinistas, colectoras de peaje y despachadoras, todas ocupaciones esenciales, pero subestimadas, con poco prestigio y oportunidad de mejoría.

Tomemos el caso de Lucía, una puertorriqueña de veintiocho años de edad, quien ha trabajado como cobradora de peaje en un puente durante siete años. Ella recuerda muy bien cuán duro tuvo que luchar para pasar el examen del servicio civil, así como el cariñoso apoyo que recibió de su esposo José, empleado también en una oficina del estado. Lucía siempre recibió evaluaciones excelentes de su jefe, y por eso naturalmente asumió que él estaba satisfecho con su desenvolvimiento en el trabajo.

Sin embargo, el hombre denegó dos veces su solicitud para una promoción. La primera vez se excusó diciéndole que ella tendría problemas dirigiendo a un grupo de quince hombres. La segunda vez le informaron que era demasiado "emocional" y que no era suficientemente dura como para controlar a los hombres que trabajarían bajo su mando.

No sorprende que Lucía interpretara instintivamente que ambas negativas eran debido a problemas de ella. Por una parte, estaba disgustada consigo misma, y por la otra, sintió que quizás debía sentirse feliz con lo que tenía, ya que no era capaz de alcanzar algo mejor. Lucía, como muchas otras latinas, estaba optando por la vía *marianista* de culparse a sí misma, en vez de dar un vistazo claro a los prejuicios y preconcepciones de sus jefes.

DESTROZANDO EL CIELO RASO DE VIDRIO

Vale la pena recordar en este punto que el credo del *marianismo*, como lo refiere Evelyn Stevens, describe a la mujer ideal como dependiente, autosacrificada, sumisa, humilde, y con pocos deseos de autonomía o movilidad. ¿Puedes imaginar esa lista de atributos en un curriculum, o en la descripción de un empleo, o un anuncio de oferta de trabajo?

Así que, cuando decidas que los postulados *marianistas* están socabando tus metas profesionales, tendrás que comportarte como nuestra amiga Sonia, y resistir la autocrítica a cualquier costo. Ella tuvo que luchar contra su sentimiento de culpa por ser una mujer ambiciosa, que quería llegar a ser ejecutiva en el gobierno. Y aún hubo muchas ocasiones en las que hubiera querido decirse a sí misma: "Debieras quedarte en casa cuidando de tu hija. ¡Tú eres una mala madre!". Para silenciar la voz acusadora dentro de ella, y para levantar su ánimo y fortalecer su decisión, su terapeuta le sugirió que creara un mantra. Los sicólogos McKay y Fanning definen la mantra como una forma de meditación que consiste en unas pocas frases de sentido positivo que tu inventas, memorizas y recitas una y otra vez. Puedes repetir el mantra cuantas veces lo necesites hasta que la crítica interna se silencie y te deje en paz.

El mantra debe incluir un elemento que te recuerde en primer lugar la necesidad original que creó la expectativa *marianista*, así como la razón por la cual ese dictado ya no te sirve, y por qué debe ser modificado.

Este era el mantra de Sonia: "Quedarse en casa es una cosa del pasado. Ahora trabajo para pagar la educación universitaria de mi hija. También me gusta mi trabajo, y soy muy buena en él. Soy buena madre al asegurar el futuro de mi hija, y también al cuidarme a mí misma".

Las emociones en conflicto de Sonia están lejos de ser algo inusual. Las latinas que tienen baja autoestima producto de la culpabilidad *marianista*, frecuentemente tienen problemas a la hora de mantener una opinión clara respecto a sí mismas. Cuando se trata de la asertividad, tienen que luchar duro para mantener una visión objetiva de su vida y trabajo, y resolver las situaciones sin caer en el *marianismo*.

Así que, teniendo ésto presente ¿cómo podemos las latinas comenzar a destrozar el cielo raso de vidrio y elevarnos del piso pegajoso? Ante todo, debemos saber que el sistema imperante en el trabajo fue creado y existe para mantener el status quo, que hace prevalecer la superioridad masculina, en detrimento de ambos, hombres y mujeres.

Muchas latinas saben que ellas son intelectualmente competentes, pero emocionalmente continúan sintiéndose insuficientes e impotentes. Si tú puedes identificarte con ese devastador y debilitante sentimiento, trata de tener en mente que el modo en que funciona el centro de trabajo fue diseñado precisamente para hacerte sentir de ese modo. Pero no olvides que los hombres que te rodean no fueron los que lo inventaron, y que ellos también son víctimas del sistema.

Entonces, el primer paso que debes tomar es reconocer esa realidad, porque mientras no lo hagas, estarás formando parte de ese estado de cosas, y siendo tu peor enemiga. El segundo paso es aprender a competir.

Competencia Positiva

En nuestra práctica vemos todos los días latinas que han sido entrenadas desde la infancia a no competir profesionalmente. Es por eso que mujeres como Mercedes, quien quería convertirse en socia de su firma de abogados, percibe la competencia como una forma de agresión y usa una metáfora tan violenta para la ambición como "eliminar a quien se le interponga en el camino". Por otra parte, a las mujeres se les ha inculcado tan profundamente que deben ser sacrificadas, que en ocasiones experimentan culpa en vez de satisfacción, cuando ganan un ascenso. Y encima de todo eso, algunas sienten que si tienen éxito, los hombres pensarían que ellas lo que quieren es castrarlos. Pero en esta área, como en muchas otras, esos sentimientos negativos están basados en viejas reglas que ya no son aplicables.

Analicemos estas suposiciones, una por una. Ante todo, si eres una mujer que quiere avanzar en tu carrera, vas a confrontar la necesidad de competir. Pero si lo haces con justicia, tu oponente y tú tienen la misma oportunidad de ganar. Para obtener lo que quieres no tienes que usar juegos sucios. De hecho, descubrirás que las mejores armas son tus conocimientos, tus destrezas, y la confianza en tus propias habilidades, y es eso, precisamente, lo que te permitirá realizar un mejor trabajo.

Sabemos que la competencia positiva funciona porque nosotras, las autoras, nos hemos visto envueltas en ella, y hemos logrado competir manteniéndonos sensibles con nuestros colegas. Por supuesto, clavar el cuchillo en la espalda de un compañero se considera la ley de la jungla de las corporaciones, pero no tiene que ser así. Nosotras, las latinas, podemos competir usando la justicia, la honestidad y el honor que hubo en los viejos tiempos. El aspecto crucial es convencernos que tenemos el legítimo derecho de triunfar. Así es como lograremos el *"empowerment"*, el poder personal.

De cualquier modo, lograr el "empowerment", puede crear problemas por sí mismo. Si nunca has estado en contacto con tu propio poder, no es sólo difícil saber de qué se trata, sino que quizás pueda hacerte sentir muy incómoda. ¡No importa! La asertividad tal vez no sea algo natural para ti, pero puedes adquirirla. Y mientras más altas posiciones escales en la corporación, más oportunidades tendrás de empuñar el poder en forma positiva. Recomendamos que te hagas las siguientes preguntas:

- ¿Me siento poderosa? ¿Quiero poder? ¿Temo al poder? ¿Por qué?
- ¿Cómo se siente el poder? ¿Bien? ¿Cómodo? ¿Excitante?
- ¿En qué área de mi vida, la casa, la escuela, el trabajo, he tenido más a menudo esos sentimientos de poder?

Muchas latinas se sienten confusas cuando se enfrentan a la responsabilidad, porque creen que su única opción de adquirir poder es imitando el comportamiento masculino en el trabajo. ¿Eres tú una de ellas? ¿Son los valores y el comportamiento masculino el único modelo de éxito que puedes imitar en el mundo de las corporaciones?

¿Quienes son las personas a las cuales admiras más en el trabajo? ¿Son hombres? ¿Mujeres? ¿Qué les hace destacarse?

Sé muy honesta en tus respuestas porque ellas te enseñarán mucho acerca de ti misma, de tus amistades, y cómo establecer el contacto con tu fuerza interior individual y colectiva. Estarás también en una mejor posición para competir por tus derechos al éxito en el trabajo, como debe hacer toda mujer.

Lidiando con la Crítica

Una vez que estés lista para competir positivamente, tendrás que aprender cómo soportar la crítica. Saber cómo responder sanamente a la crítica es una piedra angular en el éxito de una carrera. He aquí, por ejemplo, una situación común: tu jefe niega estar dando las mejores oportunidades de trabajo a un colega masculino, en vez de dártelas a ti, que en ese caso eres quien lo mereces. Cuando esto pasa, es necesario confrontarlo, pero a la vez, debes estar preparada para la forma en que muy posiblemente él reaccionará: puede que niegue tu acusación diciéndote que estás hipersensible, o puede que te desarme con críticas en tu contra.

Susana, una venezolana de treinta y tres años, que trabaja como corredora de bolsa, estuvo luchando para soportar la crítica sin sentirse fracasada. Fueron esos sentimientos de insuficiencia y fracaso los que la enviaron a terapia. En sus sesiones recordó las críticas de su madre cuando ella estaba creciendo, las de uno de sus profesores de universidad, y ahora las de su jefe y de su novio.

Susana reconoció que veía la crítica como una poderosa arma dirigida contra ella. Y debido a ésto creció su propia crítica interna, cuyo fin, como una voz del *marianismo*, era aplacar sus ansias de éxito. Tuvo que preguntarse a sí misma si ella era verdaderamente un fracaso, y si estaba percibiendo acertadamente la realidad. ¿Había alguna verdad en las críticas de su jefe? ¿Y cómo podría ella saberlo?

En su momento, las sesiones de terapia de Susana estuvieron enfocadas en que aprendiera como lidiar con la crítica, mientras aplacaba su sentido de culpabilidad, y las dudas sobre sí misma. Su meta era llegar a ser capaz de aceptar responsabilidad por su comportamiento sin que disminuyera su amor propio.

Una de las lecciones que Susana aprendió, fue no tomar las críticas como algo personal. Luego comprendió que en una crítica pueden existir muchos factores que nada tienen que ver con su persona, ni con su actuación: por ejemplo, que su jefe tuviera un mal día, o que éste careciera de la habilidad necesaria para lidiar con sus subordinados. Una vez que Susana aprendió a no tomárselo personalmente, pudo comenzar a trabajar en tácticas para saber como manejar las críticas.

Primero aprendió a evitar tres tipos de conducta negativa con las que mucha gente reacciona a la crítica. Nosotras adaptamos esas tres respuestas negativas de un estudio sobre autoestima que prepararon los sicólogos McKay y Fanning. Estas incluyen:

1. Ponerse a la defensiva.
2. Contraatacar inmediatamente.
3. Retirarse.

Y de los mismos autores también tomamos las tres conductas que te pueden llevar al triunfo, y que Susana aprendió a utilizar para lidiar con la crítica:

1. Relájate y trata de escuchar a la persona.
2. Aclara lo que quieren decir.
3. Acepta parcialmente la crítica, y desecha el resto.

Desde que Susana aprendió a conocerse a sí misma, y reconoció sus temores, fue capaz de ser más asertiva y más productiva en su carrera. El conocerse uno mismo es la más poderosa arma en la batalla por el éxito. La Dra. Jean Baker Miller en su libro *Toward a New Psychology of Women* (*Hacia una Nueva Sicología de la Mujer*) define el *poder* como la capacidad de producir cambios. He aquí de nuevo los pasos que te llevarán al "empowerment" o poder personal en el trabajo:

—Obtén una correcta idea de la situación en el centro de trabajo.

—Lucha contra el impulso de tomar la discriminación como crítica personal.

—Comienza a luchar por tus derechos ¡y gana!

La Vergüenza Secreta

A veces, sin embargo, tu batalla puede tomar un giro atemorizador. Eso fue lo que le sucedió a Mildred, una atractiva analista internacional de bancos, de Nueva York. Ella es de padres puertorriqueños, y tiene veinticinco años. Vino originalmente a terapia por sugerencia de su doctor, quien sospechó que sus migrañas tenían algún origen síquico. Mildred, elegante y bien educada, decidió vivir por su cuenta en Manhattan, aunque había sido invitada a mudarse con su hermano soltero, un médico que vivía en las afueras de la ciudad. Mildred había estado saliendo con algunos hombres, y ahora se veía con un ingeniero puertorriqueño llamado Alfred, de treinta años de edad.

Las migrañas, junto con la depresión y la ansiedad, habían comenzado medio año antes. Aunque Mildred en las sesiones de terapia habló libremente de su vida, se puso en guardia cuando fue tocado el tema de la intimidad, un comportamiento notablemente ineficaz que es bastante común en clientas latinas. Y sólo cuando se sintió en confianza, mostró su verguenza secreta.

Seis meses antes, un nuevo supervisor había sido designado a su sección. El hombre, a quien llamaremos el señor Smith, era un anglosajón de mediana edad, que tenía puesta, de forma destacada en su escritorio, una foto de su esposa e hijos. Desde el principio, Mildred se sintió "rara" cada vez que Smith le decía que quería verla en su oficina. Con dificultad admitió que se sentía así cada vez que él la miraba, porque parecía estarla desnudando con la vista, pero nunca se atrevió a preguntarle a sus colegas femeninas cómo se sentían respecto a él. Las cosas fueron empeorando a medida que ella rechazaba sus invitaciones a almorzar, pero un día él comenzó a usar un lenguaje obsceno. Cuando Mildred le pidió que detuviera ese comportamiento, él la acusó de tratar de seducirlo usando ropa provocativa, y la amenazó con que —si no accedía a sus deseos— le bloquearía un ascenso que ella estaba esperando para convertirse en analista principal. Mildred, recordando lo que decía su madre acerca de las *mujeres de la vida*, las prostitutas de La Perla, en una sección del viejo San Juan, se preguntaba si quizás Smith tenía razón en que ella era una de ésas.

Se sentía acorralada. Había trabajado cuatro largos años en busca de ese ascenso, y lo quería desesperadamente, pero no a expensas de entregarse a Smith. Pensó decírselo a su hermano o a su novio, pero tenía miedo que la reacción de éstos le fuera a causar más problemas de los que ya tenía. Sin más acá ni más allá, comenzó a castigarse a sí misma con recriminaciones *marianistas:* "su padre le había advertido que el lugar de la mujer era el hogar y no el banco —se decía—. Si hubiera estado casada mi esposo me habría defendido del acosador..." y así sucesivamente.

Tu Lucha contra el Acoso

Muchas latinas que han sido sexualmente acosadas, se sienten incómodas admitiéndolo. La misma idea de provocar en los hombres ideas sexuales las hace sentir como si fueran verdaderamente *mujeres de la vida,* como le pasaba a Mildred. El acoso sexual es denigrante para cualquier mujer, pero para una latina es la invitación a sentirse miserable y tener que aguantar en silencio.

Y es que en Estados Unidos, donde los latinos en general se mantienen en un nivel económico y social bajo, experimentar además la discriminación por el sexo, añade una dimensión aún mucho más aplastante a su situación. Nosotras creemos que el acoso sexual contra las latinas es tan agudo porque el nivel general de su empleo es bajo, y porque sus jefes las catalogan muy a menudo como si fueran un mercado de esclavas, especialmente si son indocumentadas.

A menudo los acosadores acusan a sus víctimas de incompetencia profesional y pobres aptitudes de trabajo. Mildred es un perfecto ejemplo de lo poderosa que esa acusación puede ser. Su confianza fue tremendamente destrozada por los infundados ataques de Smith a sus habilidades profesionales, y también porque ella no estaba en control de su propio ascenso en la carrera. "Tú sabes —dijo ella en terapia—, no es fácil para una puertorriqueña obtener una posición en Wall Street. Los hombres allí piensan que todas nosotras somos tontas. Y he tenido que trabajar doblemente duro para demostrar que soy tan inteligente y tan capaz como ellos".

Sólo enfocando el trabajo de la terapia hacia lograr su "empowerment", su poder personal, fue que Mildred pudo tomar finalmente acción.

Pero la experiencia del acoso le creó dudas y angustia en un área aún más problemática: Smith insistía en que "algo anormal" había en ella cuando no quería tener relaciones sexuales con él. "Yo pensaba que todas las muchachas hispanas eran calientes" —le dijo un día, y cuando eso no funcionó, llegó a acusarla de ser lesbiana.

Por otra parte, la propia familia de Mildred acostumbraba a bromear constantemente con ella por no querer ser una "típica" mujer puertorriqueña, y estar casada y con hijos. Y ahora los mordaces comentarios de Smith estaban haciendo resurgir sus viejas dudas acerca de su femineidad.

Con el tiempo Mildred reconoció que ella, y solamente ella, podía definir su propio modo de ser femenina. Y luego, distanciándose del problema, pudo diferenciar las acciones de su jefe, de su propia experiencia pasada, y ver con claridad que lo que él quería era, precisamente, hacer que se sintiera más vulnerable.

Mildred no es la única latina que ha tenido que soportar esta lucha interior ante el acoso. Y es que siempre se nos inculcó que el hombre es superior, el que sabe más, y el que debe ser complacido en todo momento. Por eso es crucial tener siempre en mente que nosotras, las latinas contemporáneas, tenemos opciones que no estaban disponibles para nuestras madres y abuelas: y la principal de ellas es el derecho a escoger con quien compartimos nuestra intimidad física.

Furia Saludable

Mildred comenzó a sentir su poder personal y a vencer sus migrañas, solamente cuando aprendió a lidiar con la furia reprimida que estaba contribuyendo a causarlas. La furia es una emoción que para muchas latinas es excepcionalmente difícil de reconocer, expresar y manejar en una forma positiva. Y como el enojo contra los hombres se ve como un tabú *marianista*, ellas reaccionan a éste disminuyendo su amor propio. Si, como Mildred, tienes dificultad en esa área, es importante que aprendas a darte permiso para enojarte justificadamente cuando algún aspecto de tu autoestima se vea amenazado.

Para que se pusiera en contacto con su rabia, a Mildred se le dio la siguiente tarea: por una semana tenía que hacer una lista de cada situación en la que se sentía enojada, como por ejemplo, no poder lograr el triunfo profesional si había luchado por él, o cuando percibía el rechazo social.

Como resultado, ella aprendió a relacionar su ira directamente con los retos a su autoestima. Entonces pudo ver como, anteriormente, en lugar de expresar su furia contra Smith —que era quien la merecía— lo había estado haciendo contra ella misma. Y por ello terminó deprimiéndose, y usando inconscientemente los dolores de cabeza como un modo de castigarse por ser mujer.

En las sesiones de terapia ella practicó la expresión de su nueva furia, para poder manejarla antes de tratar de mostrársela a Smith. En terapia se permitió gritar, enfurecerse y llorar con toda intensidad. Eventualmente se perfeccionó en el arte de darse a ella misma el permiso de experimentar sentimientos fuertes, y comenzó a ser menos y menos temerosa de lidiar con ellos. Recuerda, si estás enojada y no sacas esas emociones conflictivas de tu sistema, estarás experimentando angustia constantemente.

Luchando con Todas las de Perder

Las latinas tienen mucho que perder al atreverse a protestar por el acoso. Pero también tienen mucho que ganar en términos de elevar su autoestima, cuando buscan ayuda y presentan acusaciones contra los acosadores. Nosotras te garantizamos que vas a sentirte mucho mejor si pones el enojo, la impotencia y la depresión en el lugar que les corresponde. Enfréntate al acosador y lucha contra el abuso. Te sentirás satisfecha cuando compruebes que lo que comenzó como una experiencia muy negativa, terminó dándote un gran dominio sobre tu propio destino.

Sin embargo, esa victoria no se obtiene sin lucha. Y hay ciertas áreas donde esa batalla puede ser particularmente amenazante para la mujer hispana.

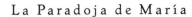

Según las Naciones Unidas, no existe un solo país latinoamericano donde el acoso sexual sea considerado un acto ilegal. Eso es porque muchos de sus códigos civiles contienen una provisión llamada *Patria Potestad*, la cual establece la autoridad masculina sobre la mujer y los niños. Basado en el principio de *imbecillus sexus*, que se refiere a todas las mujeres como indefensas y estúpidas, la *Patria Potestad* refleja el credo *marianista* de que los hombres son superiores a las mujeres.

Ya sea que nos acojamos, o no, conscientemente a la *Patria Potestad*, lo cierto es que hemos sido adoctrinadas con ella. Lo que quiere decir que puede ser especialmente atemorizador para una mujer hispana acusar a un hombre bajo esa ley.

En casos de violencia doméstica, por ejemplo, a muchas latinas les resulta difícil o no están dispuestas a reportar el abuso por parte de su esposo. La misma resistencia parece ser cierta cuando el asunto es el acoso sexual. ¿Por qué existe una conspiración de silencio entre las latinas?

Muchas temen hablar a su familia acerca del abuso o acoso, porque se sienten demasiado avergonzadas. Otras tienen miedo afectar negativamente la entrada económica de la familia, o perder la beca o ayuda escolar. Y reconozcámoslo, los asuntos sexuales en general no son fáciles de discutir para las latinas. Nosotras tendemos a sentirnos avergonzadas, culpables, humilladas, baratas, degradadas, disminuidas, temerosas, impotentes, cómplices e intimidadas por el tema del acoso sexual.

Si tú estás sufriendo acoso, puedes decidir no mencionarlo a los hombres de tu vida, si piensas que pueden reaccionar negativa o violentamente. Si un hombre es muy celoso, puede reaccionar acusándote de coquetear o serle infiel. Si es propenso a la violencia, confesarle el incidente podría sólo añadirte problemas. Pero si ese es tu caso ¡busca ayuda inmediatamente! Habla con amigos, con personas de un centro de salud mental de la comunidad, con una sociedad de ayuda legal, con tu sacerdote o pastor, con un miembro de la familia que simpatice contigo, una espiritista, curándera o santera, incluso, en una oficina pública o privada de empleos donde te puedan asesorar en cuanto a la acción que debes tomar.

No Tienes que Aguantarlo Más

A esta altura debemos recordarte que las reglas del viejo país posiblemente ya no sean aplicables a ti. Tal vez en tu país muchas mujeres sean capaces de cualquier sufrimiento, pero en Estados Unidos no tienes que seguir aguantando. Esa fue la conclusión a la que llegó Mildred.

Cuando ella logró suficiente conocimiento propio para dejar de culpar su "yo" *marianista* por las acciones de Smith, y redirigió sus sentimientos hacia donde tenían que ser dirigidos —hacia él—, sus migrañas desaparecieron. Y en cuanto se sintió segura con su femineidad comenzó a movilizarse y a tomar acción. Ella le confesó su secreto a algunas de sus colegas, y no tardó en descubrir que muchas mujeres en el banco, latinas y americanas, habían sido víctimas de alguna forma de acoso, pero tenían miedo de hablar sobre eso. De hecho, algunas habían sido acosadas por el mismo Smith, y en cuanto compartieron sus experiencias se dieron cuenta de los alcances del problema. Mildred conversó también sobre esa experiencia con su hermano y su novio, quienes se molestaron, pero no con la violencia que ella temía.

Apoyada por ellos y por sus colegas del trabajo, Mildred informó la situación a los superiores de Smith, y pidió a la compañía que tomara acción. Y cuando vio que la compañía no hizo nada, contrató a un abogado que inició un litigio legal. Aunque el caso está aún en manos de los tribunales, Mildred ha resurgido de su vergüenza secreta, como una latina más fuerte, más en control de su vida, y convencida de que su mejor defensor... es ella misma.

Aunque tu problema relativo al empleo sea tener que equilibrar hogar y carrera, o batallar contra el status quo masculino, o tener que destrozar el cielo raso de vidrio, o liberarte del piso pegajoso, la clave es recordar siempre ésto: el problema no es tuyo, es de ellos. Pero sólo tú puedes resolverlo.

Por favor, no consideres tomar acción sin el apoyo de un terapeuta, un grupo de apoyo, o tus amigos. La idea *marianista* de que una mujer es capaz de todo sufrimiento y debe librar sola sus batallas, es no sólo contraproducente, sino una invitación a la desdicha.

REDEFINIENDO LA AMBICIÓN

Para concluir, revisemos los casos de algunas mujeres que conocimos en este capítulo, para ver como lograron desarrollar su objetividad, y balancear los valores tradicionales hispanos con el mundo norteamericano.

¿Recuerdas a Cindy, la norteamericana que tenía problemas con su esposo Carlos, con quien trabajaba? Ella comenzó el tratamiento con una sicoterapeuta latina. Esta la ayudó a ver que la inmigración había puesto a Carlos en una crisis de identidad, y comprobó que el no ser el único sostén de la casa, lo estaba afectando. Lo que pasaba era que a medida que su papel de *macho* se reducía en Norteamérica, más volvía él a comportarse del modo *machista* que había aprendido a actuar, y más dominante se tornaba.

Cindy, por su parte, se sintió afortunada de que, aunque él se negó a asistir a terapia, al menos la dejaba ir a ella.

Eventualmente, el sentido de autoestima de Cindy mejoró lo suficiente como para que pudiera dirigir sus pasos a lograr la igualdad con su pareja. Después de convencer a Carlos de que siendo su jefe en la oficina, añadía más presión a los problemas de la casa, le pidió ser cambiada de departamento. En el nuevo lugar Mildred desarrolló relaciones con compañeros de trabajo que la ayudaron a sentirse menos aislada y más independiente.

Entendiendo que un hombre latino bajo las circunstancias en las que estaba Carlos, necesitaba un confidente masculino, solicitó la ayuda de su amigo, el doctor Pérez, para que éste le aconsejara que tomara más en cuenta las necesidades de su esposa. Pero la victoria mayor fue lograr que él aceptara emplear una sirvienta para que la ayudara con los trabajos de la casa, y así poder estar juntos más tiempo.

Cindy reconoció la regla *marianista* según la cual se espera que la mujer siempre esté lista para cuando su esposo la necesite, y la aprendió a usar en su beneficio, para instrumentar el cambio. También entendió que comenzar con modificaciones relativamente pequeñas, como conseguir una sirvienta, es importante porque prepara a la otra persona a aceptar luego cambios mayores.

Actualmente Cindy se siente algo insegura sobre lo que pasará en el futuro entre ellos, pero quiere continuar tratando. Y si cambia de opinión más adelante, sabe que hay otras opciones abiertas para ella.

Susana, la corredora de bolsa venezolana, que no sabía cómo lidiar con las críticas, finalmente abrió los ojos, llegó a conocerse más, y comenzó a confrontar los puntos que necesitaba transformar en sí misma, para poder triunfar en los negocios. Después de un tiempo, aprendió a ser asertiva sin demasiado esfuerzo. Y a medida que su confianza crecía, también se elevó su nivel en el trabajo. Fue nombrada directora del Departamento Internacional para el Caribe, y un día, cuando se le preguntó qué consejo podía darle a otras latinas con ambiciones, que también se sienten acechadas por el miedo *marianista* al éxito, replicó: "¡Que no le teman al cambio! ¡Que trabajen duro y tengan fuerza para sobrepasar los tiempos difíciles porque, créanme, ellos pasan, y entonces, bueno... El placer que se obtiene de los logros vale cada pedacito del dolor que tuvieron que sufrir para llegar al éxito!"

Cuando primero encontramos a Cecilia, la mexicana casada con un médico americano, se estaba volviendo loca porque se veía como una ama de casa fracasada. Cecilia representaba el caso clásico de la autoimagen distorsionada, porque tendía a agrandar sus debilidades, y minimizar sus virtudes. Para ella no fue fácil reconocer ni siquiera su deseo real de obtener un trabajo, porque su asertividad estaba aplastada por su *marianismo*. Finalmente comenzó la terapia a petición de su esposo.

Para ayudar a Cecilia a balancear su autoestima, la terapeuta le pidió que hiciera una lista de las cualidades positivas y negativas de su personalidad, y luego que las calificara.

Hacer este examen fue una gran experiencia para Cecilia. Quedó muy sorprendida de lo mucho que se gustaba a sí misma. Se había dado altas calificaciones en capacidad intelectual, habilidades interpersonales, apariencia física, y en excelencia académica, aunque se dio más baja puntuación en las tareas cotidianas, en como veía su femineidad, y en cómo otras personas la percibían. Tal vez a ti te resulte interesante hacer este ejercicio.

Como resultado de este proceso, Cecilia comenzó a cuestionarse sus principios *marianistas*. Eventualmente tuvo que aceptar que sus deseos de superación profesional no eran una distorsión de su femineidad, sino necesidades aceptables de realización y reconocimiento, que en su caso, el matrimonio y la inmigración habían sacado a la luz. Ahora podía liberarse para buscar actividades personalmente gratificantes, y no obedecer ciegamente a los mandatos culturales. Afortunadamente su esposo no sólo fue un buen apoyo, sino también bastante exitoso en el terreno profesional. Lo que significaba que cuando ella decidiera tener hijos, podría poner su carrera en un compás de espera, para quedarse en casa con ellos mientras fueran pequeños. Ahora estaba bien encaminada para poder disfrutar lo mejor de los dos mundos.

Lucía, la puertorriqueña cobradora de peaje, que sufría por sentirse discriminada en el trabajo, y a su vez era acechada por dudas en cuanto a su propia suficiencia, también comenzó la terapia. A través de las sesiones llegó a la conclusión que su supervisor veía a todas las mujeres, y no sólo a ella, como emocionales e incapaces de dirigir a los hombres. Una vez que logró poner distancia entre su autoestima, y su situación específica, pudo escoger el curso de sus acciones: en este caso decidirse a pasar por encima de su supervisor inmediato. Le tomó algún tiempo llegar a dar ese paso. Después de todo, durante veintiocho años había aceptado la noción *marianista* de que las mujeres no están hechas para el centro de trabajo.

Que decidiera dar el primer paso es un tributo a su coraje personal, y a la fuerza de su matrimonio, porque su esposo estuvo con ella en cada momento. Por cierto, después que pidió que se revisara su actuación en el trabajo, le fue otorgada la promoción, porque su supervisor no pudo negar ante sus superiores que ella estaba capacitada y merecía más responsabilidades.

¿Y qué acerca de Mercedes, la mujer que soñaba con ser una socia en la firma de abogados donde trabajaba, pero temía no poder actuar con lo que antes veía como "necesarios instintos asesinos"? En terapia ella llegó a apreciar la diferencia entre agresividad y asertividad. Asertividad —ella aprendió—, significaba sentirse bien y competente, mientras que la agresividad era actuar con dudas y mediante la fuerza.

Otra cosa que ella aprendió a usar en beneficio propio, fue el valor tradicional latino del *personalismo*, descrito anteriormente por Emelicia Mizio como la habilidad de hacer y mantener relaciones, y así conectarse significativamente con otras personas. Una vez que Mercedes reenmarcó sus habilidades de *personalismo*, fue capaz de lograr negocios sustanciales para su firma, a través de las relaciones amistosas y cordiales que desarrolló con negocios latinos en el Medio Oeste, California y Latinoamerica.

Sin apuñalar a nadie por la espalda Mercedes fue aceptada como socia, y le fueron otorgadas responsabilidades totales para dirigir el recién creado Departamento Internacional, con un gran énfasis en el GATT, el nuevo acuerdo comercial entre Canadá, Estados Unidos y México. Ella cree verdaderamente que en la próxima década, va a llegar a ser uno de los abogados de corporaciones más importantes del país, y todo, sin haber tenido que imitar el modelo de triunfo masculino.

Ahora regresamos a la historia de nuestra amiga Sonia, quien escogió su carrera en el gobierno por encima del tradicional matrimonio latino. Ella y su hija Alexa viven en una hermosa casa de Washington, D.C. El próximo otoño Alexa irá a la universidad donde quiere estudiar leyes de las corporaciones y eventualmente trabajar en una firma multinacional. Sonia sabe que la hermosa casa muy pronto se verá vacía sin Alexa, pero apoya la ambición de su hija, y la guía en cada paso del camino. A menudo discuten el precio que Sonia tuvo que pagar por escoger una profesión a tiempo completo.

"Sería maravilloso, querida —le dice Sonia a su hija—, tener un trabajo de ejecutiva, un esposo amante y que te cuide, y una brillante y hermosa hija. Pero tengo dos de esas tres cosas, así que ¿cómo no iba a sentirme feliz conmigo misma?".

Eso no quiere decir que Sonia se haya dado por vencida en la esperanza de volver a casarse. Continúa interesada en conocer al hombre de sus sueños, pero ahora sabe que tener un esposo no es la piedra angular de su autoestima, porque ya no siente que es "menos mujer" cuando la relación no funciona, y no utiliza más los principios del *marianismo* como medida de su valía personal.

Todas estas mujeres aprendieron algunas lecciones que las ayudaron a ser lo que querían ser, sin las restricciones de la tradición. Hemos hecho una lista de ocho puntos que debemos tener en mente mientras trabajamos hacia tu propio "empowerment", o poder personal.

1. Decide que tu papel profesional es una prioridad para ti.
2. Trabaja para fortalecer tu autoestima.
3. Siéntete confiada en tu propia imagen.
4. Aprende a lidiar con las objeciones de tu familia y el rechazo masculino.
5. Deriva gran satisfacción de tu vida intelectual.
6. Siéntete cómoda con relaciones íntimas de corto término.
7. Vence la tendencia a sentirte anormal cuando no cumples con los papeles tradicionales latinos otorgados a la mujer.
8. Forma parte de una red de apoyo de amigas o colegas, donde unas a otras se provean ayuda emocional.

El Poder Actúa

En este capítulo hemos compartido contigo las experiencias de mujeres que inteligentemente se han preguntado: ¿Cómo cabe mi "yo" profesional dentro del contexto del *marianismo*? Ellas admitieron que su vida del trabajo a menudo estaba en conflicto con su vida familiar, que la discriminación en el empleo y el acoso sexual no eran culpa suya, y que para triunfar tenían que adoptar un nuevo comportamiento efectivo que incluye autonomía, independencia, autosuficiencia, asertividad y competitividad. Para su propia sorpresa, ellas descubrieron que el triunfo profesional no las hacía sentir menos dignas como latinas. Es más, su autoestima aumentó.

Las historias de estas mujeres deben inspirarnos. Como una latina ambiciosa, determinada a triunfar en tu nuevo país, tu meta, como la de ellas, debe ser permitirte a ti misma la libertad interior de sentirte reafirmada y efectiva en papeles multiples, pero integrados, como son los de esposa, madre y trabajadora competente. Nosotras todas debemos reafirmar nuestro derecho a sentirnos "empowered", con poder personal para contribuir plenamente a la sociedad, realizar nuestro potencial intelectual y madurez sin sentirnos culpables, egoistas, o poco femeninas.

6

"No Olvides Que el Sexo Es para Hacer Bebés — No para Sentir Placer"

*El Matrimonio
en el Viejo Mundo frente
a la Pasión de la Vida Real*

Dora, una arquitecta de treinta años, nacida en Nueva York, de padres colombianos, vino a terapia con problemas maritales que la hacían infeliz y la deprimían. Había estado casada durante cinco años con Juan, un médico chileno de cuarenta años. Aunque Dora había salido con otros hombres antes de casarse, Juan había sido el primero y único con quien había tenido relaciones sexuales.

Durante la etapa de noviazgo, Juan se había mostrado atento y solícito ante las necesidades de Dora, pero —alrededor del primer año de su matrimonio— se convirtió en un *macho* ultraposesivo al estilo de la más rancia tradición.

Recientemente, Dora descubrió que él estaba teniendo relaciones con una enfermera norteamericana en el hospital donde hacía su práctica. Como era de esperar, los repetidos amoríos de su marido, junto a sus maneras dominantes, hicieron que las dudas sobre sí misma, los sentimientos de rechazo y la baja autoestima crearan en ella sentimientos de rechazo y una tristeza permanente. Sin embargo, cuando confesó sus problemas a su madre y a su tía, ambas le respondieron que "así son los hombres latinos", y le contaron las historias de infidelidades de sus propios maridos. "Los latinos buscan el sexo fácil en la calle —le dijo su madre— pero siempre regresan a casa junto a su esposa... Sí, esa es la prueba por la que tiene que pasar la mujer". Así que Dora, sumisamente, siguió sufriendo en silencio.

NUEVA TIERRA, VIEJAS ACTITUDES: EL MANDATO DE LA VIRGINIDAD

Aunque las actitudes sexuales son diversas entre las mujeres latinas, hay actitudes comunes que enlazan a la mayoría. Es el acondicionamiento sexual compartido por muchas inmigrantes latinas, al igual que por sus hijas nacidas y criadas en Miami, Los Angeles, Nueva York y las áreas rurales del Suroeste de Estados Unidos. Además, entre todos los conflictos culturales con los que deben lidiar las inmigrantes, aquellos relacionados con la conducta sexual tradicional es, posiblemente, uno de los más profundamente arraigados y los más difíciles de resolver.

En este capítulo, mostraremos a través del estudio de casos de pacientes, y de las investigaciónes más recientes, que manifestar lo sexual no es malo. No sólo no es un pecado, sino que, dentro de un contexto de amor y responsabilidad, constituye una de las más grandes bendiciones de la vida.

Te mostraremos que el principio *marianista* del renunciamiento sexual te puede impedir llegar a ser una persona completa. También ofreceremos ejercicios y preguntas para ayudarte a reencontrar tu natu-

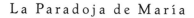

ral sensualidad y dejar atrás los prejuicios sexuales de la latina tradicional, que es muy probable nunca más te aplicarás.

Vamos a considerar a Dora como un ejemplo de inhibiciones sexuales que agobian, incluso, a muchas latinas aculturadas.

Aunque pertenece a una segunda generación, Dora continúa siguiendo el principio *marianista* de conducta sexual. No puede recordar específicamente cómo aprendió que para ser una buena mujer, tenía que llegar virgen al matrimonio. Pero, de cualquier modo, lo aprendió. Es por ello que su marido fue el primer hombre con quien tuvo relaciones sexuales, y no lo hizo hasta la noche de bodas.

Para la mujer norteamericana, perder o conservar su virginidad es una decisión personal, no un asunto de familia. Sin embargo, para la latina la virginidad es un asunto de honor. Y además, éste llega a convertirse en un tema crítico familiar, debido a la importancia mayúscula que se atribuye tanto al honor del *macho* como a la pureza *marianista* de la hembra.

La sicóloga cubana Oliva Espín, dice que el mandato de la virginidad continúa siendo una expectativa cultural para las innumerables latinas que viven en los Estados Unidos. El concepto de la virginidad está profundamente enraizado con el *familismo*, que constituye el cemento que aglutina las expectativas culturales hispanas.

Ciertamente, existen incontables latinas que tienen relaciones sexuales antes del matrimonio. Sin embargo, muchas de nuestras pacientes dicen que todavía ven la virginidad como el más preciado de todos los tesoros, y la evidencia más grande del amor de una mujer por un hombre. No es de extrañar, entonces, que a menudo notemos tristeza y culpabilidad en nuestras pacientes, luego de la iniciación sexual. Para ellas, la emoción de descubrir el mundo nuevo de la relación íntima se ve empañado por el sentimiento de que están perdiendo algo precioso.

Las siguientes preguntas te ayudarán a ordenar recuerdos y sentimientos relacionados con la virginidad, así como las costumbres culturales y sociales asociadas con la sexualidad.

- ¿Dónde te situarías a tí misma en el espectro de la conducta sexual, que va desde la tradicional hasta la liberada?
- ¿Te consideras inhibida sexualmente?
- ¿Crees que la mujer debe permanecer virgen hasta que se casa?
- ¿Piensas que es correcto que una mujer tenga relaciones con su novio?
- ¿Cómo reaccionan tu madre y otras mujeres de tu familia ante las creencias y conductas sexualmente "liberadas"?
- ¿Consideras que las latinas son, en general, sexualmente reprimidas?
- ¿Cómo aprendiste lo que constituye una conducta sexual apropiada en la mujer?

Sexualidad y Autoestima

En el caso de Dora, vimos que sus temores de incompetencia sexual, animados por las infidelidades de su marido, impactaron negativamente su autoestima. Pero ella no es la única. Para muchas mujeres, la sexualidad constituye la última frontera del egoísmo y de la autoaceptación. Infinidad de latinas, que son capaces de describirse a sí mismas como profesionales competentes y madres y esposas adorables y valiosas, manifiestan no obstante terribles dudas cuando se trata de su sexualidad.

Y es que si una mujer no se gusta a sí misma, podría rechazar una relación sexual, porque la intimidad permite a otra persona llegar demasiado cerca, y ver realmente cómo es ella: en ese caso: *"alguien que no posee valor alguno ni es deseable"*. Incluso, aunque en general tengas confianza en ti misma, puede que te cohibas en la relación sexual, a causa de que el placer te hace sentir culpable o incapaz de merecerlo. Y si tu autoestima es baja, te verás envuelta repetidamente en relaciones insatisfactorias y explotadoras. O, si te sientes insegura de tu propio valor, puedes verte impulsada a comprobar constantemente tu atractivo físico y tus recursos sexuales. Muchísimas latinas que no creen merecer ser tratadas con respeto y aprecio, tienden a sentirse atraídas por compañeros abusivos o insatisfactorios. Y terminan sintiéndose peor.

Nada hay más importante para la intimidad sexual, que el sentido de valía personal. El valor que uno mismo se da, a menudo se refleja en lo que pensamos sobre nuestro cuerpo, nuestra apariencia física, nuestra personalidad y habilidades sexuales. De acuerdo con el antropólogo J. U. Ogbu, la capacidad sexual se compara con el aprendizaje y dominio de tareas significativas en la cultura. Frecuentemente, escribe Ogbu, el fracaso en sentirse competente sexualmente resulta en una crisis personal, el deterioro de la salud, la depresión y relaciones problemáticas con otras personas. Pero la latina puede preguntarse, si aprender una tarea exige conocimiento y habilidades ¿cómo puede una aprender una a ser sexualmente competente?

En América Latina los jóvenes van a menudo con prostitutas para aprender habilidades sexuales, mientras que a las mujeres se les prohibe totalmente entrar en contacto con el sexo en cualquiera de sus formas, y en consecuencia, no adquieren ningún tipo de habilidades en ese campo. Ello es culturalmente intencional, ya que, de acuerdo con el *machismo*, el hombre es responsable ciento por ciento de enseñar a la mujer lo que tiene que hacer en la cama. Además, el fuerte elemento represivo que proviene de la tradición hispana, obliga a la mujer a ignorar sus propios impulsos eróticos antes y después del matrimonio.

Dadas estas restricciones sexuales tradicionales, no es extraño que algunas mujeres hispanas se sientan sexualmente incompetentes, no porque sean incapaces de sentir placer sexual, sino por las inhibiciones que las creencias culturales alimentan. Es importante recordar que no debes culparte por problemas relacionados con tu sexualidad. Cuando te sientas tentada a hacerlo, recuerda que las latinas, a la manera de las verdaderas mártires *marianistas*, habitualmente se culpan a sí mismas por todo.

Una vez que dejes de culparte a ti misma, puedes empezar a desarrollar tu identidad sexual. Nuestro trabajo en este capítulo es guiarte a través del laberinto de mandatos culturales conflictivos, para que, finalmente, puedas reclamar tu sexualidad.

Un Secreto de Familia

Una de las cosas que Dora descrubrió en terapia fue que conocía muy poco sobre sexo antes de casarse con Juan, y que siempre se había sentido insegura en ésa área. Como buena *marianista*, se culpó de que Juan tuviera una amante norteamericana, porque, según ella, las gringas son más liberales en sus actitudes y conductas sexuales. "Si tú hubieras crecido en mi familia —dijo en una de las sesiones de terapia— habrías aprendido que el sexo no existe. Muchas veces me pregunté cómo yo había llegado al mundo, y desde luego, asumí que había nacido con toda la ropa puesta. ¿Cuán ingenua pude haber sido?"

En la familia hispana tradicional, el sexo es un tema tabú, que simplemente no se discute. Incluso en terapia, toma mucho tiempo antes que las mujeres latinas puedan referirse al sexo. Para hacer mucho peor las cosas, los mensajes sexuales transmitidos en las familias latinas tienden a ser confusos y entremezclados con cuestiones de deber, honor, seguridad, amor propio y control, pero nunca con el placer y la satisfacción.

Estos mensajes son tan fuertes y atemorizantes, que pueden continuar impactando tu vida en el presente. De hecho, a menos que los confrontes, pueden afectarte adversamente por el resto de tu vida. ¿Sabes cuáles son los mensajes sexuales en tu familia? ¿Puedes recordar como los aprendiste por primera vez?

A Dora le ayudó inmensamente el siguiente ejercicio, elaborado por la sicóloga Gina Ogden, que le permitió mirar dentro de los mensajes que ella recibió de sus parientes. A ti también te podrían resultar útil, especialmente si escribes tus respuestas.

Como muchos padres latinos se sienten incómodos al discutir temas sexuales con sus hijos, tendrás que poner mucha reflexión en este ejercicio, antes de que llegues a tener una completa comprensión de las actitudes sexuales de tu familia y de ti misma:

1. ¿Cuáles eran las actitudes de tu familia hacia el sexo cuando estabas alcanzando la pubertad? Asegúrate de relacionar cualquier diferencia entre los mensajes transmitidos por tu madre, padre, tíos y otros miembros de tu familia.

2. ¿Cuál es tu recuerdo más temprano en relación con el sexo?

3. ¿Qué mensajes recibiste acerca del sexo siendo adolescente?

4. ¿Qué tipo de sexualidad positiva viste entre tus padres u otros adultos en la casa, por ejemplo, ternuras, travesuras, pasión, abrazos, bailes?

5. ¿Cómo describirías tu actitud actual hacia el sexo?

6. Si tienes un compañero ¿es tu relación similar, en alguna manera, a la relación sexual de tus padres?

7. Si tienes hijos ¿crees que estás transmitiendo los mismos mensajes sexuales que recibiste de tu familia?

8. Si pudieras resumir las actitudes sexuales de tu familia en una palabra o frase, ¿cuál sería ésta?

He aquí lo que piensan algunas latinas:

- La virginidad es su más preciosa posesión.
- Los hombres se van a la calle para una sola cosa: el sexo.
- El sexo es peligroso.
- El sexo es sucio.
- El sexo no es placentero.
- El sexo es un sacrificio.

Integrando los Valores Norteamericanos

No hay duda que, se considere o no "liberada", el proceso de aculturación impacta en las actitudes sexuales de la latina y en las de su familia. Sabemos por ejemplo, que como parte del proceso de inmigración, la gente tiende a crear mitos acerca de la cultura del nuevo país, a menudo como un mecanismo de protección contra lo que se aprecia como nuevo y desafiante, cuando no amenazador. Tanto es así, que muchos inmigrantes latinos se refieren a las actitudes hacia el sexo en los Estados Unidos y a los papeles sexuales, como escandalosamente libres. Para muchos hispanos, en consecuencia, la mujer norteamericana es *una mujer liviana.*

Por supuesto, la realidad es que no todos los miembros de un grupo social piensan o se comportan exactamente de la misma manera. Algunas mujeres norteamericanas son "liberadas", mientras otras tienen actitudes sexuales más "tradicionales". Realmente, es una cuestión relativa. Lo importante aquí, no obstante, es lo que tú piensas acerca de la sexualidad de las mujeres anglosajonas.

¿Crees que las latinas son sexualmente más conservadoras que sus hermanas norteamericanas? ¿Es posible que hayas desarrollado esta idea sobre las mujeres norteamericanas liberadas, a fin de parecerte a ellas? ¿O tal vez hayas desarrollado esa idea a fin de criticarlas? ¿Resulta la liberación sexual norteamericana demasiado amenazante para ti?

Toma el caso de los García, una familia cubana que ha vivido en Nueva Jersey durante los últimos veinte años, y que fue remitida a terapia por el consejero de la escuela media superior a la que asiste su hija María, de dieciséis años.

Cuando María se negó a que la madre, la tía o la hermana mayor, le sirvieran de chaperonas, en su casa comenzaron a desarrollarse conflictos muy serios. María se resistía también a llegar a la casa a la hora que su padre exigía. Y según el señor García, se vestía muy *provocativamente.* El padre llegó a ponerse furioso porque María se estaba volviendo demasiado "norteamericanizada", porque la jovencita desafiaba abiertamente su autoridad, porque estaba comprometiendo el honor de la familia, y porque su mujer —decía— se había vuelto *una mala madre.* El señor García condenó duramente a su pobre esposa por haber criado, según él, a "semejante hija rebelde, que podría convertirse perfectamente en *una prostituta como las de La Habana*".

María, desde luego, solamente quería ser como todas sus amigas y compañeras norteamericanas, y no podía entender por qué se había desatado aquella histeria en su casa. Ella se quejaba de que sus padres eran los únicos en la comunidad que esperaban que sus hijas siguieran las "viejas reglas". También dijo que su hermana Blanca, de veinticuatro años, y con quien constantemente sus padres la estaban comparando, era la culpable de todo el problema. "Blanca no se había negado a tener chaperona, porque era una mojigata —insistió María— ¡y estaba destinada a ser *una solterona*, como su tia Fila!".

A fin de reforzar su posición, el señor García trajo a las siguientes sesiones a su madre, la abuela de María y a su hermana solterona, Fila. Eso hizo que los conflictos subieran de tono. La abuela acusó a su nuera por no haber enseñado a María a *ser una mujer decente*, y puso a su hijo en un aprieto por haber rebajado su autoridad ante una niña de dieciséis años. Pero no se detuvo ahí. Continuó sermoneando al grupo sobre los peligros de la norteamericanización y sobre la necesidad de guardar las normas morales de la sociedad cubana tradicional.

Sorpresivamente, fue la tia Fila quien pasó a la defensa de María, y confrontó a su madre diciéndole que no estaban en La Habana y que María nunca podría volver a mostrar su cara en la escuela si consentía que la chaperonearan. Dijo que su sobrina necesitaba conocer cómo "protegerse" a sí misma, y que por no explicarle la conducta sexual apropiada, podrían crear un problema que era genuinamente serio.

Sobra decir que tomó varias sesiones antes que los miembros de la familia, escuchasen realmente las opiniones de cada uno, y encontraran un punto de coincidencia.

Más adelante volveremos a ver a los García, en otro contexto, pero la cuestión a destacar aquí es que las mujeres del grupo estaban en diferentes y claramente delimitados puntos en el proceso de aculturación. Esto se evidenció por sus actitudes hacia la conducta sexual, con el miembro más conservador de la familia, la abuela, invocando el mito de la gringa perversa, e insistiendo en extremar las precauciones.

Las siguientes preguntas te ayudarán a explorar tus propias actitudes sexuales en relación con el proceso de aculturación. Nuevamente, asegúrate de escribir tus respuestas.

Dentro del proceso de aculturación ¿dónde situarías tus actitudes y conducta sexuales?

- ¿Piensas que las mujeres deben ser pasivas en la expresión de su sexualidad?
- ¿Consideras que no tienes que conducirte sexualmente de acuerdo con el mandato ortodoxo *marianista*?
- ¿Te sientes libre de conversar sobre temas sexuales con los hombres, compañeros de trabajo o padres?
- ¿Qué opinas acerca del empleo de anticonceptivos para evitar el embarazo?
- Si tienes hijos ¿deseas que se conduzcan sexualmente a la manera tradicional latina?
- ¿Te atreves a ser quien inicie el acto sexual con tu pareja?

Después que hayas revisado tus respuestas, trata de deteminar, tan honestamente como puedas, si todavía estás sosteniendo creencias sexuales *marianistas*, o si ya tienes puntos de vista más liberales, o si consideras que te encuentras en el centro del proceso de aculturación.

Ahora pasaremos a dar muchos más detalles acerca de los ingredientes del mandato sexual *marianista*, a fin de ayudarte a clarificar tus propios sentimientos, que muy bien pueden estar mezclados. Entre estos resulta central la dicotomía madre-puta.

Las Madres y las Putas

Cada cultura, sin discusión, tiene su propia y única manera de definir la sexualidad humana. En los países latinoamericanos, como se sabe, la sexualidad femenina se expresa, en general, de dos maneras. La primera es la procreación, considerada como el corazón de la femineidad. Cada mujer que pretenda ser *una buena mujer*, primero debe llegar a *ser una madre*. La maternidad es el único rol sexual aceptable para una mujer dentro de la sociedad hispana tradicional.

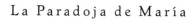

La segunda expresión de la sexualidad femenina es el erotismo, considerado como totalmente negativo. De acuerdo con Marcela Lagarde, la antropóloga mexicana, una mujer llega a ser automáticamente *una mala mujer*, si opta por esta segunda expresión sexual, convirtiéndose en una prostituta, una amante, una madre soltera, divorciada, seductora, coqueta, un "número caliente" o *una mujer sola*. No hace falta decir que cualquier mujer podría caer en una de estas categorías, sólo con que permita que sus sentimientos sexuales se expresen de manera libre. Y si alguna vez lo hacen deben enfrentarse a la culpabilidad interna y al rechazo de la sociedad. Esta combinación nunca falla en producir una baja autoestima.

El dogma del *marianismo* no sólo estipula lo que *una latina buena* debe ser, sino que establece, paralelamente, la definición de lo que es *un buen hombre*, según el absolutismo del *machismo*. De este modo, el *marianismo* concibe el ideal de mujer como sumisa, subordinada, altruísta, abnegada, sexualmente pura y eróticamente reprimida. Este énfasis en el altruísmo y la renunciación, completado con la importancia concedida a la *virginidad*, fertilidad y la incapacidad para sentir y expresar el erotismo, llega a ser una característica del desarrollo sexual de la latina promedio, algo muy diferente de lo que se le enseña a las muchachas norteamericanas.

Para la mujer hispana tradicional, disfrutar del placer sexual, incluso dentro del matrimonio, es algo visto como equívoco, ya que indica falta de virtud. Relegar el placer y hacer el amor como una obligación que la mujer debe a su esposo, y como un medio necesario para tener hijos, se ve como la más perfecta prueba de virtud. Tal como escribe Evelyn Stevens en un artículo sobre el *marianismo*: "la buena mujer no disfruta el coito y lo sobrelleva cuando los deberes del matrimonio lo exigen".

DEMONIOS NECESARIOS

La observación de Stevens se aplica al caso de Alicia, una viuda de treinticuatro años, madre de dos niños, y proveniente de una familia adinerada de Guatemala. Alicia fue referida a terapia por su médico, que no podía encontrar causa orgánica para sus dolores de cabeza, gastritis, dolor de espalda, e insomnio. Como católica devota, Alicia se sentía realmente orgullosa de su falta de placer sexual o de deseo.

Durante toda su vida matrimonial y hasta la muerte de su mujeriego esposo, dos años antes, Alicia había tolerado estoicamente la falta de respeto y desinterés que definía la actitud de él hacia ella. En interés de sus hijos, que para ella lo significaban todo, Alicia siempre accedía a las demandas sexuales de su esposo, pero odiaba cada momento del coito. En terapia, admitió rápidamente sus sentimientos de culpabilidad, incompetencia sexual y desvalorización. Un día le dijo a su terapeuta: "Sin faltar el respeto, la Virgen María supo cómo hacer las cosas: se las arregló para dar a luz sin tener que dormir con San José. ¿Acaso no era afortunada?".

En verdad, cuando decía estas palabras, Alicia estaba expresando realmente su anhelo de un hombre comprensivo y dulce, que fuese sensible a sus necesidades y deseos, tanto sexual como emocionalmente. Y lentamente, a medida que encaraba sus deseos, empezó a tratar más honestamente su curiosidad sobre el sexo, y llegó a manifestar interés en casarse nuevamente, si encontraba al hombre adecuado. A su tiempo, conoció a ese hombre. Pero fue entonces cuando realmente pagó la asociación que había establecido entre el placer sexual y la culpa moral.

Más adelante seguiremos hablando de Alicia en su búsqueda de libertad sexual. Ahora solamente queremos reiterar que ella no es la única. Aprender a disociar el pecado y el placer no resulta fácil para muchas latinas.

Una vez, durante terapia, Dora preguntó si *las mujeres malas*, como las prostitutas, experimentaban placer durante al acto sexual. Y ese es otro mito sexual con el que las mujeres aculturadas deben lidiar. Un estudio científico sobre la mujer mexicana, realizada por Marcela Lagarde, prueba que aunque asumimos que la vida de una *puta* es una aventura erótica detrás de la otra, la verdad es, precisamente, lo opuesto. De hecho, en general, la prostituta no recibe placer de lo que constituye esencialmente una transacción económica. Hacer el amor es su trabajo, y el objetivo no es tan diferente del trabajo de una mujer/madre *marianista*: brindar placer a los demás, no a sí misma.

Sin embargo, debido a la persistencia de ese mito, muchas latinas se sienten como mujeres malas cuando experimentan satisfacción sexual. Aunque tanto *las mujeres buenas como las malas* establecen relaciones sexuales, solamente aquellas que reprimen el placer, y se consagran a dar hijos, reciben el honor de ser llamadas *madres*, igual que la Virgen María. Por otra parte, la puta representa la *maldad* intrínseca, la perversidad del erotismo. Claro que las así llamadas perversas pagan el precio de su libertinaje a la sociedad, que las aparta, y las denigra. Pero las otras, las madres, las buenas, pagan su bondad silenciosamente con la moneda de su autoestima, a través de toda su vida.

Ser para Otros

Aquí recordamos a Maritza, una inmigrante de El Salvador, de veintinueve años, que vivió en Boston desde que tenía tres. Maritza está casada con Javier, de cuarentidós años, tiene tres niños y trabaja como maestra en una escuela primaria. A ella le encanta ser madre. Ningún sacrificio le parece demasiado grande, si éste le asegura que sus hijos crecerán sanos y felices. En relación con su rol de madre, la autoestima de Maritza es razonablemente alta. Pero cuando el tema deriva a su matrimonio, sin embargo, las cosas cambian. Ella admite que no experimenta placer cuando tiene relaciones sexuales con su marido, pero estima que éste es *un servicio que le hace a él*, su deber conyugal.

Maritza es un ejemplo perfecto de cómo el mítico instinto maternal subordina el erotismo. Marcela Lagarde dice que la latina tradicional existe solamente en la medida que *es-para-los-otros*, debido a que su cuerpo y espíritu están consagrados a su familia. Ésta es la razón por la cual para las *marianistas* ortodoxas, ser la madre, la eterna madre, es la esencia de la existencia.

Piensa en esto: sólo puedes existir en relación con los otros, lo cual es la total negación de tí misma. Consencuentemente, tu autoestima se realza siempre que entregues de ti. Pero cuando te entregas a ti misma, te sientes culpable, egoísta, pecadora y tu amor propio disminuye mucho más. No es una sorpresa que muchas latinas con quienes hemos trabajado tengan dificultades en disfrutar del amor, ya que, según ellas, al permitirse placer, están violando el mandato *marianista* del renunciamiento.

Muy a menudo se olvida que nuestros cuerpos constituyen el vehículo principal a través del cual se expresan nuestras necesidades y frustraciones. Los doctores Lee Robins y Darrel Regier han señalado que muchos desórdenes fisiológicos pueden desarrollarse debido a problemas emocionales enraizados, que son catalogados de somáticos. La somatización es característica de las personas que buscan ayuda para una dolencia física, como la migraña, cuando no posee una causa orgánica.

En otras palabras, nuestros cuerpos son capaces de convertir las dificultades sicológicas en síntomas físicos, que son menos amenazantes para nuestro sentido de identidad. Por ejemplo, es más fácil lidiar con un dolor de cabeza, que con aquellos problemas maritales que, tal vez, puedan realmente estarlo provocando.

J. I. Escobar y J. E. Mezzich, ambos siquiátras latinoamericanos de renombre, que laboran en Estados Unidos, han llevado a cabo investigaciones donde se demuestra que las latinas, tanto en Estados Unidos como en sus países de origen, sufren de trastornos somáticos en un índice mucho más alto que las mujeres norteamericanas. Nosotras creemos que esta alta incidencia de dolencias físicas conectadas emocionalmente, podría muy bien ser el resultado del martirio *marianista*, de la conducta de renunciación y de la actitud de total sacrificio.

Es interesante que muchas de las dolencias que experimentan las latinas relacionadas con cuestiones femeninas como la histerectomía, la menopausia, el aborto, el embarazo y el control de natalidad, están directamente relacionadas con deseos que no han sido satisfechos y ansiedades persistentes.

Las mujeres hispanas debían empezar ya a cuestionar las costumbres sexuales tradicionales. Y es que para estar sanas, tanto física como mentalmente, es necesario reconocer que tenemos necesidades naturales. Y partiendo de ahí, tenemos que permitirnos sentir placer, para ser capaces de dárselo, después, a los demás.

Una Re-Programación Sexual

Una vez que reconozcas tus necesidades y deseos ¿cuál es el siguiente paso?

Pues algo tan sencillo como aprender a conocerte y comprenderte, sin juzgarte. Tienes que entender que la conducta sexual reprimida de muchas latinas no es resultado de la biología, sino del acondicionamiento cultural. Y si esto es así ¿cómo cambiar entonces esta "programación" antigua, que aún regula tus respuestas sexuales?

Primero házte un examen de conciencia para ver si el mandato sexual *marianista* coincide con tus necesidades reales dentro del proceso de aculturación. Es fácil saberlo: si no estás feliz con tu vida sexual, quiere decir que es tiempo de tomar algunos riesgos calculados. Uno de esos riesgos es aceptar el hecho de que eres un ser sexual, como todo el mundo, con derecho a experimentar y expresar tus sentimientos eróticos naturales. Pero debes hacerlo sin ningún sentimiento de culpa o tristeza. Es crucial que te recuerdes a ti misma constantemente, que no hay nada de lo que tengas que avergonzarte.

Prueba este ejercicio:

Busca un momento de tranquilidad y siéntate. Cierra los ojos, relaja tus músculos y visualiza en tu mente una pizarra. Imagina que en la pizarra están escritos los mensajes que tú has asimilado de la familia. Por ejemplo: "Una mujer debe ser pura, virgen, pasiva, altruísta y —para llegar a ser *una mujer buena*— debe negar su ser sexual". Una vez que veas esto escrito, lee las actitudes sexuales de los miembros individuales de tu familia escritos en la pizarra. Después, imagina un borrador en tu mano. Piensa que estás borrando todo lo que está escrito. Uno por uno, los mensajes se van desvaneciendo.

Ahora te dices a ti misma que, como no existen, no tienes por qué preocuparte. Seguidamente, te ves a ti misma escribiendo en la pizarra estas afirmaciones: "Soy buena. Estoy bien. No soy *mala* por tener instintos sexuales. Soy *una mujer buena* que experimenta sentimientos eróticos. Está bien que los sienta."

Siéntete libre para hacer el ejercicio de visualización y repetir la afirmación las veces que desees. Ambas técnicas son especialmente útiles cuando estés en estado de ansiedad, culpa o tengas dudas. Si te sientes deprimida, estos ejercicios pueden ayudarte, verdaderamente, a decir adiós a la tristeza.

Cuando te des cuenta que las restricciones del *marianismo* están arruinando tu autoestima y te ponen de espaldas a la felicidad, podrás empezar a modificar los mandamientos tradicionales en conversaciones íntimas contigo misma. En este sentido, una cosa magnífica que puede hacerse es crear un mantra.

Este es uno que Carolina, una de nuestras pacientes, escribió en respuesta a la regla *marianista* de que *una mujer buena* no debe permitirse el placer sexual: "Negarme el placer sexual fue una expectativa en el pasado, en mi viejo país. No soy feliz ahora si la sigo. Quiero sentir el placer sexual. Dios me dio un cuerpo y me permitió disfrutar su creación. Soy *una buena mujer*. Soy *una buena mujer*. Soy una nueva marianista."

Un Lirio Ardiente, y una Amapola Apagada

Es difícil que los viejos hábitos mueran. Recientemente fuimos testigos del siguiente intercambio entre Lucía y Ana, ambas ejecutivas latinas en el campo de la salud, quienes no se habían visto por un tiempo. Lucía, recientemente divorciada, anunció que estaba saliendo con un norteamericano. "¡Te ves maravillosa! —exclamó Ana—. "¡Te has cambiado el peinado y en verdad te queda bien! ¡No hay nada como tener un hombre en tu vida!".

El mensaje de Ana, de que Lucía parecía más atractiva físicamente porque tenía novio, refleja la relación básica hispana entre una mujer y su cuerpo: ser-para-otros. Estarás de acuerdo en que dentro de la cultura latina, las niñas aprenden muy temprano a embellecer sus cuerpos y hacerse agradables para que los hombres se fijen en ellas. La mayoría de las latinas se hace peinados, se arregla las uñas, usa perfumes y se viste para ellos, no para sí mismas. Lo que ésto significa es que la mujer sigue estas reglas a fin de ser amada.

Házte las siguientes preguntas para determinar en qué medida depende de los hombres la manera en que te arreglas:

- ¿Cuántas veces usas cierto vestido porque a él le gusta?
- ¿Cuántas veces usas cierto vestido porque a él le excita?
- ¿Tienes el pelo largo porque él piensa que así es sexy?
- ¿Usas determinado tipo de perfume porque te agrada o porque le agrada a él?
- ¿El color que usas es tu favorito o el de él?
- ¿Te mantienes alejada de ciertos estilos porque a él no le gusta verte con ellos?

Si contestas afirmativamente, al menos, a tres de las anteriores preguntas, tu apariencia física está siendo determinada no por ti misma, sino por el hombre que esté en tu vida. Pero piensa que si él desea que luzcas "sexy", ésa es su definición de la sexualidad, no la tuya. Si él desea que luzcas "como una dama", ése es su concepto de clase, no el tuyo. En este caso tú has perdido la frescura natural del lirio, y la luz que da el color a la amapola: te has convertido en un lirio ardiente y una amapola apagada. La confianza que has puesto en tu hombre para que sea él quien determine tu apariencia, tiene un efecto negativo en la imagen que tienes de ti misma: cada vez eres menos tú, para convertirte en la persona que ven los ojos de él.

- ¿Qué ocurriría si fueses más asertiva y determinada a usar lo que te gusta?
- ¿Cómo te sentirías si tomaras el control de tu propia apariencia?
- ¿Cómo reaccionaría él?

- Si estás saliendo con alguien ¿estás preocupada de que no se sentirá atraído, a menos que te vistas de cierta manera?
- ¿Temes que te rechace, si no te ves del modo en que él desea?

La manera en que te sientes en relación con tu cuerpo, tiene mucho que ver con el modo cómo te sientes contigo, como ser humano. Hemos visto que muchas latinas que sufren de baja autoestima también confrontan problemas con la imagen que tienen de su cuerpo. Ten presente que los sentimientos positivos o negativos sobre tu físico reflejan los parámetros culturales, más que los personales.

Así es como muchas latinas se describen físicamente. Lourdes se lamenta: "Mi barriga es demasiado blanda", Isabel: "Mi busto está caído"; Josie: "Si pudiera bajar sólo 15 libras...". Mientras que Mercy dice: "¡Soy *muy planchada*, y a los latinos les gustan las nalgas grandes!"

La lista es interminable, pero basta decir que muchas latinas tienen problemas en conocer y amar sus cuerpos porque, en una manera que les afecta muchísimo, sus cuerpos no les pertenecen. Desde luego, esto es verdad para las mujeres de cualquier antecedente étnico, pero encontramos que se aplica de manera más enfática a las latinas. A éstas les gusta lo que los hombres encuentran atractivo, y destestan y temen aquellos aspectos de ellas mismas que los hombres pudieran encontrar no deseables.

Paradójicamente, de acuerdo con el mandato *marianista*, las mujeres deben vestirse públicamente *con pudor*, a fin de no excitar a los hombres y ser vistas como *mujeres malas*. Pero a la vez, deben arreglarse con el fin de atraer la mirada de él. Nuevamente, la amapola apagada antagoniza y coexiste con el lirio ardiente.

Si tienes una relación de amor y odio con tu cuerpo, necesitas hacer amistad con éste. Prueba este ejercicio:

Cuando estés sola y nadie te distraiga, quítate todas tu ropa, incluídas las prendas, y sitúate frente a un espejo grande. Usa un segundo espejo para que puedas verte la espalda ¿Cómo te sientes al contemplarte desnuda? ¿Te da algo de miedo? Muchas mujeres hispanas se sienten así, debido a que les resulta difícil mirarse a sí mismas sin el camuflaje de las ropas. Algunas miran solamente sus rostros y cabellos, e ignoran el resto de su cuerpo.

Trata de verte sin prejuicios. No te concentres en las partes que piensas no son perfectas. Una vez que tengas una idea de cómo te ves, deja la necesidad de castigarte por lo que piensas que son las partes "feas" de ti misma. Concéntrate en lo bello que te dio la naturaleza. Recuerda que todo ser humano es una creación única y maravillosa, y todos tenemos partes hermosas. El asunto está en conocerlas y reconocerlas. En tu caso, la belleza puede estar en la limpieza y tersura de tu piel, o en la picardía de tus ojos, en la alegría de tu sonrisa, o la firmeza de tus piernas.

Ahora, repite la siguiente afirmación muchas veces: "Estoy bien. Luzco bien. Me gusta cómo soy. Está bien. Mi cuerpo está bien".

Una sugerencia: una vez que admitas que te gusta tu cuerpo, empezarás a pensar en nuevas maneras de cuidarlo, llegarás a conocerlo mejor y, a la vez, lucirás formidable. La clave es el ejercicio. Inscríbete en un gimnasio o haz ejercicios físicos. Si siempre has deseado recibir clases de tap o de karate ¿por qué no hacerlo? Si has querido recibir un masaje, pues a tomarlo. La idea es que si trabajas con tu cuerpo, eso te hará estar más consciente de sus aspectos sensuales y sensoriales. En los Estados Unidos, no hay nada más sexy que un cuerpo esbelto y en forma. Sentir amor por nuestro cuerpo es la clave para la libertad personal y acrecienta la autoestima.

La Nueva Marianista contra el Macho Tradicional

A estas alturas debes estarte preguntando cómo relacionarte con tus compañeros latinos, especialmente aquellos hombres que continúan siguiendo las opiniones sexuales tradicionales. Es importante reconocer, desafortunadamente, que la autoestima del latino se refuerza enormemente a partir de una conducta que demuestra una potencia erótica extraordinaria. En los hombres hispanos inmigrantes, este mito acerca del gran poder sexual puede enmascarar inseguridad y una autoestima vacilante. En cualquier caso, los estudios indican que los latinos son tan potentes y sexualmente activos como los hombres de otros grupos étnicos, ni más ni menos. No obstante, el mito persiste. Desgraciadamente, la cultura tradicional latina condena tanto a los hombres como a las mujeres, a una infelicidad similar: los hombres, porque se sienten obligados a exagerar su potencia sexual; las mujeres, debido a la represión de su sexualidad.

Algunas de nuestras pacientes han experimentado el despertar sexual y han sido capaces de establecer un diálogo con sus parejas latinas, en el que pudieron expresar sus necesidades y deseos. Nos satisface dar cuenta de que en muchos casos, estos hombres han llegado a responder a la solicitud de gratificación de sus compañeras. También hemos trabajado con mujeres cuyas parejas estaban fuertemente encadenadas a los dogmas del *machismo*. En algunos de esos casos, las latinas fueron capaces de llegar a ser suficientemente asertivas para defender su derecho a experimentar el placer sexual, al igual que a proporcionarlo, y eventualmente tuvieron éxito. Otras han tenido que tomar decisiones duras respecto a la continuación de la relación.

Cada mujer, desde luego, debe evaluar su situación única, la fuerza de su unión, la flexibilidad de su pareja, tanto como sus propios deseos. No decimos que ninguna de esas decisiones sea fácil, pero deseamos dejarte la convicción de que, de acuerdo con el mandato de la *nueva marianista*, tienes el poder de tomar tus propias decisiones en cuanto a tu gratificación sexual, y lo que ahora discutiremos: tu vida o muerte.

Un Asunto de Vida o Muerte

Si te amas a ti misma, escogerás situaciones sexuales "seguras" y, al mismo tiempo, tomarás precauciones para hacer el amor libre de riesgo, tanto como sea posible en la época del SIDA. Es esencial que entiendas los temas del SIDA y del HIV —el virus que lo causa—, su transmisión y cómo protegerte. Sentiríamos que no cumplimos completamente nuestro deber como profesionales de la salud si no discutimos este asunto contigo.

De acuerdo con investigaciones de las sicólogas Adeline Nyamathi y Rose Vázquez, basadas en estadísticas de los Centros para el Control de las Enfermedades, los roles sexuales tradicionales ponen a las latinas en una categoría de alto riesgo. El veintitrés porciento de todas las mujeres en los Estados Unidos que han sido dignosticadas con SIDA, son hispanas. De los niños con SIDA, el 24 por ciento son latinos, en su mayoría nacidos de madres infectadas con HIV. Y el número de casos de SIDA entre las latinas, se ha incrementado más rápidamente que entre otros grupos étnicos.

Al principio de la epidemia, las mujeres generalmente se sintieron seguras, debido a que el SIDA se asoció con la homosexualidad masculina. Ello ha contribuido a que muchas latinas no se vean a sí mismas como posibles víctimas. Hemos trabajado con mujeres hispanas que todavía niegan su vulnerabilidad a esa horrible enfermedad, ya que piensan que solo están en riesgo, además de los homosexuales hombres, los que llevan una vida promiscua, los que realizan el coito anal con desconocidos, y los que usan drogas. Desafortunadamente, los hechos nos dicen que la cuestión no es tan simple, ni el riesgo termina ahí. Las costumbres sexuales tradicionales del *macho* y la *marianista*, en esta época del SIDA se convierten en un arma que puede ser mortal para la mujer. He aquí algunas de las tradiciones mas riesgosas:

1. El *machismo* otorga los derechos sexuales y la toma de decisiones al hombre.
2. El doble estándar de los hombres latinos, conduce a la infidelidad frecuente.
3. La bisexualidad nunca se manifiesta explícitamente.
4. El *marianismo* exige una conducta subordinada de las mujeres.

Las latinas tienden a demostrar dificultades reales en discutir el sexo seguro a causa de las razones anteriormente mencionadas. Ellas temen herir los sentimientos de sus parejas, si cuestionan su integridad o masculinidad. En verdad, los hombres hispanos no le hacen la vida fácil a las mujeres, ya que siguen insistiendo en que "conocen mejor", harán lo que les gusta y no usarán condones.

La mejor regla a seguir cuando se tiene una relación sexual, es asumir que el hombre no te protegerá. Ni siquiera la ley está de tu parte, puesto que un médico no puede violar la confidencialidad, incluso si sabe que tu pareja está infectada. Así que ¿quién te protegerá? Nadie lo hará, excepto tú misma. Después de todo, es tu vida. *Morir por amor*, es muy romántico, pero también muy estúpido. Si algún factor social puede forzarte a romper el molde *marianista* de la total subordinación sexual, éste es el SIDA. Tu vida está en peligro. Siempre debes tomar tus precauciones —un diafragma con espermicida para cubrir las paredes vaginales, o un condón de mujer— y encontrar el coraje para decir no al sexo cuando no te convenga.

Diana encontró el coraje. Ella es una peruana, soltera, de veintinueve años, quien ha vivido en los Estados Unidos desde que tenía tres años. En su trabajo como contadora de una firma multinacional, conoció a un hombre que realmente le gustó: Jesús, un colombiano, programador de computadoras, de treinta y séis años. Después que habían estado saliendo alrededor de dos meses, se fueron con un grupo de colegas a pasar un fin de semana esquiando en Vermont. En la terapia, Diana admitió que quería tener relaciones íntimas con Jesús, pero se sentía preocupada con el riesgo del SIDA.

Aunque sexualmente activa, a Diana no le gustaba pasar por situaciones estúpidas. Estaba convencida de que Jesús había tenido relaciones íntimas con otras mujeres antes que ellos se conocieran, aunque no creía que él estuviera en esos momentos saliendo con otra mujer. La idea de pedirle que usara un condón la puso ansiosa, puesto que pensaba que iba a responder a la sugerencia como cualquier *macho*: poniéndose furioso. La terapia le dio la oportunidad de ensayar cómo podía manejar el asunto.

"Jesús —comenzó ella su escena—, me interesas y te deseo, pero debemos ser cuidadosos. No quiero enfermarme, ni tampoco quiero que te suceda a ti. Y ¿si las mujeres con las que salías antes de conocerme estaban enfermas y no te lo dijeron?".

"¡No hay problema —Diana se imaginó la respuesta de Jesús—. Soy un hombre muy fuerte, y ninguna mujer me va a contagiar una enfermedad!".

Armada con muy pocas esperanzas, pero sí con una caja de profilácticos de los que tienen nonoxynol-9 en la punta (puesto que la terapeuta le había dicho que este tipo ofrecía la mayor protección) Diana partió a Vermont.

La siguiente semana, en terapia, relató lo que había sucedido. La primera respuesta de Jesús a su pedido de que usara los condones que ella había traido, fue: "¿Cómo eres capaz de pedirme eso? Yo me preocupo de verdad por ti, Diana. ¡Nunca haría nada que te afectara!"

Sin embargo, admitió que nunca se había hecho la prueba del SIDA, aunque se había acostado con numerosas mujeres. Como Diana había previsto, también le dijo que no estaba enfermo, y que era fuerte. Cuando ella le argumentó que tomar precauciones también le beneficiaría a él, ya que no conocía en detalle la historia sexual de ella, se puso fuera de sí, pero al final admitió que sería una actitud muy pasada de moda asumir que ella era virgen. Diana le dijo, en broma: "¡Es que no estamos en Bogotá!".

Y aún, Jesús le presentó a Diana otra objeción: el condón le quitaba la sensibilidad y el placer disminuía. "Sí, pienso que es posible —respondió ella, añadiendo con picardía:— ¡Pero imagínate cuánto tiempo podrás aguantar!".

Sin embargo, lo que realmente convenció a Jesús fue lo que ella le dijo después: "Jesús, considero que te intereso y también nuestra relación. Mi padre siempre decía que los hombres latinos fueron criados para proteger a las mujeres. Así que ¡cumple tu deber como *macho* y protégeme!".

Para Diana, el fin de semana significó un triunfo en diferentes niveles. Había pasado unos momentos verdaderamente románticos, pero en sus propios términos; su autoestima fue realzada, y disfrutó la satisfacción de haber realizado lo que parecía imposible: hacer que un latino pusiera las necesidades de ella por delante de las de él.

Sin embargo, si consideras que negarte a tener sexo inseguro con tu pareja puede enfurecerlo y exponerte a la violencia o al abuso, toma tus propias precauciones. Ahora está disponible el condón de mujer que hemos mencionado. Se le llama Reality, y es una especie de bolsa suave, ajustable y desechable, que se acomoda a la vagina. Para ti y otras mujeres este condón femenino es una alternativa que te permite tomar control de tu salud y tu vida.

Además, usa espuma espermicida que cubra el interior de las paredes vaginales. Asegúrate que los condones que usa tu pareja sean del tipo que contiene nonoxynol-9 en la punta. Trata de tener unos cuantos contigo en todo momento.

Como precaución última, si es posible, tanto tú como tu compañero deben someterse a las pruebas del SIDA antes de tener sexo, usar profilácticos durante seis meses y luego volver a examinarse. En ese momento, la decisión de si continuas o no usando esta protección, depende de ustedes y debe basarse en la confianza mutua.

No temas cuestionar la integridad de tu pareja. Si estás interesada en un hombre, trata de descubrir si ha sido examinado antes de tener sexo con él. Cuando eso no sea posible, asegúrate de manera absoluta de usar protección. Si la relación continúa, persuade a tu pareja, tal como Diana lo hizo con Jesús, de que ambos deben someterse a examen.

Y además de cambiar tu conducta en una relación sexual, debes tomar las siguientes precauciones: si tú o algún ser querido tiene que someterse a una operación quirúrgica, debes preparar con anticipación las transfusiones de sangre que podrían requerir alguna vez en el futuro. Es una buena idea donar tu sangre por anticipado. Conversa con los miembros de tu familia y los amigos sobre tu tipo de compatibilidad sanguínea, y sugiérele a todos que se hagan la prueba del HIV. Esta preocupación debe ser seguida muy estrictamente por ti y por todas las latinas, porque podrían salvar tu vida y la vida de aquellos que más te interesan.

Debes estar alerta durante las inyecciones, exámenes de sangre, y consultas con el dentista. En esta era del SIDA, todos debemos asegurarnos de que los procedimientos médicos y dentales sean realizados por trabajadores de la salud que usan guantes y equipos esterilizados. Las agujas y jeringuillas deben ser nuevas, estar dentro de un paquete, y éste debe abrirse en tu presencia.

Nunca olvides que tienes el derecho a vivir y, en consecuencia, tienes la fuerza interna para decir ¡*basta*! Enorgullécete de tu coraje al tomar el mando de tu vida y ¡asegúrate de que el sexo que deseas sea seguro!

 ## Camino al Fortalecimiento Sexual

Hemos observado que a las latinas les resulta difícil expresar su sensualidad de una manera sexual, pero tanto nosotras, las autoras, como las mujeres que aparecen en este capítulo, sabemos que puede lograrse. Dora, la latina cuyo esposo era un infiel empedernido, se consagró por entero a las sesiones de terapia, a los ejercicios y al estudio de la literatura de crecimiento individual en las áreas de la autoestima y la sexualidad. Y para su deleite, mientras su confianza en sí misma aumentaba, se iba permitiendo más sentimientos sensuales. A tiempo logró percatarse de que su esposo probablemente se habría involucrado con otra mujer, incluso aunque estuviera casado con la misma Sharon Stone. Y ésto por sus propias inseguridades. Juan necesitaba la confirmación de muchos lances amorosos para sentirse verdaderamente *macho*. Este hábito lo había asimilado de su padre y abuelo, así como Dora había aprendido acerca de la castidad a través de su madre y abuela. Darse cuenta de ésto significó un descubrimiento para Dora, porque la hizo consciente de que sus problemas de autoestima eran tanto de ella como de su esposo. Y una vez que esto se hizo claro, pudo confrontar a Juan y empezar a explorar las posibilidades de un diálogo con él.

Sin embargo, las infidelidades de Juan presentaban otro problema más serio. Aunque era médico, y un hombre muy promiscuo, nunca usó condones cuando hacía el amor. La decisión de Dora de protegerse contra el SIDA y otras enfermedades sexuales transmisibles, la obligó a desafiar la tradición *marianista* y convencerlo de tomar precauciones. Cuando al principio le expuso su decisión, Juan se quedó aturdido de que tuviera el coraje de hacer semejante demanda, pero eventualmente la complació.

A pesar de esas mejoras, Dora continuó siendo infeliz en su matrimonio y Juan siguió teniendo amoríos extra matrimoniales. Transcurrieron algunos años antes de que empezara a preguntarse: "¿Qué necesidad tengo de mantener una situación en la que mi propio esposo no me respeta?". La terapia había reforzado suficientemente su autoestima, para que no necesitara por más tiempo prolongar el sufrimiento silencioso y la sumisión que aprendió de su madre y abuela. Afortunadamente, comprendió que los tiempos habían cambiado. Tenía una carrera y un salario con el cual mantenerse a sí misma. No necesitaba a un hombre para sobrevivir. "Gracias a Dios —se dijo— tengo otras opciones. Mi madre y mi abuela no las tuvieron. Ellas quedaron atrapadas."

El fortalecimiento sexual de Dora fue el elemento fundamental en su decisión de divorciarse de Juan, ya que ahora se sentía mejor preparada para una relación más satisfactoria. Dora le dio la noticia de su decisión a su madre y a su tía, y ambas reaccionaron con sorpresa y disgusto. Pero más tarde su madre le confesó: "Mi hijita, estás haciendo lo correcto. Ojalá yo hubiera podido hacerlo también cuando tenía tu edad."

¿Recuerdas a Alicia, la viuda atormentada por sus dudas sexuales, quien había conocido a un nuevo hombre cuando la encontramos? Pues, Bruce, un norteamericano, profesor de enseñanza universitaria, había vivido en Guatemala durante cinco años cuando era miembro de los Cuerpos de Paz, y comprendía el *marianismo* y el *machismo* demasiado bien. Alicia recapituló ante nosotros la historia de su primera invitación a cenar. Después de sentarse, él le preguntó qué le gustaría tomar y comer, lo que constituía un cambio radical en comparación con la conducta de su anterior esposo Emilio, quien acostumbraba a pedir la orden para ambos sin siquiera molestarse en consultarle. Y esta fue solamente la primera de las muchas sorpresas que hicieron que Alicia "se sintiera como una persona". Bruce la hizo participar en otras decisiones, tales como lo que habrían de comer y los filmes que irían a ver. También estaba abierto para discutir sus sentimientos, o sus dudas sobre sí misma.

Al principio, Alicia vio a Bruce, principalmente, como un compañero que la apoyaba y comprendía, y que podía ofrecer comentarios tales como: "Sé que ésa es la manera en que te enseñaron a pensar y sentir acerca de ti misma, pero aquí, en los Estados Unidos, tienes opciones en cuanto a lo que te gusta o no". El fue de tremenda utilidad para que Alicia empezara a percibirse a sí misma como un ser adulto, capaz de tomar decisiones. Solamente después de sentirse cómoda, y segura de sí misma en general, ella se percató de que se sentía atraída por él, aunque tales sentimientos la asustaron, porque eran muy nuevos. En terapia, se le estimuló a que fantaseara acerca de irse a la cama con su nuevo galán, sin importar cuán culpable se sintiera, y a hacer los ejercicios de visualización, así como a repetir la afirmación siguiente cuando sentía que la culpa la abrumaba: "Estoy autorizada a tener sentimientos sexuales. Soy buena. Soy una mujer buena".

Cuando Alicia tuvo su primer coito con Bruce, los viejos sentimientos de pecaminosidad y desmerecimiento aplastaron su placer sexual, pero pudo expresarlo a su amante, y él la apoyó y la comprendió. El la enseñó también a decirle lo que le daba placer, a conocer su cuerpo y sentirse a gusto con él. Bruce nunca fue brusco con ella, más bien fue paciente, gentil y amoroso. No tardó mucho para que Alicia fuera capaz de decirle a su terapista: "¡Si hubiera sabido antes lo que me estaba perdiendo!".

Maritza, la excelente esposa y madre que pensaba que era frígida, también venció sus miedos. En terapia, aprendió que tenía que amarse a sí misma y sustituir el dogma de *ser-para-los-otros* por la idea de *ser-para-sí-misma*. Y supo que sólo entonces podría expresar totalmente su amor a su familia. Recordó cuán estrictamente había sido educada y cuán profundamente devota había sido su familia. También se dio cuenta que la sensualidad raramente se manifestaba en su hogar. Y claro, tuvo que aprender cosas que muchas otras mujeres supieron mientras crecían.

¿Cómo lo hizo? Utilizó ejercicios de modificación de conducta, visualizaciones y afirmaciones, y empezó a explorar su cuerpo. Lentamente, comenzó a sentir y a querer expresar su *sensualidad*. Después decidió compartir sus preocupaciones e inquietudes sobre el sexo con su esposo Javier. Éste, sorprendentemente, cooperó y la apoyó. Y a fin de hacerle las cosas más fáciles, consintió en acompañarla a terapia. Hombre sensible y gentil, Javier estaba más interesado en la felicidad de Maritza que en proteger su *machismo*. A su tiempo, con su ayuda, Maritza aprendió a disfrutar el sentirse "sexy" y aún seguir siendo *una buena mujer*. Al finalizar el tratamiento, se volvió a Javier durante una de las sesiones y le dijo: "Tenemos que criar a nuestras hijas de manera diferente a como me criaron a mi. ¡No quiero que sientan nunca la frustración y la confusión sexual que he sentido durante toda mi vida! Quiero que sepan que cuando pase el tiempo y aparezca el hombre indicado, podrán tener una maravillosa relación física que enriquecerá su matrimonio".

La Latina Liberada

En este capítulo hemos visto que un gran número de latinas no se sienten muy cómodas con su sexualidad, pero que muchas de ellas están descubriendo la necesidad de abordar el tema, a fin de llevar vidas más completas. Desde luego, los conflictos de dos mujeres no son idénticos, y debemos resolverlos de distinta manera.

Por ejemplo, la solución para Dora fue el divorcio, mientras que Alicia estuvo en condiciones de trabajar sobre su represión sexual y encontrar un hombre compatible con sus necesidades. Maritza —quien pensó que era frígida, cuando realmente estaba sólo atemorizada— hizo la conexión entre la confianza sexual y la autoestima, y aprendió que

cuando mejoró lo primero, lo segundo fue iguamente provechoso. Diana aprendió a tomar acción y hacer valer el derecho de proteger su salud.

Claro, éstas y otras latinas han reunido el coraje para alejarse del mandato *marianista* de suprimir su identidad sexual, y han aprendido a relacionarse con sus cuerpos, y amarlos; a expandir su sensualidad para incluir al sexo como expresión de amor. Ellas todas son *nuevas marianistas*, que han reformulado aquel lema tradicional: "Las buenas mujeres son capaces de aguantar grandes sufrimientos", y lo han sustituido por otro mucho más real: "Las buenas mujeres son capaces de sentir un gran placer".

7

"No Te Sientas Infeliz con Tu Hombre, No Importa Lo Que Te Haga"

———

*La Noble Mártir ante
la Nueva Marianista*

Bertilia, una mexicana de treinta y cuatro años, programadora de computadoras, estaba casada con Beltrán, un camarero salvadoreño de treinta y nueve. Un día, Bertilia llegó a la consulta de la terapeuta muy pálida y angustiada. Disculpándose en exceso, dijo con énfasis cuánto lamentaba no haber esperado a que la terapeuta le devolviera su llamada, y haberse aparecido así, sin una cita, en su oficina. Estaba agradecida de que la terapeuta la atendiera porque tenía que verla de inmediato. Entonces empezó a hablar de una experiencia que, verdaderamente, la había aterrorizado.

Hace poco, su esposo Beltrán, se había puesto fuera de sí, cuando vio que ella estaba riéndose y platicando con sus colegas hombres durante una fiesta del trabajo. La acusó de faltarle el respeto, porque él no era tan educado como sus compañeros y no hablabla inglés tan bien como ellos, o como ella. Primero la llamó orgullosa, arrogante y engreída; luego la acusó de serle infiel con cierto hombre de la oficina.

Esto fue solamente el principio de una letanía de acusaciones sin fundamento, entre ellas, la de llamarla manoseada. Y cuando Bertilia rechazó esos falsos cargos y le grito "¡estás loco!", él perdió el control y comenzó a abofetearla y a estrangularla.

Después esta conducta llegó a ser crónica y ella descubrió, además, que Beltrán estaba grabando sus llamadas telefónicas.

Pero cuando Bertilia se mudó con sus dos hijas a casa de su madre, inmediatamente Beltrán se apareció allí arrepentido, con flores, promesas y lágrimas, y le aseguró que aquello no volvería a suceder.

Aunque Bertilia tenía grandes dudas de volver con Beltrán, tanto su madre como sus hermanos le aconsejaron que debía pensarlo muy seriamente. "Después de todo —le dijeron— él estaba reaccionando a lo que percibió como una amenaza a su hombría". Además, le recordaron que ella estaba encinta nuevamente. Y sus hijos debían ser la máxima prioridad.

Sintiéndose incomprendida y sola, Bertilia accedió y se mudó de nuevo con Beltrán, quien muy pronto comenzó a exigir de nuevo que le informara dónde estaba en todo momento. Insistió, asimismo, en llevarla al trabajo y recogerla, y le ordenó que llamara a sus amigos y les dijera "lo terriblemente injusta que había sido con su fiel y maravilloso esposo".

Aparte de eso, Beltrán tenía ataques de ira en los momentos más inesperados. Por ejemplo, una vez, mientras veían un programa del juicio de O. J. Simpson, él empezó abruptamente a gritar que Bertilia era una *puta infiel* y continuó perorando durante toda la noche. A pesar que Bertilia trataba de reafirmarle constantemente su confianza, como él necesitaba, eso no implicó un cambio en su conducta. Bertilia se sintió como si se estuviera volviendo loca.

Durante una de esas peleas, Bertilia le comunicó que ella no necesitaba que la mantuviera, pues hablaba buen inglés y era graduada universitaria. Desafortunadamente, él nunca olvidó esa observación y la usaba una y otra vez, exigiéndole que dejara el trabajo. Además, si no se mostraba amorosa cuando Beltrán quería sexo, la acusaba de que ya no se sentía interesada en él, porque se estaba viendo con otro hombre.

Unos días antes de que se apareciera en la oficina de la terapeuta, Bertilia iba a recoger a Beltrán, pero quedó atrapada en un tranque de tráfico y llegó una hora más tarde. El estaba tan molesto, que empezó a estrangularla y a golpearle la cabeza contra la ventana del automóvil, sin haberle preguntado antes por qué se había demorado. Bertilia terminó en la sala de emergencias. Estaba tan avergonzada, que dijo a los médicos que había tenido un accidente automovilístico.

La verdad es que estaba aterrorizada de regresar a casa, pero desde luego, como tantas mujeres golpeadas, lo hizo. Dentro de toda la crisis, Bertilia tuvo suerte. Su iglesia trajo a una consejera para que hablara a la congregación sobre violencia doméstica. Después de la presentación, Bertilia reunió el suficiente valor para hablarle sobre su situación con Beltrán.

En realidad, le contó a la consejera una versión adulterada de lo que le había sucedido. "Ah, Beltrán es, digamos, tan *macho*. Es muy posesivo" —dijo al principio. Y es que, para la *marianista*, ventilar problemas íntimos con gente de afuera, lo mismo que criticar a su esposo, es un pecado.

—¿Qué quieres decir con "posesivo"? —insistió la consejera. Muy lentamente al principio, Bertilia empezó a abrirse sobre lo que realmente estaba ocurriendo entre ella y Beltrán. Fue una bendición que la consejera tuviera una larga experiencia en ese campo. Ella sabía que lo que Bertilia dijo, es lo que muchas mujeres dicen y piensan al inicio. Y la ayudó a ver que no existía razón en el mundo para que se abusara contra alguien de esa manera, y le hizo comprender la importancia de que se tratara con algún profesional.

Los Números Hablan por Sí Mismos

Este es un capítulo que hubiéramos deseado no tener que escribir, pero el abuso contra la mujer es un tema muy serio que tiene que ser discutido, porque está demasiado extendido, y puede llegar a ser realmente peligroso, como lo demuestran claramente las siguientes estadísticas del New York State Domestic Violence Fact Sheets (Diario de Hechos sobre Violencia Doméstica del Estado de Nueva York): Cada año, aproximadamente de tres a cuatro millones de mujeres norteamericanas son abusadas por sus esposos o parejas (E. Stark, 1981).

Es más probable que una mujer en Estados Unidos sea atacada, herida, abusada sexualmente o asesinada por su pareja, que por cualquier otra persona (A. Browne y R. Williams, 1987).

El noventa y cinco porciento de las víctimas de la violencia doméstica son mujeres (Estadísticas del Buro de Justicia, Informe a la Nación sobre el Crimen y la Justicia: Washington, D.C.: Oficina de Programas de Justicia. Departamento de Justicia de los Estados Unidos, octubre de 1983).

La literatura sobre violencia doméstica sugiere que los golpes a la esposa provocan más lesiones que requieren tratamiento médico, que los asaltos sexuales, accidentes de automóvil, y robo combinados (E. Stark y A. Flitcraft, 1987).

Cada año, más de un millón de mujeres buscan asistencia médica debido a las lesiones causadas por abuso (E. Stark y A. Flitcraft, 1987).

El Buro Federal de Investigaciones informó que el 30 por ciento de las mujeres víctimas de homicidio son asesinadas por sus parejas, en contraste con sólo el seis por ciento de las víctimas hombres (FBI, El Crimen en los Estados Unidos, 1986).

Los resultados de un estudio en profundidad de todos los casos de homicidio, entre 1980 y 1984, en los Estados Unidos, muestran que más de la mitad (52 por ciento) de las víctimas mujeres fueron asesinadas por sus parejas (A. Browne y R. Williams, 1987).

Las mujeres abusadas constituyen el 20 porciento de las mujeres atendidas por lesiones en las salas de emergencia de hospitales (E. Stark, 1979).

Se estima que la violencia contra la mujer ocurrirá, al menos, una vez en el 66 por ciento de todos los matrimonios (M. Roy, ed., 1982).

Las mujeres tienen tres veces más probabilidades de ser víctimas de un crimen violento por parte de un miembro de la familia, que los hombres (P. A. Klaus, 1984).

Durante un promedio de seis meses después de un incidente de violencia doméstica, aproximadamente el 32 por ciento de las mujeres abusadas fueron víctimas nuevamente (P. A. Langan y C. A. Innes, 1986).

El abuso por parte del esposo ocurre frecuentemente durante el embarazo. En un estudio se encontró que el 21 porciento de las mujeres embarazadas habían sido abusadas. Estas mujeres perdieron a sus bebés el doble de veces, que las mujeres que no habían sido golpeadas (E. Stark et al., 1981).

Las estadísticas citadas anteriormente están, probablemente, muy por debajo de la magnitud real de la violencia doméstica. Y seguramente tampoco se ha reflejado completamente la violencia conyugal que en verdad existe nacionalmente, entre la población pobre y que no habla inglés (A. Weidman, 1986). De hecho, el consenso entre los investigadores a lo largo de la nación es que la cifra real de casos de violencia conyugal es probablemente el doble de los dos millones de casos reportados anualmente en Estados Unidos.

A partir de las cifras anteriores, es posible que una de cada cuatro mujeres en Estados Unidos sea víctima de la violencia conyugal.

Debe apuntarse también que el estrés y el aislamiento social son motivadores poderosos para la violencia.

Así que si tú, o alguien cercano a ti, ha experimentado abuso físico a manos de un esposo o novio, debes saber que no estás solas, y que incontables mujeres que han pasado por el mismo problema, han podido resolverlo. Muchas, muchas mujeres que hemos tratado han sido testigos de que existen soluciones positivas y curativas. Por otra parte, si consideras que el tema del abuso físico no tiene nada que ver contigo, porque hasta el presente a ti sólo te han abusado verbalmente, ten en cuenta que el abuso verbal es frecuentemente la antesala de los golpes físicos.

Tenemos que reiterar que el maltrato conyugal, no es experimentado exclusivamente por las mujeres hispanas. La violencia doméstica no conoce fronteras de nacionalidad, raza o clase. Sin embargo, el *marianismo* que existe en las sociedades latinas puede recrudecer el abuso, y es por ello por lo que la violencia puede ser más relevante entre las latinas.

En el curso de este capítulo continuaremos describiendo cómo tus creencias *marianistas* pueden mantenerte prisionera del abuso, y contribuir a ello sin que lo sepas. También hablaremos sobre cómo puedes utilizar tus creencias tradicionales a tu favor, y hacer de tu hogar un lugar apacible. A través de los casos que hemos recopilado proporcionaremos lineamientos para que alcances lo que quieres de tu hombre, sin despertar su cólera. Pero aclaramos que debes buscar ayuda cuando estas estrategias no funcionen.

Ahora, contesta a las siguientes preguntas, tratando de ser tan honesta como te sea posible, porque la sinceridad aquí es clave. Y es que la negativa nunca es buena, pero cuando el tema es la violencia doméstica, negar o encubrir la situación podría costarte hasta la vida.

- ¿Crees que las mujeres deben comportarse siempre como damas, y por ello has soportado que tu hombre te insulte en público, a fin de no hacer una escena delante de amigos u otras personas?
- ¿Tienes miedo de la cólera de tu pareja?
- ¿Temes que tu familia trate de convencerte de que él es un buen proveedor y que vale la pena conservarlo?
- ¿Piensas que la única salida de un matrimonio de violencia es convertirse en una divorciada o separada? En otras palabras ¿en una proscrita de la sociedad latina tradicional?
- ¿Crees que debes quedarte con un bravucón y soportar el abuso para favorecer a tus hijos?

- ¿Tienes miedo de no ser capaz de sobrevivir por tu cuenta?

Después de que hayas escrito tus respuestas, reléelas, y tendrás una clara idea de lo que es realmente tu situación doméstica, y de cómo el *marianismo* está contribuyendo a tus problemas. Para muchas latinas, la inmigración y el abuso se dan la mano.

✳ LA PROVOCACIÓN DE LA INMIGRACIÓN

La inmigración es, en general, un proceso difícil. Las muchas presiones que acompañan a la aculturación, refuerzan enormemente el nivel regular de tensión de cualquiera, como seguramente sabes. Si agregas otros factores de tensión, tales como desempleo, pobreza, adicción a drogas o alcohol, incapacidad para comunicarse en inglés y, en general, falta de educación y de habilidad laboral, se hace muy claro que las latinas emigradas tienen una fuerte probabilidad de encontrarse bajo riesgo en el hogar. Las privaciones económicas, expectativas de rol y el deseo de mantener los valores tradicionales del *marianismo* y del *machismo*, aumentan el nivel de estrés en las familias y contribuye a la violencia potencial.

Los científicos sociales señalan que las familias de inmigrantes experimentan conflictos asociados con las categorías de sexo y de edad. Dentro del contexto de la diferencia de edad, que se define aquí como diferentes generaciones, los padres pueden experimentar una gran racha de conflictos con sus hijos, en términos de valores diferentes, patrones de relaciones amorosas, y en general, del nivel de aculturación, puesto que los jóvenes se adaptan más rápidamente que los adultos. En lo que se refiere a las diferencias entre hombres y mujeres, hemos visto en nuestra práctica cómo una mujer muy a menudo se acusa a sí misma, o es acusada por su pareja, de las frustraciones personales que él confronta con la nueva cultura. Justificándose con sus creencias *machistas*, el hombre puede evitar lidiar con su disminuida autoestima, culpando a su mujer de haber abandonado el *marianismo*. En la literatura sicoanalítica este proceso es llamado *desplazamiento*.

El desplazamiento es una actividad inconsciente mediante la cual un individuo transfiere las emociones producidas por una persona o suceso específico hacia un objeto o situación completamente diferente. O sea, cuando una persona culpa a otra por su infelicidad, o por las cosas que le causan frustración, en vez de confrontar realisticamente las dificultades personales que está teniendo. En el caso de la pareja, por ejemplo, el hombre puede acusar y atacar a su esposa porque su jefe lo ha criticado duramente frente a sus compañeros de trabajo. Algunas veces en tales situaciones, el hombre puede recurrir a una *transferencia*, lo cual le proporciona un medio de "canalizar" conflictos no resueltos de la infancia en una situación totalmente inapropiada, o en una persona que no es culpable del problema. ¿Recuerdas a Ana, la mujer costarricense del capítulo 3, cuya relación problemática con su arrogante madre, la hizo hipersensible ante una mujer que la mandoneaba en el trabajo? Ella, sin saberlo, estaba cargando con un pesado lastre emocional de tranferencia.

De la misma manera, una situación de abuso en el medio latino, a menudo incluye otros conflictos, inseguridades y necesidades que tiene el hombre, originados en sus relaciones tempranas, como la establecida con la madre, por ejemplo.

Frecuentemente, estas inseguridades pueden ser inflamadas por un matrimonio anterior fallido, por el proceso de inmigración, o por no poder encontrar trabajo. En términos simples, es como si el hombre pusiera a su mujer en lugar de los personajes de su infancia que le causaron sufrimiento por su crítica, abandono, desamor, o abuso. Mientras este hombre no entienda que está transfiriendo, continuará repitiendo los viejos patrones de conducta. Inevitablemente, la que recibe esos arranques no puede entender por qué está siendo castigada.

Desafortunadamente, este desplazamiento crónico de la frustración masculina sobre una mujer no falla en crear una baja autoestima en ella, lo que la hace aún más vulnerable al abuso y, probablemente, a defenderse menos. En este caso, como buena *marianista*, ella se está confabulando con su abusador y se hace responsable de todo el sufrimiento.

Cuando el Orgullo de Tu Hombre es Amenazado

Como hemos dicho, el problema de la violencia doméstica no está confinado a las latinas, pero la inmigración puede hacer a la gente más conservadora y obediente a las viejas maneras y actitudes. Tal vez ésto se deba a las cuestiones lingüísticas y de estado legal, o al intento inconsciente de mantener la identidad familiar. Cualquiera que sea la razón, las expectativas de tu pareja en relación contigo pueden ser excesivas, en un momento en que estás sobrecargada de responsabilidades, que requieren del manejo de un gran número de tareas y deberes sin ayuda adicional. Cuando no puedas cumplir con estas demandas — o decidas no hacerlo— el problema puede alcanzar su punto de ebullición.

Los conflictos entre la aculturación masculina y la femenina se expresan frecuentemente a través de la ira del hombre. Éste podría pensar: "No me quiere atender", o "ella ha llegado a ser muy independiente", o simplemente que el lugar de la mujer es la cocina. Si ya no estás de acuerdo con eso, su orgullo de *macho* puede sufrir y la discusión estallar, porque él siente que no le estás otorgando el debido respeto, de acuerdo con las viejas reglas.

Un macho muy tradicional espera que tú hagas la mayor parte de los quehaceres domésticos, incluso aunque trabajes fuera. Cuando los ingresos de la familia no han alcanzado todavía el nivel que disfrutaron en el viejo país, o el que se requiere para mantener a la familia en Norteamérica, él podría no ser capaz de garantizar dinero para ir al cine o a comer fuera. Si tus ingresos son escasos, probablemente no puedas pagar una niñera y, como hemos dicho, incluso si pudieras, la tradición latina desaprueba que se tenga que recibir ayuda de afuera en relación con los niños. Semejantes cambios en la vida de la familia, contribuyen indudablemente a hacer las cosas más tensas en el hogar.

El proceso de aculturación no es experimentado necesariamente

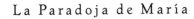

de la misma manera por hombres y mujeres. De hecho, el científico social A. Ginorio observó que las mujeres se acultutan más lentamente que los hombres, excepto en el área de los roles que cada uno juega. La hembra tradicional puede considerar su deber realizar los quehaceres domésticos sola, y atender a su esposo. Aunque no le guste hacer esas cosas, ella acepta las decisiones y órdenes de su pareja. El *macho* tradicional, por ejemplo, puede que ni siquiera considere correcto consultar a su mujer sobre la posibilidad de emigrar. Simplemente, espera que ella siga sus deseos sin quejarse. Y si su decisión no le reporta la satisfacción que espera, puede muy bien desahogar ese disgusto contra ella.

Así fue como sucedió con Larissa y su esposo Leandro. Ambos pasados los treinta, se habían mudado a la República Dominicana después de vivir en Nueva York por quince años. Aunque los dos habían llegado adolescentes a Nueva York, en donde se conocieron, se casaron y tuvieron dos niños, Leandro no pudo adaptarse a la ciudad y se quejaba de que su trabajo como gerente en una mueblería no le satisfacía. Cuando el banco donde trabajaba Larissa le ofreció un traslado a su filial de Santo Domingo, Leandro insistió en que aprovechara la oportunidad, aunque ella se sentía muy feliz en Nueva York y no deseaba para nada mudarse. Sin embargo, actuando como una buena *marianista*, sintió que no tenía otra opción sino seguir a Leandro a un lugar donde pudiera ser más feliz.

Irónicamente, el traslado a Santo Domingo se presentó maravillosamente para Larissa. A través del trabajo, hizo rápidamente nuevos amigos, con quienes jugaba canasta los martes por la noche y tenis los jueves. Tenía una familia adorable con la que pasaba los días de descanso, y un fantástico sistema de apoyo proveniente de viejas relaciones, con quienes ella estaba feliz de volver a reunirse. Su vida era envidiable, y apreciaba cada minuto de ésta. Leandro, desafortunadamente, se sintió de otra manera, y pasados dos años, comenzó a sugerir que un cambio le vendría muy bien.

Fue entonces cuando admitió que se había comunicado con su hermano Ernesto, quien dirigía una exitosa cadena de mercados de carne en Nueva York y estaba buscando un socio, especialmente alguien en quien pudiera confiar completamente, como un hermano. Larissa quedó atónita cuando supo que la nueva aventura de negocios de su esposo era un hecho consumado, y que su hermano había seguido adelante y había conseguido un apartamento para su familia cerca de una escuela en Queens, Nueva York.

Incapaz de creer lo que estaba escuchando, Larissa dijo sus objeciones a Leandro y en respuesta él le recordó que su lugar estaba a su lado. Y cuando ella continuó protestando, Leandro le dijo: "¡Puedes encontrar otro trabajo y otras amistades mucho más fácilmente que un nuevo marido!". Herida y deprimida profundamente, Larissa consintió nuevamente en seguir a su esposo, como haría cualquier buena *marianista*.

Entonces las cosas fueron de mal en peor. Argumentando que su hermano necesitaba que se le reuniera, Leandro partió inmediatamente para Nueva York, y dejó que Larissa se encargara de los detalles del viaje de ella y de los niños. Al llegar a su nuevo hogar, Larissa descubrió que los dos hermanos habían amueblado el apartamento totalmente, sin molestarse en consultarle. Larissa sintió que había llegado a la casa de Leandro, no a la de ella.

Y eso sólo fue el principio, puesto que Leandro insistió en que ella se quedara en la casa, en vez de ir al trabajo, porque sus hijos, una niña de diez y un niño de doce, necesitaban la supervisión de la madre. El pensaba que Nueva York era una ciudad muy peligrosa, y que el lugar de ella era el hogar, atendiendo a los niños y a él.

Como era una persona resuelta, Larissa se ocupó de hacer amigos y de tomar parte en actividades que le gustaban. Aún así, para su sorpresa, Leandro estaba muy lejos de aprobar su adaptabilidad. Larissa no podía comprender por qué su esposo había llegado a ser tan intensamente posesivo, si él nunca antes había sido así. Fue por esa época que Larissa empezó a desarrollar un cuadro de dolencias físicas, desde asma hasta problemas estomacales, y estaba crónicamente llorosa, malhumorada, irritable y terriblemente triste.

Fue a terapia, en sus propias palabras, para "arreglar su cabeza". "Mi mundo está terminado —sollozó— Ya no conozco a mi esposo, porque ha cambiado mucho. Es una persona diferente. ¡Es absolutamente odioso!".

La hostilidad de Leandro se expresaba, desde el punto de vista sicológico, en abusar de su esposa llamándole gorda, basura y engreída, y en ofenderla cuando ella criticaba su conducta, o los muebles que había seleccionado. El proclamaba que era el único que traía el dinero a la casa y estaba trabajando muy duro para el bien de su familia, y se jactaba de su superioridad intelectual. "¿Cómo puedes ser tan desagradecida?", rugía.

Privada de un trabajo que amaba y de un ambiente en el que había sido feliz, y frente a la transformación abrupta de lo que había considerado un buen matrimonio, Larissa se encontró en medio de una situación insoportable.

Dr. Jekyll y Señor Hyde

El proceso de aculturación no necesariamente tiene que ser enfermizo. De hecho, hay muchos individuos que sufren muy poco trastornos cuando lo atraviesan. Desafortunadamente, otros tienen una experiencia mucho más difícil. El cambio radical de personalidad de Leandro es una buena ilustración de la manera en que un proceso enfermizo de aculturación puede afectar a un individuo. Cuando un hombre como él no se permite experimentar los cambios en las expectativas de los roles que son parte integral de la aculturación —bien sea por su voluntad o porque es sicológicamente incapaz— retrocede incluso más allá dentro del machismo. La sicóloga cubana Oliva Espín ejemplifica esta reacción cuando plantea cómo las familias en sus esfuerzos defensivos dentro de la aculturación, tienden a idealizar tanto la cultura nativa, que la caricaturizan. Esa idealización es una reacción contra la pérdida del sentido de identidad, y puede no darse siempre paralelamente entre las parejas. A consecuencia, el potencial para los conflictos domésticos crece.

Espín describe las etapas de adaptación y aculturación como un proceso: (1) júbilo y alivio iniciales, seguida por (2) la desilusión, y luego (3) la aceptación de la realidad, lo que significa la admisión tanto de los aspectos positivos como negativos de la nueva cultura. Pero si, especialmente en términos de expectativas de los roles, el hombre se atascó por separado en la segunda etapa, el hogar llega a ser un potencial campo de batalla, como Larissa descubrió dolorosamente. Mientras más tradicionales sean las expectativas de los roles, más dificultades puede esperar de su esposo una latina que se está aculturando. Y más se requiere que ella pueda anticipar la resistencia a los cambios de aculturación.

Manteniendo las Apariencias

Hemos señalado repetidamente que, a medida que pasas por la aculturación, puedes sentirte confundida cuando tus valores tradicionales chocan con tu nueva realidad, especialmente en situaciones que involucran la subordinación de la mujer al hombre. Así que cuando escuches por primera vez la palabra "violencia", podrías no asociarla con tu vida. Realmente puede que la rechaces. Esta es la razón por la cual te pedimos que contestaras el cuestionario, al inicio del capítulo, a fin de neutralizar tu posible rechazo.

Es imperativo que aprendas a definir lo que constituye el abuso. Tal vez tu hombre te llama *estúpida* a solas, o delante de la familia y amigos. Puede que te rebaje y te llame incompetente. Tal vez encuentre faltas en cualquier cosa que haces, o insista en que no veas a los amigos, o te exija que le des todo tu dinero y, lo peor de todo, puede abusar de ti físicamente, bien sea empujándote o lastimándote de verdad. Si eso pasara, deberías detenerlo desde el mismo inicio. Demasiado a menudo muchas mujeres encubren a sus hombres debido a que el *marianismo* insiste en mantener las apariencias a toda costa.

Resulta difícil pensar en otra cultura que conceda tanto peso a mantener las apariencias, como la hispana. El Profesor Juan Bosch, en su libro *Composición Social Dominicana*, se refiere a muchos hacendados coloniales del siglo XVIII, que se arruinaron por sus excesos en vestirse bien, en un esfuerzo por aparentar ser tan fluentes como la aristocracia. Al pasar recuento a la historia de las Indias, Bosch también se refiere a las mujeres que emigraron de España y de su experiencia con la pobreza en la República Dominicana, cuando declinó la producción de caña de azúcar. Aquellos que se quedaron, a pesar de haber aumentado sus necesidades, empezaron a ir a la iglesia al amanecer, a fin de evitar que les vieran en sus vestidos raídos, cuando no podían tomarlos prestados de un amigo. Y hasta peor, muchos preferían comprar ropas en vez de comida, todo en interés de mantener las apariencias. Y eso es verdad para toda latinoamérica.

Algo similar ocurre con las *quinceañeras*, la fiesta tradicional hispana que celebra el cumpleaños número quince de la hija. Las familias que no pueden garantizar realmente una celebración suntuosa, a menudo se endeudan enormemente porque **pertenecer** es lo más importante para ellas. Estas creencias han sobrevivido durante siglos, y sus ramificaciones están tan profundamente enraizadas en la cultura, que se extienden hacia muchas otras áreas de nuestras vidas.

En lo que atañe al abuso doméstico, debes convencerte de que mantener las apariencias puede ser una tontería y mucho más: un error fatal. También puedes estar segura de que tendrás una relación más sana con tu pareja, si le convences de que su conducta te confunde y te hace sentir avergonzada. Desde luego, el mejor argumento del caso es siempre prevenir el abuso en primer lugar.

Si eres víctima de hostigamientos repetidos por parte de tu pareja, debes saber que depende de ti no permitir que éstos se incrementen y te conviertan de hecho en una víctima. El modo de hacerlo es sentirte segura de ti misma, y no permitir que te traten mal, no importa que la tradición te diga que debes recibir cualquier cosa que un hombre da, hasta los golpes.

¡DETENER EL ABUSO ANTES DE QUE COMIENCE!

Cuando, a pesar de tus mejores esfuerzos, tu hombre no para de abusar de ti, o el maltrato se incrementa, resulta sabio procurar ayuda profesional. Sin embargo, si las cosas todavía están en la etapa donde pueden ser detenidas, podemos ayudarte a que cambies las cosas para bien.

Vamos primero a examinar algunas conductas que puedes tomar como señales de que la violencia comienza a desatarse:

- Tu pareja siente que estás tratando deliberadamente de enojarle cuando, de hecho, solamente estás bromeando.
- Tu pareja te prohibe que seas amistosa con los vecinos, o que visites a tus familiares. Se pone tan furioso, que rompe platos u objetos en el hogar.
- Bebe mucho o usa drogas, y se pone airado y belicoso cuando lo hace.
- Te acusa, sin razón, de coquetear y de hacerle sentirse humillado.
- Es excesivamente celoso, desaprueba tus ropas y exige que te vistas a la manera que él quiere.
- Te prohibe que le llames al trabajo o que te aparezcas allí.
- Te pelea por cualquier nimiedad, como extraviar sus papeles, o discrepar con él.
- Te acusa con enojo del mal comportamiento de los niños y siente que le frustras por no coincidir con sus ideas como él quisiera.
- Te ridiculiza con epítetos como "imbécil" o "estúpida", a solas o frente a sus amigos o los tuyos.
- Habla de las mujeres como *putas*, débiles o en general como malas.
- Te grita en vez de conversar, cuando está enojado contigo por alguna razón.
- Te acusa por cosas que salen mal, sobre las que no tienes control, como cuando la cena no le cae bien, o te mira un hombre de una manera sensual.

Si puedes ver tu propia experiencia reflejada en cualquiera de los ejemplos mencionados y toleras esa conducta, te puedes calificar muy bien como una *mártir noble*. Y si es así, probablemente —lo sepas o no— estás tratando de ser una buena *marianista*.

A fin de cambiar y reforzar tu autovaloración, vas a tener que ser muy firme contigo misma.

Escribe en un papel lo que estimas que son tus lados fuertes.

Pregunta a tus amigos qué piensan honestamente de ti y cómo te describirían a otra persona.

Haz hincapié en revisar tu listado de evaluaciones muchas veces al día.

Al hacer eso, estás emprendiendo una acción para dejar de ser una víctima, y empezar el viaje al "empowerment", o poder personal, deteniendo el abuso. Cualesquiera que sean los pasos que emprendas, no dejes que tu vergüenza de ser víctima, te mantenga como tal. Y no pienses que no vas a tener éxito. Hemos tratado a muchas, muchas latinas que hicieron la transición del martirologio noble a la recuperación total y al poder personal. Lo hicieron retrocediendo desde su situación, negándose a permitir que su *marianismo* nublara su visión, examinándolo objetivamente. Y cuando lo hicieron, se dieron cuenta de la necesidad de emprender acciones inmediatas.

No Tienes que Seguir Soportándolo

El primer paso para cambiar una situación potencialmente peligrosa, es reconocer que no tienes que soportar el abuso en interés de tus hijos. De hecho, hacerlo sólo perpetuaría el dilema, y estarías influyendo en tus hijas para que también acepten ese tipo de conducta en el futuro. Y a tus hijos los estás enseñando a que un día se conviertan en abusadores. También se sentirán autorizados a ser atendidos y obedecidos de una manera que ya no será realista. Y en el peor de los casos, al soportarlo todo, estás poniendo en peligro tu vida.

Debes estar consciente que cuando racionalizas una atmósfera hostil, y aplazas la solución —hasta que las cosas estén mejor, hasta que él deje de beber u obtenga un trabajo mejor, o tu suegra se marche— probablemente estás tendiéndote una trampa a ti misma. Al excusar el abuso no le estás ayudando a él, ni tampoco te estás ayudando a ti misma. El abuso que no es *arrancado de raíz* solamente habrá de incrementarse.

Y por favor, no trates de decirte: "El nunca me hirió físicamente. Sólo perdió su humor y me dijo insultos". Decirte insultos es atacarte. Tratarte como niña, humillarte y faltarte el respeto, es atacarte. Nunca debes permitirlo. Nunca. De hecho, la palabra *"Jamás"* debe llegar a ser tu lema cuando de abuso se trata. Eso fue lo que Petra tuvo que aprender.

Petra es una cubana de treinta y seis años, farmacéutica, que ya no ejerce su profesión debido a que se encuentra atendiendo a su esposo y a sus dos hijos a tiempo completo. Su esposo Joaquín es dueño de una cadena de tiendas de ropa, y como su inglés no es fluente, Petra le sirve como compradora. Ella se ocupa también de la contabilidad y las relaciones públicas, así como de auxiliar a sus hijos en sus deberes escolares. Por añadidura, Petra garantiza que las ropas de Joaquín estén impecables, limpia sus zapatos y coordina con la ayuda doméstica la atención de su suntuosa casa. Además, hace las compras de los víveres y se mantiene elegantemente peinada y a la altura de la moda.

Cuando Petra llegó a la consulta, se mostró extremadamente vaga en cuanto a sus problemas. Todo lo que pudo decir, fue que Joaquín no entendía por qué ella no era feliz, si tenía dos hermosos hijos y suficiente dinero para darse cualquier lujo. Sin embargo, cuando progresó la terapia, Petra admitió que Joaquín era *muy áspero*. Podía gritarle en público si se le olvidaba hacer algo o si, a su juicio, se había equivocado. Como él tenía que sentir que estaba siempre al mando, Petra empezó a mentirle si cometía un desliz en alguna tarea. Estaba constantemente al borde de las lágrimas, pero cuando le pedía ayuda a Joaquín, éste le contestaba que estaba ocupado o, peor aún, que ella estaba loca.

Este abuso verbal duró cinco años, hasta que una noche en el cine, Petra dijo algo que irritó a Joaquín y, en ese momento, él empezó a abofetearla. Sin saber lo que había hecho para provocar la violenta reacción, trató incluso —como una buena marianista— de complacerlo mucho más. Pero eso no lo calmó. Entonces fue cuando Petra comenzó a tener dolores de cabeza, mareos frecuentes y problemas estomacales. Como ella más tarde vería en la terapia, estaba somatizando o, como hemos mencionado al principio, experimentando su angustia emocional como enfermedad física.

Cuando Petra vino al tratamiento, lo hizo a escondidas. Al inicio no estaba consciente siquiera de que estaba deprimida. Simplemente se quejaba no ser feliz, y de no lograr ser el ama de casa que su esposo deseaba. Muy pronto, sin embargo, confesó que desde la noche del cine, Joaquín había pasado, de los gritos y exigencias exageradas, a las bofetadas y empujones. Y finalmente, gracias al tratamiento, fue capaz de darse cuenta que estaba siendo víctima de abuso. Pero éste fue sólo el inicio de su fortalecimiento. El paso siguiente fue hacer que Joaquín parara de abusarla.

Lo primero que hizo Petra fue decirle al marido que estaba asistiendo a terapia. El llamó inmediatamente a la terapeuta para amenazarla. Dijo que su mujer había empeorado desde que empezó el tratamiento, e insistió en que la terapeuta debía terminarlo. Ahora Petra se enfrentaba a otro dilema: acceder a las demandas de su esposo y continuar sintiéndose miserable, o proseguir la terapia y desafiar su hombría.

EL PROCESO DEL ABUSO

De la experiencia de Petra con Joaquín, hemos visto que el abuso se construye a través de etapas dentro de una continuidad. La historia de Maira también ilustra, demasiado bien, esta terrible verdad.

Maira, una ecuatoriana de cuarenticinco años, trabajaba como moza de limpieza en un gran edificio de oficinas de Manhattan. A pesar de sus largos y agotadores días, el marido de Maira, un mecánico llamado Miguel, esperaba que ella le cocinara la cena cuando llegara a casa. Si ella se iba a la cama primero, él encendia las luces, sin importarle si la despertaba. Miguel insistía en conducir un auto caro, a fin de "mantener las apariencias", aún cuando los pagos mensuales eran más altos que su salario. Pero cuando Maira se compraba ropas, la reprendía por ser *una gastadora*, aunque él sí gastaba en lujos. Miguel la llamaba constantemente *estúpida y tonta*, a menudo en público. Cuando Maira protestó, Miguel llegó a ser más abusivo en lo verbal. Maira temió que perdiera el control y la lastimara físicamente. Por casualidad, una paciente que conoció, vinculada con una clínica de la comunidad, la persuadió de que fuera a terapia.

Marianista de corazón, Maira reveló muy pronto que se sentía culpable por la conducta de su esposo. ¿Por qué? Porque su condicionamiento cultural le decía que así tenía que ser, y él constantemente se lo confirmaba. Como se sentía responsable de lo que pasaba, estaba demasiado avergonzada para discutirlo con sus familiares y amigos, por miedo a que la vieran como un fracaso en el matrimonio. "En mi familia no existen divorcios —le dijo a la terapeuta—. Eso está contra mi religión, ¡y en mi país es una desgracia!".

Durante el tratamiento, Maira fue capaz de identificar los síntomas de su baja autoestima, la cual estaba ligada a los insultos que escuchaba constantemente de su marido. Como una verdadera *marianista*, creía que no tenía ningún valor propio, y que no podría vivir sin el apoyo de él. Bañada en lágrimas, llegó a expresar su miserable estado con lastimosa elocuencia: "No tengo a nadie en quien confiar —sollozó—. En mi país sería diferente. Éramos pobres, pero teníamos dignidad. Aquí siento que nadie se preocupa por mí, nadie me aprecia por lo que soy. Vine a Estados Unidos buscando una vida mejor ¡pero pienso que ha sido un fracaso total!".

Maira llegó a reconocer que su esposo también sentía que había fracasado en esta "tierra de oportunidades". Y no poder hacerlo sentirse mejor, hizo que su opinión acerca de sí misma empeorara.

Lentamente, la terapeuta le dejó ver que estaba esperando demasiado de sí misma y que la autorepulsión, que era resultado del perfeccionismo, se había convertido realmente en un hábito, así como en un componente integral de su propia imagen. Al anunciar al mundo su fracaso, por así decirlo, estaba buscando en realidad la validación de ello y, sin saberlo, impulsando a su esposo a transferir su propio sentido de identidad negativa hacia ella.

Puedes identificarte o no con Maira. Como hemos dicho, existen muchas gradaciones de abuso, y ninguna situación es exactamente

igual a otra. Por tanto, tienes que preguntarte si caes dentro de la categoría de violencia doméstica que podría tener soluciones potenciales, aunque fueran difíciles. O si la relación está en tan mal estado que su única solución sería terminarla.

Si quieres salvar la relación, prepárate para luchar por tu derecho a vivir libre de abuso. No existe un modo de pensar que sea válido en todos los casos. El mejor consejo que te podemos dar es que veas a un profesional experto en la materia y sigas sus sugerencias profesionales. Una señal práctica es que el abuso físico continuado que progresa en intensidad, es una cosa peligrosa, y lo mejor que se puede hacer es poner distancia en la relación.

Aprendiendo a Ser Buena Contigo y a Encontrar Apoyo

La Maira que vino a terapia era una verdadera *marianista*, una víctima tanto de su esposo como de sus propios valores culturales. Sin embargo, la Maira que terminó la terapia ya sabía que había estado permitiendo, incluso estimulando, su propia victimización. Eso fue el principio de su fortalecimiento, que incluía alcanzar una educación con la que pudiera equiparse para tener acceso a las recompensas que norteamérica tenía que ofrecerle. "Tengo que aprender algo —le dijo en secreto a su terapista—. No sólo porque eso me hará sentir mejor conmigo misma, ¡sino también porque me ayudará a tener la vida que merezco!" Eventualmente, aprendió inglés, obtuvo el certificado equivalente de enseñanza secundaria y se convirtió en una agente licenciada de bienes raíces.

Nos complace informar que, pasado un tiempo, Miguel llegó a ser más comprensivo y solícito, y su relación mejoró realmente. Maira aprendió a dejar de sentirse culpable acerca de los defectos de Miguel. También aprendió a decirle que estaba siendo hiriente cuando le profería insultos. Ella dijo un día en terapia que se había sorprendido de que, una vez que él supo que ella no iba a seguir permitiendo los insultos, él comenzó a ser más cooperativo y no sintió ya más la necesidad de abusarla.

Es importante destacar aquí que la depresión de Maira empezó a desaparecer solamente después de que aprendió a ser buena consigo misma. Monitoreaba sus propias reacciones muy de cerca, y luchaba contra su tendencia natural a catalogarse de una manera negativa. También se percató de que podía ser una buena compañera y un buen ser humano sin tener que ser una mujer subordinada y sin opinión.

Un aspecto crucial de todo esto es que, independientemente de la decisión que tomes, necesitas apoyo. Demasiado frecuentemente, las mujeres abusadas siguen un patrón de soledad, que es lo peor que pueden hacer, si han de terminar su sufrimiento. Y es por eso, precisamente, que muchos abusadores prohiben a sus esposas que tengan amigos u otros contactos que puedan influir en ellas. Si éste es tu caso, necesitas buscar terapia o alguna forma de consejería de apoyo.

Maira, llegó a formar parte de un grupo de mujeres hispanas que se conocieron a través de las clases de idioma inglés. Todas ellas compartían un problema o interés común, y se veían una vez al mes para intercambiar recetas e historias, y darse apoyo unas a otras. En un capítulo próximo, te explicaremos cómo formar un grupo como éste, que es llamado una *tertulia*. La *tertulia* de Maira fue una fuente invaluable de apoyo cuando se sintió suficientemente preparada como para enfrentarse a su esposo y decirle cuán ofensiva era su conducta. Sus comadres la habían estimulado a que le pidiera que viniera a terapia, y para su sorpresa, lo convenció. Tanto la terapeuta como la propia Maira se sorprendieron de que se mostrara locuaz, perspicaz y positivo en relación con el proceso. Llegó a exclamar, orgullosamente: "¡No es tan difícil como lo imaginaba!".

Si consideras que tu pareja es un buen candidato para la terapia, todo lo que tienes que hacer es traerlo a la primera sesión. A partir de ese momento, es tarea del terapeuta incorporarlo y ayudarles a ambos. Como una parte importante de su fortalecimiento, Maira comprendió que podía emplear conceptos tradicionales como el *familismo* en una

manera nueva y positiva para implementar estrategias de negociación que apelaban al sentido *machista* de responsabilidad de su hombre.

Sí, en realidad sí puedes pedirle a tu marido que sea un buen *macho* para ti. Si bien es verdad —tal como escribe Evelyn Stevens— que la doctrina del *marianismo* estipula que las mujeres pueden soportar todos los sufrimientos infligidos por los hombres, consideramos que también puedes cambiar ese dictamen a tu favor. Preséntate ante él. Pídele ayuda. Si puedes, convéncele de que no eres suficientemente fuerte o capaz de sufrir todo el tiempo. Pero en verdad aclara el punto de que el sufrimiento no es lo que mereces. Por ejemplo, pídele ayuda en las compras; dile que los paquetes son demasiado grandes para ti. Dile que necesitas que te ayude a dormir un poco más, porque, de otra manera, estarás demasiado cansada para ser una buena mujer para él. Pídele que te lleve a bailar, porque sientes placer al hacer esas cosas con él.

Larissa tocó el sentido de *macho* de Leandro. Lo hizo en conversaciones que fueron sensibles y útiles para la relación. Por ejemplo, le decía: "No es justo que seas el único que trabaja tan duro. Tampoco es justo que tengas que tomar todas las decisiones por ti mismo. Eres una pareja maravillosa, y estás atendiendo muy bien a tu familia, pero eres un ser humano, e intentar hacerlo todo tú solo es extenuante y emocionalmente debilitante. Te quiero y deseo ocuparme de ti, así que necesito participar".

Negociando los Cambios con Tu Pareja

Nosotras sabemos que ninguna relación está totalmente libre de hostilidad. Pero tu objetivo debe ser destruir en germen cualquier discusión que pueda llegar a convertirse en abuso. A continuación hay un listado de insultos que tu pareja puede proferir y cómo enfrentarte a ellos de manera no violenta.

- Nunca haces nada bien ¡perra estúpida!
- ¿Dónde diablos están mis medias? ¡Te he dicho que las pongas en la gaveta!
- ¡Estoy harto de ti! ¡Siempre estás enredando, igual que tu madre!
- ¡Estos niños son fieras, y eso es culpa tuya!
- ¡Esta comida apesta! ¡No puedes hacer nada bien! ¡Ni siquiera hervir el agua! ¡Eres una completa inútil!
- ¡Me niego a permitir que tu madre o tu familia entren en esta casa!
- Tu amiga Marta es una enredadora y una fracasada. ¡Te prohibo que la veas!

Si tienes diálogos personales para agregar a este listado, por favor, házlo. ¿Cómo salvarte de estas bombas de tiempo emocionales? Si bien no existe una solución sencilla, debe decirse que la clave radica en negociar los cambios con tu pareja. Sin embargo, si ésta tiende a ser violenta, olvida estos ejercicios y busca ayuda profesional lo antes posible. Si no lo es, muchos de los ejemplos mencionados pueden ser resueltos mediante el diálogo. La condición más importante que hay que aclarar, es que tienes derecho a ser respetada.

Espera que tu pareja esté calmada para acercarte. Puedes posponer la discusión para más tarde en la noche, para el día siguiente o para el fin de semana. Cuando sientas honestamente que su enojo se ha disipado, hazle saber que quieres conversar con él. Podrías empezar por decirle: "Realmente, me hiere que tú..." Ahora puedes repetirle lo que te ordenó, o te prohibió hacer, o algo que dijo que te haya humillado.

Él puede responder: "¡Ah, pero tú eres demasiado sensible! ¡Por nada te sientes herida!".

Entonces puedes decirle: "En efecto, soy sensible, y significa mucho para mí que puedas recordarlo".

En otras palabras, no te sientas confundida ante una ofensa. Sólo estás reaccionando con sentimiento a lo que tienes derecho. Y no pierdas de vista ese derecho.

O bien él podría responder así: "Sólo estaba bromeando". A lo que puedes responder con amabilidad: "Pero esas bromas no me hacen gracia, porque hieren mis sentimientos". Debes mantenerte centrada en tus sentimientos.

Si tu pareja empieza a abrirse, escucha lo que tenga que decir, porque también puedes haber herido sus sentimientos, y haber contribuido, inconscientemente, a su explosión. Recuerda, una vez que consigas que un hombre hable voluntariamente de sus sentimientos ¡estás ganando el juego! Si has hecho algo que lo disgusta con razón, trata de evitar una acción provocativa en el futuro. Por ejemplo, no invites a tu madre a que te visite un domingo por la tarde y esperes que él la entretenga, en vez de mirar el juego de béisbol, soccer o fútbol. Concédele un pequeño tiempo cuando llega del trabajo para refrescarse del día, antes de molestarle con problemas, o dejar que los niños corran a su antojo. Explícale que tú misma has tenido un día difícil en el trabajo y que te sientes algo tensa.

A veces no podemos evitar hacer cosas que disgusten a otros, especialmente a nuestras parejas. De hecho, toda persona tiene hábitos individuales que podrían volver locos a los demás. Pero las cosas que tienen arreglo, deben componerse. Fíjate si estás adoptando conductas para molestar a tu pareja. ¿Lo haces con rabia? Si es así, ¿qué es lo que te pone suficientemente enojada para desquitarte?

Agarra ese enojo directamente. Por ejemplo, di a tu pareja: "Te he dicho que realmente me sentí humillada cuando tu madre decidió cambiar las cortinas de la sala. Me hirió que te pusieras de su parte y que nunca aclararas que ésa es mi sala".

En resumen, debes mirar dentro de ti y ver si puedes mejorar la situación. Eso es muy diferente de acusarte o sentir que eres la única responsable de que las cosas cambien, o que todo marche bien. De hecho, ser pareja significa hacer juntos las cosas. Si consideras que en esa relación debes hacerlo todo sola, pregúntate: "¿Debo hacer esto sola? ¿Verdaderamente sola? ¿Quiero hacerlo sola?".

Posiblemente no, pero si estás siendo forzada por las intransigencias de tu pareja, debes considerar tomar una acción más radical y buscar ayuda fuera del hogar.

❋ LAS NUEVAS MARIANISTAS

El *marianismo* tradicional dice que las mujeres son espiritualmente superiores a los hombres, y capaces de soportar todos los sufrimientos. Pero tú has venido a un nuevo país, a una nueva cultura, y probablemente sientas que mereces ser una nueva persona. Una vez más, te urgimos a que seas una *nueva marianista*, de las que creen que las mujeres son espiritualmente superiores a los hombres, y capaces de soportar el dolor del cambio. En el contexto del abuso doméstico, ello significa que tú y sólo tú tienes la responsabilidad de hacer algo para enderezar tu relación disfuncional.

Petra, que había dejado su trabajo como farmacéutica para convertirse en compradora de las tiendas de ropa de su marido, y dedicarse a criar los niños, se percató de su responsabilidad para con ella misma. Se comprometió a continuar el tratamiento, a pesar de las violentas objeciones de su esposo. Al principio, fingió que ya no estaba viendo a la terapeuta, lo cual, desde luego, la hizo sentirse mal porque detestaba tener que mentir. Sin embargo, cuando se dio cuenta que su futuro era lo que estaba en peligro, fue capaz de poner su acción en perspectiva. Consecuentemente, se sintió con fuerza suficiente para decirle la verdad a Joaquín e insistir en que no iba a detenerse, puesto que estimaba que la terapia la estaba haciendo menos ansiosa e irritable. Sin rencor o acusaciones, pero con asertividad, trató de convencerle de que viera las cosas a su manera. Supo que había la posibilidad de que él no comprendiera, pero sentía que su responsabilidad fundamental era hacer lo mejor que podía por ella misma.

Petra adquirió "empowerment", poder personal, cuando se puso en control de su vida. Para hacerlo, primero fue necesario identificar sus sentimientos de abandono y eliminarlos. Solamente entonces pudo solicitar respeto y esperar recibirlo. Pero no llegó a recibirlo de Joaquín, a pesar de lo mucho que trató. Ahora se daba cuenta de que la mujer que había encontrado atractivo su arrogante *machismo*, ya no existía. La nueva Petra quería de un hombre cosas muy diferentes a las que Joaquín podía darle. Para Petra, el divorcio fue, finalmente, la única opción. Supuso una enorme valentía personal el admitir que no tenía sentido continuar una relación ya muerta, y marcharse. Nos complace decir que ahora ha conocido a un gentil y cariñoso hombre, y que está teniendo una relación feliz y tranquila con él.

Larissa, la dominicana cuyo esposo se volvió un machista en Nueva York, también tomó para sí la responsabilidad de hacer que las cosas mejoraran para ella. Empezó a sentirse fortalecida cuando comprendió que tenía todo el derecho de enojarse con su esposo Leandro, quien le había dejado fuera al tomar una decisión tan importante como mudarse a otro país. También se dio cuenta que, aunque Leandro decía que se sentía feliz con la mudada, estaba teniendo sus propios problemas al readaptarse a la vida en norteamérica.

Finalmente, la decisión de Larissa fue hablar con él, en términos muy claros y con mucha seguridad en sí misma. Lo hizo en una cena íntima, con candelabros, su comida favorita, la música que le gustaba y una botella de champaña. Se aseguró de darle tiempo para que él se relajara después de llegar a casa —puesto que sabía que trabajar con su hermano era muy difícil— y se puso un vestido que a él le gustaba especialmente.

En este ambiente Leandro se sintió tan sosegado, que se dio cuenta que, antes de la mudada, la fuerza de su matrimonio había estado siempre en la asociación y la camaradería, y que necesitaba a Larissa de su parte ahora más que nunca. Ella explicó con calma pero con fuerza, cuán herida se había sentido al ser excluida de tantas decisiones, y que era necesario terminar con esa tirantez que había en su relación. Le dijo cuánto extrañaba las cosas que acostumbraban hacer, y que quería que su relación fuera cálida y amorosa nuevamente. Le convenció que las cosas podrían ser más fáciles en el trabajo, si él contaba con su apoyo en casa. Éste fue el inicio de la muy exitosa campaña de Larissa para recuperar al hombre de quien se había enamorado. Ello le tomó tiempo, pero gradualmente las cosas mejoraron bastante, así que cuando le dijo que quería conseguir un trabajo, él le dio su bendición. Anota que Larissa planeó el diálogo de una manera no amenazadora.

Pero nada de eso podría haber sucedido si Larissa no hubiera validado primero sus sentimientos de querer ser respetada y consultada. Conocer lo que mereces está íntimamente vinculado con tu nivel de autoestima. Eso te ayudará a ser más clara acerca de lo que estás dispuesta a aceptar, y de lo que tienes derecho a exigir de las personas significativas en tu vida.

Como puedes ver de la experiencia de Petra y Larissa, hay diferentes caminos para salir de la oscuridad del abuso, pero hay también reglas inviolables para tratar con éste. Una de ellas es sobreponerse al *marianismo* y saber que tu hombre no tiene derecho a pegarte o insultarte. Esto significa que cuando tengas necesidad de un apoyo de terapia o de resolver una crisis, no tiene derecho a llamarte loca. Tú no estás loca. Estás atravesando una crisis y debes buscar ayuda. Otra regla inviolable es conocer en qué situaciones de violencia doméstica debes buscar apoyo afuera, y no tratar de cambiar las cosas sola.

Pero, recuerda: el cambio comienza cuando admites que estás siendo abusada y que eso está sucediendo porque tú lo estás permitiendo. Debes decirte a ti misma, una y otra vez, que el abuso es inaceptable. No hay manera de racionalizar que ser abusada esté bien. Debes evaluar tu situación individual y entonces planear una estrategia de salida. Debes también esperar que el progreso llegue con pequeños pasos. Como con cualquier cambio permanente, tal como la pérdida de peso, debes ser paciente. Pero, repetimos, ser paciente sólo con los cambios que no impliquen el abuso real. Cuando hay maltrato real, no esperes que las cosas mejoren por sí mismas. Esto no pasará.

Nos damos cuenta que puedes sentirte atrapada en una relación disfuncional. En verdad, muchas mujeres permanecen en situaciones malas debido a factores económicos. Otras nos dicen que se mantienen dentro de ambientes de abuso, en interés de los hijos, o porque no quieren depender de la ayuda pública. Y para algunas, el estado de indocumentadas les puede hacer imposible buscar asistencia pública. Sabemos que un refugio no es el lugar ideal, pero queremos que estén conscientes de que, a veces, como una medida temporal, la ayuda pública puede ser su único recurso disponible de inmediato. La cuestión es no tratar de resolver sola las situaciones violentas.

Para terminar, volvamos a la historia de Bertilia, a quien vimos en una sala de emergencia simulando que había tenido un accidente automovilístico, luego de que su esposo Beltrán la golpeó. Después de recibir la sugerencia de la consejera que hizo la presentación en su iglesia, Bertilia empezó la terapia. Se le ayudó a confrontar los riesgos muy reales que estaba encarando. Se le informó de los recursos disponibles, en caso de que se sintiera en peligro. Lo principal fue proveerla de información acerca de la seriedad de su problema y de cómo éste podría acrecentarse. Se le ayudó a seleccionar recursos, incluído el de buscar una orden de protección, si fuese necesario. Finalmente, admitió por sí misma que nada en el mundo justificaba que un hombre abusara de una mujer.

Bertilia estuvo clara en querer tratar de que las cosas funcionaran con Beltrán. Después de cuidadosos exámenes y exploraciones, la terapeuta consideró que su deseo debía ser respetado, y estuvo de acuerdo en verles en terapia de parejas. Afortunadamente, Beltrán estaba verdaderamente interesado en recibir ayuda, se mostraba muy arrepentido, y admitió que *un hombre de verdad* no le pega a una mujer. Aunque estaba trabajando los siete días de la semana, lo cual, desde luego, sólo hacía peor su disposición, consintió en dedicar tiempo para asistir a las sesiones.

Tanto a Bertilia como a Beltrán se les ayudó a ver que estaban teniendo problemas de comunicación, puesto que sólo conversaban cuando estaban enfadados, gritándose y acusándose mutuamente, sin buscar realmente soluciones o proponerse suplir las necesidades del otro.

Ahora, en un clima razonable, Bertilia convenció a Beltrán de que había cambiado mucho, ya que él no era así en su país. Y a su vez, él confesó que sentía que Bertilia estaba avergonzada de él, porque no era tan educado o sofisticado como los hombres de su oficina.

Gradualmente, Beltrán estuvo en condiciones de compartir sus frustraciones. También reconoció que cuando se sentía humillado y exhausto, la tomaba contra Bertilia. Ella también llegó a estar consciente de que cuando se peleaban ella empeoraba las cosas llamándolo *maleducado e inepto.* Una vez que el aire fue purificado y la comunicación restablecida, pudieron volver a ser aliados uno del otro. De hecho, posiblemente por primera vez, llegaron a ser buenos amigos, así como marido y mujer. Eso sucedió hace cinco años. Desde entonces, cada Navidad la terapeuta siente una satisfacción especial cuando recibe su tarjeta de felicitación, donde le informan que todo esta bien.

Respetarte a Ti Misma Significa Protegerte

Por favor, recuerda que este capítulo pretende hacerte consciente de que la violencia doméstica es un problema muy serio, como pudiste apreciar en las estadísticas que presentamos. Se sabe que muchos abusadores pueden mejorar con sicoterapia, o con el servicio de consejería. Pero hay algunas situaciones que pueden no mejorar. Como las mujeres de este capítulo, debes aprender a reconocer el abuso, no culparte de ello, ni avergonzarte, y saber cómo buscar ayuda. Te lo debes a ti misma y a tu familia.

8

"No Pidas Ayuda"

La Madre Supermujer,
o un Ser Humano Saludable

Era la semana de Navidad, y Violeta, una dominicana empleada de banco, de treinta y tres años, que estaba casada con Jorge, un contador de treinta y ocho, andaba muy atareada en esos días con los preparativos para las fiestas familiares. Había horneado galletitas ayudada por sus hijas de seis y ocho años, decorado la casa, hecho los pasteles y ordenado el pernil, ese suculento puerco asado sin el cual no está completa una fiesta de Navidad entre muchos hispanos. Dieciocho personas de ambas partes de la familia vendrían a cenar.

Violeta había planeado la visita anual de los niños a Manhattan para ver el espectáculo de Navidad en el Radio City Music Hall, y el árbol de Navidad en el Rockefeller Center. Estaba contenta de haber comprado todos los regalos para cada sobrina, sobrino, primo lejano, y cada amigo de la familia. Como le tocaba ser la anfitriona de la reunión del consejo de vecinos de la cooperativa del edificio donde vivía, hizo las coordinaciones pertinentes para celebrarla después que los niños del edificio hubieran terminado su noche de cantar villancicos —un acontecimiento del que Violeta también estaba a cargo—. Incluso compró un vestido nuevo para la fiesta de Navidad de la compañia de su esposo que, por supuesto, se iba a celebrar la misma tarde que la de su trabajo. Todo esto en medio de su horario regular en el banco.

Violeta estaba realmente haciendo muy bien este increíble juego de malabares cuando sobrevino el desastre. Su cuñada Charo, la esposa del hermano de Jorge, llamó para decir que ella y sus hijos no podían venir a cenar. Por alguna razón complicada, dijo Charo, sus padres se habían visto obligados a cambiar su vuelo desde Santo Domingo y llegaban a las nueve de la noche el mismo día de nochebuena, y no el día antes, como habían planeado. Por supuesto, había que ir a recogerlos al aeropuerto. Como la ausencia del contingente de Charo haría una gran mella en el familismo de estas fiestas, Violeta inmediatamente decidió cambiar la cena para un día antes, el sábado. Ese día no tenía que ir a trabajar, pero aún así se creó una crisis, porque ese era el día que había prometido llevar a sus hijos y sobrinos a Radio City. Cancelarlo afectaría seriamente su *marianismo*, ya que defraudaría a sus propios hijos, así como a sus sobrinos.

¿Qué iba a hacer? Tenía que haber una solución. ¡Y la había!

"El pernil tiene que asarse durante horas y horas de todas maneras —razonó Violeta—. Así que pondré el horno a baja temperatura, y para cuando regresemos de la ciudad ya estará listo. Y puedo cocinar el arroz antes, y recalentarlo cuando vayamos a comer. Y hay otras cosas que puedo hacer por la mañana. ¡Todo saldrá bien!"

Desafortunadamente, cuando llegó el fatídico día, Violeta estaba exhausta por haber asistido a dos fiestas de navidad seguidas, además de enfrentar el torbellino navideño que se armó porque se quedó dormida hasta un poco más tarde. Eso significaba que tenía que hacer todo el trabajo en la mitad del tiempo. Pero lo hizo. Cocinó el arroz, puso el pernil en el horno, y salió con los niños para Radio City.

Los niños disfrutaron enormemente el espectáculo, y esa alegría llenó a Violeta de júbilo, aún cuando llegaron a casa una media hora escasa antes que los invitados.

"Al menos —se dijo—, el pernil está listo...". Excepto por una cosa: ¡Había olvidado encender el horno!... Y lo que encontró fue un pernil crudo. Aunque eso hubiera amilanado a cualquier mortal, Violeta no iba a admitir su derrota. Saltó al auto, fue a una rotisería a cinco minutos de su casa, y pudo llevarse el último pernil caliente que quedaba.

No les sorprenderá que los familiares de Violeta se maravillaron de sus habilidades organizativas y de lo bella y perfecta que había quedado la cena. Todos la pasaron de maravilla, excepto la anfitriona. De hecho, cuando Jorge se paró y propuso un brindis por su esposa, una mujer excepcional, Violeta rompió a llorar y corrió hacia la cocina. Cuando Jorge la siguió y trató de ponerle el brazo sobre sus hombros y preguntarle qué le pasaba, ella se lo quitó de encima y comenzó a llorar aún más fuerte.

"¿Hice algo?" —le preguntó él.

Sollozando, Violeta echó una mirada a la montaña de platos sucios que esperaban ser fregados y todas las sobras que había que envolver, y respondió: "¿Hacer algo? ¡Tú no hiciste nada! ¡Nada en absoluto!".

Este fue el episodio que envió a Violeta a las sesiones de terapia. "Pobre Jorge —le dijo ella a la terapeuta—. ¡Estaba tan sorprendido! Me siento terriblemente culpable por haberle criticado que no me ayudara. Y creo que no debí haberlo obligado a ocuparse de cosas que son mi responsabilidad".

Cuando le preguntaron en qué consistían esas responsabilidades, Violeta empezó a relatar su horario de Navidad, que era agotador sólo de escucharlo. Y cuando la terapeuta hizo notar que hubiera sido agitado también para una ama de casa a tiempo completo, Violeta no estuvo de acuerdo, y alegó que todos sus problemas surgieron porque no podía tomarse un descanso de las tareas del banco.

—¿Necesitan realmente que tú trabajes? —le preguntó la terapeuta.

—Bueno —respondió Violeta—, no viene mal contar con ingresos adicionales. Pero no, Jorge gana buen dinero...

—¿Y tú quieres trabajar? —insistió la terapeuta—. ¿Te gusta tu trabajo? Violeta respondió afirmativamente a ambas preguntas.

"Así que —resumió la terapeuta—, quizás tu problema no tenga tanto que ver con tu trabajo en el banco, sino con tratar de ser a la vez una ama de casa y llevar un empleo a tiempo completo sin mucha ayuda. ¡Deberías felicitarte por haberlo logrado hasta ahora bajo estas abrumadoras condiciones de tensión!".

Ser Todo para Todos

Es increíble, pero hasta que la terapeuta se lo señaló, Violeta no se había dado cuenta que estaba tratando de complacer a su esposo exactamente de la misma manera que su madre había tratado de complacer a su padre. Pero pasa que las viejas fórmulas ya no funcionaban en el nuevo contexto norteamericano. El precio que estaba pagando era la depresión y la ansiedad. Lloraba con frecuencia, tenía dificultad para conciliar el sueño, se criticaba constantemente a sí misma y a otros en el trabajo y en la casa, se mostraba irritable y se sentía completamente atrapada. Aunque se consideraba liberada por querer "tenerlo todo" como cualquier norteamericana, Violeta en realidad estaba siendo liquidada por su *marianismo*.

Si bien es cierto que muchas otras sociedades tradicionales tienen papeles rígidamente prescritos para cada sexo (y por tanto este libro les será útil a ellas también), estamos enfocando el tema como terapeutas que trabajan con clientes latinos. Nuestro propósito es ayudarte a ganar en conciencia y a comprender el importante papel que desempeña el lado oscuro del *marianismo* en la manera en que te relacionas con tu familia y contigo misma. Como una mujer con un empleo fuera del hogar, inconscientemente puedes estar tratando, al igual que Violeta, de serlo todo para todos. Esto significa que estás viviendo según el precepto *marianista* de que las mujeres son capaces de soportar todo el sufrimiento, lo cual, en este contexto, significa asumir una carga inhumana de trabajo, además de las tensiones relacionadas con el hogar.

En este capítulo estudiaremos a las antiguas Doñas Perfectas como Violeta y Josefa, aquella mamá sobrecargada de trabajo en la bodega, que conociste en el capítulo 4. Ellas un día llegaron a darse cuenta que no eran mujeres superdotadas, y que también necesitan llevar una vida plena en norteamérica. Y también te mostraremos cómo el choque entre el perfeccionismo *marianista* y el deseo de tenerlo todo, agudiza los conflictos entre las expectativas del viejo mundo y las metas del mundo nuevo, causando depresión y sentimientos abrumadores de inutilidad en ambos campos.

Por último, te ofreceremos evidencias de que es posible reajustar tus expectativas y reordenar tus prioridades para que seas una esposa y una madre con muchas menos tensiones, y una mujer de carrera que esté orgullosa de sí misma y que disfrute cada minuto de su vida. Pero veamos primero algunos credos *marianistas* específicos que pueden afectar tu autoestima como esposa y madre trabajadora.

Credo 1. Una buena esposa y madre siempre tiene que darle a su marido e hijos un buen plato de comida que ella misma prepare.

Credo 2. Una buena madre no discute con su esposo delante de los niños.

Credo 3. Una buena esposa debe soportar a los familiares de su pareja, independientemente de cuán ofensivos y desconsiderados sean.

Credo 4. Una buena esposa debe tener la casa impecable y debe, preferiblemente, hacerlo ella misma.

Credo 5. Una buena latina debe obedecer las tradiciones al pie de la letra.

Credo 6. Una buena madre debe cuidar de sus hijos por sí sola, o con la ayuda de familiares muy confiables.

Midiendo Tu Propio Perfeccionismo

Para identificar tus propios esfuerzos contraproducentes prueba un ejercicio mental, que te mostrará cómo actuar bajo la creencia de que puedes soportar todo el estrés, terminaría siendo destructivo para ti y para tu familia. Este ejercicio le fue muy útil a Violeta.

Comienza preguntándote qué tareas innecesariamente estoicas estás realizando. ¿Estás haciendo cosas por otros que tú misma reconoces te causan demasiado estrés, porque de verdad no tienes tiempo para hacerlas? ¿Y sobre todo cuando los demás pueden hacerlas por sí mismo?

¿Es tu comportamiento de alguna manera similar al de Violeta?

¿Te sientes culpable si no haces las labores que te propones hacer en el día? ¿Sientes que nadie más que tú —incluyendo familiares y la ayuda doméstica profesional— es capaz de limpiar la casa y ponerle los pañales al bebé adecuadamente?

¿Sientes que tu compañero y tus hijos no están dispuestos —o no pueden— desempeñar adecuadamente algunas responsabilidades domésticas?

¿Tu compañero hace cosas molestas, como olvidarse constantemente de comprar leche, aun cuando él es quien se toma la última que queda, haciendo que tengas que ir corriendo al mercado antes del desayuno para que los niños tengan leche para el cereal?

Cuando tu esposo no está dispuesto, o no puede ayudarte con los quehaceres del hogar, o con los niños —y no está dispuesto, o no puede económicamente contratar la ayuda doméstica que necesitas— ¿eres capaz de expresar tu total agotamiento de una manera clara y directa?

¿Te es difícil pedir ayuda, porque te sientes culpable y crees inconscientemente que si no haces todas las tareas, eres una inútil?

¿Puedes entender que al servir a tu familia de la manera *marianista* tradicional, los estás malcriando y creando falsas expectativas de su parte que empeoran tu conflicto?

¿Notas que aceptas trabajos adicionales en la oficina porque te sientes culpable, ya que llegas tarde a causa de tus responsabilidades familiares?

¿Te sientes culpable o enojada por ser la única que tiene que tomarse tiempo del trabajo en la oficina a causa de los deberes relacionados con la escuela de los niños?

¿Terminas llevando a los niños a los picnics y fiestas de la escuela, y luego te sientes como una "fracasada" porque no tienes tiempo de hacer lo que debes para ascender en tu carrera?

¿Te sientes resentida, o al menos ambivalente, cuando no puedes asistir a conferencias u otros eventos relacionados con el trabajo, porque tus hijos te necesitan en casa los fines de semana?

¿No tienes tiempo para mantenerte al tanto de las noticias y de la literatura relacionada con tu trabajo? ¿Y te molesta que tu esposo pueda ver la televisión, leer o hacer ejercicios, mientras tú te esfuerzas por preparar la cena, y ayudar a los niños con sus tareas escolares? ¿Estás haciendo cosas que no te gustan pero que de todas formas tienes que hacer? ¿Te sientes obligada a hacerlas porque aunque le has pedido muchas veces a tu familia que te ayude, ellos no te hacen caso? Haz una lista de esas tareas y entonces considera si estás o no, expresando tus necesidades y frustraciones con claridad.

Es muy importante que estudies cómo expresas tus necesidades, porque muchas *marianistas* no saben cómo pedir ayuda: se toman toda la responsabilidad, y entonces culpan a su compañero por no cooperar.

Ahora, antes de empezar a reducir tu estrés, y en consecuencia, a mejorar todos los aspectos de tu multifacética vida, queremos recordarte que en ninguna cultura hay absolutos. No todas las esposas y madres latinas experimentan la misma cantidad de perfeccionismo inspirado por el *marianismo*. Para un número de mujeres de todos los grupos étnicos que quieren una familia, y una carrera, el estrés y los conflictos son inevitables. Sin embargo, dados los rígidos códigos sociales del *marianismo* y del *machismo*, las latinas pueden experimentar más aislamiento por parte de sus parejas —así como de sus colegas—, al tratar de mezclar el hogar y la profesión. Con todo esto en mente, veamos de nuevo brevemente el proceso de socialización, que ya presentamos en el capítulo 3.

Sin Salida

Recordarás que la socialización es lo que nos enseñaron cuando niños, y la manera en que lo hicieron. Y a su vez, es también lo que nosotras enseñamos a nuestros hijos, y la manera en que lo hacemos. Generalmente, la socialización de mujeres y hombres en América Latina opera según convenciones específicas de sexo, claramente definidas. Dicho de otra forma, ello significa que los hombres hacen unas cosas, y las mujeres otras. No hace falta que te digan, por ejemplo, que los varones no tienen por qué ayudar en las tareas de la casa, y que las hembras sí deben hacerlo.

Así que, desde que nace, a la mujer hispana se le inculca la idea de que su primera prioridad es garantizar el bienestar pleno de sus hijos, su esposo, y otros miembros de la familia con los que mantiene estrecho contacto. Dejar de cumplir responsablemente con este papel predeterminado, puede tener un profundo impacto en la sensación que la mujer tiene de su propia capacidad.

Pero poner siempre las necesidades de la familia, primero que las nuestras, no es saludable ni realista, y el conflicto se magnifica, cuando se encuentra con el lado oscuro del *machismo*.

También reconocemos que las necesidades de los niños sí tienen prioridad, pero sólo en ciertos aspectos, y sólo hasta un punto de sus vidas. Por ejemplo no hay razón para tener que cocinarle a tus hijos adolescentes, si ya son suficientemente adultos como para ayudar en la preparación de la comida, en particular si no dispones del tiempo para hacerlo tú sola.

En tercer lugar, hemos observado que muchas latinas quieren cumplir con las tareas de la casa y cuidar de su familia, de una manera similar, o superior, a como lo hicieron su madre y su abuela. Y es en esta competencia inconsciente donde ellas encuentran su sensación de valía personal. Sin embargo, cuando la inmigración y la aculturación entran a formar parte de la ecuación, todo se hace más complicado, y el *marianismo* comienza a revelar su lado oscuro, imponiendo una serie de deberes y obligaciones que, si no se cumplen, nos hacen sentir a muchas de nosotras inútiles y malas.

Como ha observado la sicóloga Lillian Comas-Diaz, la familia, independientemente de su origen étnico, tiene la tarea histórica de preservar sus valores y creencias culturales. Pero, como agrega más adelante, para las familias oriundas del lugar, no existe esa presión exterior que las empuje a cambiar las tradiciones. Mientras los miembros de un grupo latino inmigrante, especialmente las mujeres, generalmente tratan de conservar los viejos valores, al mismo tiempo que intentan adaptarse a los nuevos. Esta es la dualidad que ya hemos descrito en el capítulo 2, extendida a un colectivo.

La mujer hispana en Estados Unidos todavía carga con la responsabilidad de mantener viva la tradición. También tiene que funcionar, con frecuencia, con un apoyo menor del que habría disfrutado en su propio país. Pero independientemente de la cooperación que recibe, o de si es rica o pobre, todas sienten la presión cultural. Como hemos dicho, las presiones aumentan cuando ella trata de incorporar aspectos de dos culturas que en muchos casos son opuestos. Este es el dilema que, si no es comprendido, lleva directamente al sentimiento de inutilidad, y a una disminución de su autoestima.

Como terapeutas, vemos muchos casos de profesionales latinas que quieren ser muy eficientes, y terminan sintiéndose fracasadas por no poder satisfacer las expectativas poco realistas de querer ser iguales o mejores que sus madres.

Ya sea que vengan de una fábrica, oficina o bufete de abogado, todavía creen que tienen que mantener la casa impecable y los niños arregladitos. También creen que tienen que preparar cenas completas y frescas, noche tras noche, no importa cuán cansadas estén.

Cuando las mujeres de otra época se ocupaban del hogar, ya fuera un rancho o una hacienda, contaban con ayuda. De hecho, ocuparse de la casa tenía incluso un componente administrativo, similar al de una corporación. Y cuando las familias se vieron obligadas a emigrar a las ciudades por razones económicas, la división del trabajo no cambió, pero las mujeres se vieron obligadas a trabajar también fuera de la casa. Esto significó que, además de sus trabajos del día, las mujeres tenían que regresar al hogar y cumplir con las funciones tradicionales.

Desafortunadamente, esa tradición de "serlo todo para todos", con la carga de culpabilidad que la acompaña, sigue sirviendo de impulso a muchas mujeres de la cultura hispana hasta nuestros días.

Y si no pueden cumplir con ambos papeles, además de sentirse culpables, llegan a despreciarse a sí mismas por su incapacidad. Y si se convierten en supermujeres y los cumplen, terminan transfiriendo sus imposibles expectativas a sus seres queridos, haciéndoles creer que ese status quo es aceptable. ¿Pero a qué precio?

Cuando eres impulsada por una doble personalidad que trata de vivir simultáneamente en el mundo moderno, y el tradicional, se produce un agotamiento emocional y físico. Pero para una Doña Perfecta, la sobrecarga emocional, incluso el colapso físico, son preferibles a esa vejante culpa *marianista* de no haber cumplido con su papel de eterna guardiana.

La Marianista que Llevas Dentro

La sicóloga Monica McGoldrick y colegas nos dicen en su libro *Ethnicity and Family Therapy* (*Etnicidad y Terapia Familiar*) que existen cada vez más evidencias de que los valores e identificaciones étnicos se retienen durante generaciones y generaciones después de la inmigración.

Eso significa que aunque no tengas conciencia de ello, las tradiciones que tu madre te enseñó todavía pueden regir tus acciones. Es como si llevaras dentro a tu madre, dándote una charla de cómo ser una buena *marianista*. Es cierto que mujeres de otras culturas se identifican facilmente con sus madres, pero como no tienen que luchar contra el *marianismo*, no se convierten de manera natural en mártires del hogar.

Nos viene a la mente Melania, una boliviana de treinta y siete años de edad, compradora de ropa de mujer en una importante tienda por departamentos de Manhattan. Melania está casada con Oscar, un ejecutivo latino, a quien no le importa para nada lo que se pone. Durante años, Melania no sólo escogía el traje que Oscar se ponía cada día, sino que también le lustraba los zapatos y realizaba otras tareas innecesariamente serviles, que ella pensaba eran necesarias para que él saliera arreglado. También se ocupaba de sus dos hijos adolescentes, de pies a cabeza, hasta el extremo de plancharles sus jeans anchos y sus camisetas.

Cuando Melania acudió por primera vez a las sesiones de terapia, no le veía ninguna salida a esas obligaciones. Como ella decía: "Eso es lo que hace a una buena esposa". Desafortunadamente, ser una buena esposa no le ayudaba a aliviar su depresión crónica y su sensación de inutilidad. ¿Y cómo iba a ayudarla? Actuar como una esclava nunca fue una buena receta para aumentar la autoestima. Estaba, además, preocupada porque sus responsabilidades para con su familia limitaban su capacidad de asistir a muestras de diseñadores fuera de la ciudad, lo que a su vez obstaculizaba que recibiera una promoción. Por supuesto, nunca se le ocurrió cuestionarse de quién eran las expectativas que estaba tratando de satisfacer, si las de su familia, o las suyas propias.

Si te sientes como Melania, te estás comportando según tradiciones que ya no tienen cabida. ¿Te sientes tan avergonzada y culpable que mantienes en secreto tus sentimientos? ¿Por qué te avergüenzas cuando sabes que no es posible poder hacerle todo a todo el mundo?

¿Por qué? Porque estas atrapada entre tu propia expectativa cultural y tu sentido de culpabilidad. Y te avergüenzas porque en el fondo sabes que no se puede tratar de ir al trabajo, preparar cenas elaboradas para tu familia y tus amigos, planificar las fiestas de cumpleaños de tus hijos, con piñatas y todo, llevar a toda la cría a la escuela, a las lecciones, a los deportes, y aún sentirte un ser humano. Repetimos, hacerlo todo no es sólo un problema de las latinas, pero muchas de ellas lo soportan con una intensidad única y apasionada.

Una latina en proceso de aculturarse, debe estar consciente de que, en la mayoría de los casos, su madre —no importa cuán cariñosa haya sido— simplemente puede no ser el mejor ejemplo para una mujer que desea tener una familia y una profesión. De la misma manera, las expectativas de su padre en cuanto a lo que debe ser una madre y una esposa, no pueden ser las expectativas de su propio esposo.

Muchas clientes con las que hemos trabajado, hablan de madres que no eran profesionales, pero siguen considerando ser madre y esposa el aspecto más importante de la vida de sus hijas. Y aunque no se opondrían a que éstas adquirieran una educación, ven las funciones domésticas, como el único centro de la vida de ellas. Estas clientes se sienten atrapadas entre el pasado y el presente, entre dos filosofías incompatibles, incluso cuando ante el mundo se muestran altamente competentes.

LA TRAMPA MATERNA

En nuestra práctica encontramos tantas mujeres hispanas que, aunque inteligentes y sensatas, siguen inventando increíbles racionalizaciones para regirse por el *marianismo*, siguiendo el ejemplo de sus madres. Violeta, según resultó, en realidad desalentaba a Jorge a compartir las tareas de la casa, cada vez que decidía que él lo iba a hacer tan mal que acabaría causándole más trabajo. Es cierto que él no envolvía la basura tan bien como ella antes de botarla, pero después de todo ¿quién podía? La verdad es que Violeta pensaba que las tareas eran bien realizadas sólo si estaban a la altura de sus normas perfeccionistas. Esgrimía la misma excusa cuando surgía el tema de la ayuda doméstica, alegando que no era posible que ninguna extraña fuera tan buena ama de casa como ella.

Pero Violeta se engañaba. La verdadera razón por la que no aceptaba ayuda era que arraigado en su subconsciente estaba la creencia de que no sólo tenía que ser buena en todo, sino que sobre sus hombros debía descansar toda la responsabilidad del hogar y la familia. No le pasaba por la mente que el bienestar de los suyos era también responsabilidad de Jorge.

Mediante las sesiones de terapia, Violeta logró ver que nunca se sentía bien consigo misma, aunque tenía sobradas razones para ello. En lugar de satisfacción, todo lo que sentía era culpabilidad, porque en cada área de su vida hogareña, desde criar a los niños hasta cocinar, pensaba que no se comportaba a la altura de sus propias expectativas.

Los problemas de Violeta eran similares a los de muchas mujeres en este libro: querían incorporar la atención maternal que habían recibido, y algunas veces las que hubieran deseado recibir, a sus actuales vidas modernas. Con frecuencia idealizaban las experiencias de su infancia, y comparaban su vida con lo que creían que habían sido las relaciones de sus madres y abuelas con sus padres, u otros miembros de la familia. En muchos casos, estos recuerdos familiares —a menudo inciertos— llegaron a dominar sus vidas.

En nuestras sesiones de terapia con mujeres no latinas, encontramos por supuesto la competencia e identificación con la madre, pero nos parece claro que en el contexto hispano inspirado por el *marianismo*, se añade otra dimensión a esta rivalidad: tratar de sobrepasar a la madre y a la abuela juntas, no sólo en el terreno doméstico, sino también en el profesional. Y una vez que rompes el molde, es casi seguro que tendrás que enfrentar las acusaciones de tu propia madre, y de tus suegros, de que no eres una buena madre.

Lo que no puedes olvidar es que hacer las cosas a la manera de tu madre no conduce a ninguna parte. Llevar una versión de la vida que deseas, mientras todavía practicas el *marianismo* ortodoxo, seguramente te hará sentir como una fracasada, porque simplemente no serás capaz de disponer del tiempo suficiente en el día. A esta confusión se suma el hecho de que en norteamérica, ponerte en último lugar y sacrificar tus propios sueños de carrera, por ocuparte del hogar, te hará sentir aún peor. A pesar —y a causa— de ello, demasiadas latinas realmente se hunden en su propia miseria, algunas veces regodeándose en la culpabilidad por no ser una eficiente ama de casa, esposa, hija y profesional. Esto es el resultado del conflicto entre querer sobrepasar a tu madre, y tener el temor de hacerlo.

Queremos recordarte que el sentido de culpa de las supermujeres como Violeta y Melania crea un caos en su autoestima, porque olvidan que la culpa es hereditaria. Pero sabemos, a partir de nuestra experiencia con clientes como Marta, cuya historia leerás a continuación, que puedes sobrepasar tu sentido de culpabilidad, si de verdad te esfuerzas.

La "Energizer Bunny", Que Sigue... y Sigue...

MARTA, ANTES

Marta, una argentina de treinta y dos años, anfitriona de restaurante, está casada con Antonio, un constructor español, y tiene tres hijos, un trabajo que le exige mucho, y un esposo que gusta de las comidas abundantes acabadas de preparar, como las que su madre le hacía en España. Ella describe sus interminables días, en términos que hacen recordar a "Energizer Bunny", el conejito de los anuncios de las baterías Energizer, que sigue, y sigue, y sigue... sin tener para cuando acabar.

A Marta le gustan las cosas raras y bellas, y disfruta teniéndolas a su alrededor. Están, por ejemplo, las exóticas orquídeas que cultiva en la cerrada terraza de su casa, y la espectacular colección de pájaros tropicales con que se deleitan los niños. Cuidar estas preciosas posesiones es una tarea que ella sólo se confía a sí misma. Así que el día de Marta comienza al amanecer, cuando atiende las orquídeas, limpia la jaula de los pájaros, les cambia el agua y la comida, entonces adoba la carne para la cena, despierta a la familia, prepara el desayuno —una cosa diferente para cada uno— viste a los pequeños, lava la ropa, arregla la casa, se arregla, y se las ingenia para manejar los ocho kilómetros que la separan del restaurante donde trabaja, todo esto antes de las diez de la mañana.

La Paradoja de María

El restaurante, un lugar muy agradable donde los comensales deben ser sentados por la anfitriona, está ubicado cerca de un par de parques industriales, y se llena mucho a la hora del almuerzo. Así que Marta permanece de pie desde el mediodía en que se sirve el primer almuerzo, hasta las tres que el lugar cierra al público. Durante ese tiempo Marta tiene que ser agradable con los clientes y tomar las reservaciones para la cena. Después de las tres, tiene que revisar los recibos, y prepararlo todo para la anfitriona de la noche. Si tiene suerte, y nadie del turno de la noche se ausenta por enfermedad, se puede ir a las cuatro. Entonces recoge a los niños, les da una merienda, llama para preguntar por la salud de su suegra, pone el asado en el horno, lleva a los pequeños de lugar en lugar para actividades y citas. Más tarde los trae de regreso a la casa, comienza a preparar la cena, saluda a Antonio, sirve la comida en la mesa, habla con su mejor amiga, con el teléfono celular pegado al hombro mientras lava los platos y ayuda a los niños con las tareas de la escuela. Después trata de ver televisión con Antonio, pero empieza a quedarse dormida, se despierta, le prepara palomitas de maíz, que a él le gustan con cerveza, posterga el lavado de cabeza, lo que significa que tendrá que levantarse aún más temprano por la mañana, sube las escaleras, se quita el maquillaje, se cepilla los dientes , y cae en la cama. Si tú, al igual que Marta, quieres hacer todo eso, bien. Pero ¿tienes necesidad de hacerlo?

El ajetreo de Marta puede parecer cómico, pero se hace menos divertido cuando se tiene en cuenta que ese corre corre es la fuerza motriz que se esconde detrás de una enorme ira dirigida contra sí misma. "¿Qué me pasa —le pregunta a su terapeuta—. ¡Tengo tanto, pero me siento tan desdichada!". Marta no acaba de entender que está tratando desesperadamente de mantenerse a la altura de las normas impuestas por su madre y abuela, cuyo trabajo a tiempo completo como ama de casa era sólo parte del de Marta. Se niega a contratar a alguien para que le ayude en la casa porque alega que es más fácil hacer las cosas ella misma que perder el tiempo tratando de enseñar a alguien a hacerlas a su manera. Y recuerda, ella hace todo esto sin la ayuda y apoyo que su madre dio por sentado.

Marta pasa horas en sus sesiones de terapia llorando desconsoladamente, abrumada y exhausta, pero no tiene la menor idea de cómo empezar a cambiar las cosas, porque ve los cambios como un fracaso. Te suplicamos que no te conviertas en una Marta. Esa no es la solución. No te servirá sino para agotarte y disminuir aún más tu autoestima.

MARTA, DESPUÉS

La terapeuta de Marta la ayudó a entender que estaba tratando de calmar las inseguridades transmitidas por su super crítica madre siendo más *marianista* que una santa. La terapeuta también la ayudó a entender que estaba transfiriendo sus propias expectativas a su esposo. Marta pensaba que Antonio esperaba una cena espléndida y hecha en casa todas las noches. Y en realidad ese no era el caso, aunque, por supuesto, él sí las disfrutaba. Como ves, la presión no venía de él, sino de ella misma.

Cuando le preguntaron si le pedía ayuda a su esposo directamente, Marta admitió: "No, Antonio tiene que saber lo que me hace falta".

—¿Cómo habría de saberlo —le pregunta la terapeuta—, por telepatía?

Con una sonrisa nerviosa, Marta responde con otra pregunta: "¿Me está usted sugiriendo que debo decirle una y otra vez lo que necesito? ¡Se va a enojar y me va a llamar regañona! Además, ya se lo he dicho antes y no hace nada".

Pronto Marta se dio cuenta que, generalmente, tiene ese tipo de discusiones con su esposo cuando está enojada: el peor estado en el que se pueda iniciar una conversación productiva. Hacer exigencias en estado de ira, realmente hace que seas menos lógica y decidida. El enojo limita tu capacidad de comunicar tus necesidades y deseos de una manera clara y racional. Pedir las cosas que te corresponden, mientras estás en un momento de ofuscación, sólo te enojará más si no las recibes.

Una manera mucho mejor de obtener lo que quieres, es reunir a toda la familia, y decirles —sin histeria— cómo te sientes. No te quedes con nada por dentro. Hazles saber exactamente lo abrumada que estás. Haz que busquen y encuentren la manera de ayudarte, asignándoles tareas y escogiendo a uno de ellos para que monitoree y vea que se cumplan las obligaciones.

Lo maravilloso que esperaba a Marta una vez que aprendió estas lecciones, es que su familia le prestó atención. Al entender que nada hay de malo en tomarse como un ser humano, comenzó a ser una persona más satisfecha. Cuando sacó a relucir el tema de contratar ayuda doméstica, Antonio y los niños se sorprendieron, pero decidieron probar la nueva situación. Marta pidió a los niños que ayudaran en la selección de las aspirantes, y en las entrevistas. Y en definitiva jugaron un importante papel en la elección de la que resultó contratada.

Por otra parte, Marta admitió que era muy improbable que Antonio llegara algún día a convertirse en el Señor Mamá. Eventualmente aceptó que él hiciera lo más que podía, y lo alababa cuando hacía un buen trabajo, en lugar de criticarlo cuando no lo hacía perfecto. Esta fue la sana elección de Marta: ser más realista y flexible.

El secreto de su notable transformación fue dejar atrás el perfeccionismo *marianista*, convenciéndose de que ella merecía la ayuda, el acercamiento, y el apoyo de su familia. Pero antes tuvo que aprender a pedirlo sin amenazar, sin acusar, y sin hacer el papel de víctima.

SER MÁS REALISTA: LA MAGIA DE LAS PRIORIDADES

Reconocemos que nosotras las hispanas tenemos una relación especialmente dinámica con nuestros familiares. No hay dudas que el familismo es una de las grandes fuerzas de nuestra cultura. Ello define la extraordinaria importancia de los lazos íntimos entre nosotros y aquellos que nos son más cercanos. El familismo con frecuencia nos motiva a seguir adelante con nuestras vidas cuando nos sentimos desalentadas. Incluso, las más "liberadas" de entre nosotras, ponemos las necesidades de la familia en los primeros lugares de la lista de nuestros deberes y obligaciones. De manera que lo último que te recomendaríamos es sacrificar las alegrías de la familia por una carrera.

Pero lo que sí te sugerimos es aprender a establecer prioridades y pedir —si es necesario exigir— la participación de tu pareja e hijos en la implementación de los cambios. Hacer lo que te recomendamos es clave para tu "empowerment", o la adquisición de tu poder personal. Resulta sorprendente, pero cuando le hemos preguntado a colegas latinas lo que piensan que podían eliminar de su lista de responsabilidades, invariablemente han dicho: "Nada". Puede que sean profesionales respetadas, pero el *marianismo* sigue impulsándolas a unir los días con las noches sin tomarse un respiro. La diligencia con que la mayoría de ellas hacen todo, es literalmente heroica.

Detente y piensa en las cosas que haces, para ver si puedes identificar algunas de ellas como rezagos del viejo país, que realmente no tienen cabida en nuestra nueva vida. Pregúntate si estás haciendo esas tareas porque son realmente necesarias, o simplemente porque el no hacerlas te hace sentir culpable.

Anota esas conclusiones que atentan contra tu bienestar, entonces reúnete con amigas, y consulta lo que ellas hacen en sus familias. Mira a ver si se pueden enseñar unas a otras como cambiar ciertas facetas de sus vidas que resultan problemáticas.

Reunirse con su amiga Marta le sirvió de gran ayuda a Melania (la compradora de tiendas por departamentos) para que las cosas tomaran un rumbo apropiado. Durante su conversación nocturna, Melania mencionó lo abrumada que se sentía, y comentó como Marta ultimamente parecía mucho más feliz. Y le pidió consejo. Marta le sugirió que se reunieran para cenar en un restaurante (no el de su patrono), donde pudieran hablar a sus anchas. Melania vaciló antes de acceder, porque no sabía cómo iba a hacer para prepararle la comida a su familia. De todas maneras decidió encontrarse con su amiga.

Decirle a los suyos que se iba a reunir con Marta, y que los niños dijeran "¡Qué bien!", y que su esposo Oscar exclamara: "Perfecto, mandaremos a buscar pizza", fue realmente una sorpresa para Melania... Y también el comienzo de una nueva vida.

Con las sesiones de terapia y a través de conversaciones con Marta y otras amigas, por primera vez se dio cuenta que era tan posesiva como su madre. También vio que escogía la ropa de su esposo no tanto porque fuera su deber, sino porque el no sabía combinarlas. Estaba protegiendo a Oscar, y sirviéndole de madre, porque su mamá lo había vestido toda su vida. Entendió que estaba compitiendo no sólo con su propio perfeccionismo, y con su madre, sino también con su suegra. Y ello a pesar de que Oscar le había dicho claramente que nunca le había gustado que su mamá le escogiera la ropa. También comprendió que al esclavizarse, estaba enseñando a sus niños a funcionar como *marianistas* y *machistas*, dogma que era mejor que no conocieran.

Al principio, cuando dejó que Oscar se vistiera solo, él se enojaba, porque ya asociaba el amor de su esposa, con el hecho de que ella le preparara las ropas. Sin embargo se calmó considerablemente cuando Melania le explicó, que le estaba dando una oportunidad para que se ocupara de sí mismo, y que le iba a mostrar su amor de otras maneras: ser más afectuosa y dispuesta a conversar con él. Un día él le pidió su opinión sobre la ropa que había seleccionado, y ella se la dio con mucho gusto, sorprendida porque él estaba comenzando a desarrollar un sentido propio de cómo vestirse.

Melania también le explicó a los niños que había sido siempre una madre sobreprotectora, y que ello no era bueno para su autoestima. Les dijo que de ahora en adelante les mostraría su amor de otras maneras, y no sofocando su independencia. Los niños se sintieron realmente aliviados de poder admitir que en realidad se sentían a veces ahogados por la atención extrema de su madre.

Pero ella sólo pudo comenzar a cambiar, cuando se dio cuenta que estaba utilizando el *marianismo* para mostrarle amor a los que le rodeaban. Si tú estás haciendo lo mismo, tienes que desarrollar nuevos modelos de afecto que te beneficien a ti y a tus seres queridos.

Como le pasó a Marta, Melania se emocionó al descubrir que su familia realmente le prestó atención cuando discutió sus conflictos con ellos. Aún más, pudo comprobar que no se le vino el mundo encima cuando comenzó a satisfacer sus propias necesidades. En realidad, su familia no podía estar más satisfecha, porque con menos cosas que hacer, ya no estaba tan tensa como antes, se mostraba más agradable, y era mucho más divertido compartir con ella. Antes de la terapia, Melania se consideraba una mujer moderna, cuando en realidad estaba actuando a partir de estereotipos tradicionales. Ahora puede regodearse en el júbilo de ser una buena madre, al estilo de los noventa. Y su familia puede disfrutar el orgullo de que, habiendo ascendido a compradora principal, Melania tenga ahora que ir a París a un desfile de modas.

Algo para Todos

El mensaje es sencillo pero profundo: no trates de ser perfecta en todo lo que haces, y no intentes hacerlo todo, para poder sentirte buena.

Sabemos por experiencia profesional y personal que creer verdaderamente en este principio, e incorporarlo a tu manera de pensar, puede no ser fácil, pero no es imposible.

Para comenzar, vuelve al cuestionario sobre perfeccionismo que empieza en la página 197 de este capítulo. Repite de nuevo el ejercicio y trata de ver si puedes resolver algunos de tus choques culturales "hogar-oficina". Cualquiera que sea el resultado, debes tener en cuenta que para resolver el conflicto debes separar tu sentido de capacidad, de la compulsión de hacerlo todo, y sin una falla. Sólo entonces podrás empezar a establecer prioridades y utilizar tu tiempo juiciosamente.

Decimos juiciosamente porque si tratas de llenar con tareas cada segundo de cada día, puedes terminar adicta al trabajo —descontenta, enojada, exhausta— y descubrir que no le agradas a la mayoría de las personas, incluyendo a tu familia y a ti misma.

Hazle caso a tus sentimientos. Si estás en casa una tarde, y tienes ganas de ver la novela de moda, o "General Hospital", hazlo. Hazlo, no importa cuantas cosas tengas por hacer. El programa sólo dura una hora. O deja de asistir a un almuerzo de negocios y vete de compras un día, y cómprate algo que te haga sentir como un millón de dólares.

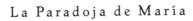

Elabora un programa fijo. Decide que tu día de trabajo, en la oficina o en la casa, termine a una hora determinada. Después de ese momento, date un baño de burbujas, mira la televisión, escucha música, o haz ejercicios. Infórmale a los niños que los ayudarás con las tareas hasta esa hora, porque necesitas tiempo de tranquilidad para ti misma, y así es como único podrás continuar ayudándoles en el futuro.

Si es posible —y a través de la maravilla de los faxes y los modems lo puedes lograr—, trata de trabajar en la casa un día a la semana, especialmente cuando tus hijos son pequeños. También puedes considerar comenzar un pequeño negocio, sola o con amigos, que puedas dirigir desde la casa.

Algunas veces tu empleo te obligará a trabajar horas adicionales. Si es sólo por un tiempo, reúnete con tu familia y crea estrategias que te permitan hacerlo. Si el trabajo adicional no es temporal, trata por todos los medios de limitarlo.

Determina que los domingos te tomarás un descanso para pasar un rato agradable con tu familia, tu compañero, tus amigos, o sola. Te podemos asegurar que tomarte ese tiempo reduce el estrés de manera sustancial, y en consecuencia, eleva tu autoestima.

Declara en este momento que estás comenzando una nueva vida y organizando tus prioridades. Ello significa decidir objetivamente lo que es esencial, y hacerlo primero. Pero recuerda, no intentes hacerlo todo, nadie puede. En algunos momentos es probable que tengas que demorar algo para asegurar que otros asuntos sean atendidos. Quizás tengas que postergar tus sueños de reanudar los estudios de tu carrera, hasta que tus bebés vayan a la escuela. Convéncete que no es cuestión de *nunca*, sino de *despues*.

Mientras estés en casa con los niños, trata de mantenerte actualizada con la literatura en el campo que vas a estudiar. Y cuando regreses a la escuela, y tengas que estudiar para los exámenes, formula estrategias con tu familia, para que sea un esfuerzo conjunto.

Si tu esposo y tus hijos quieren recibir la visita de sus amigos, cuando estés preparando una importante presentación, o tengas que trabajar hasta tarde, aclárales que durante unas semanas no podrás atenderlos. Asegúrales que en cuanto termine este período de trabajo, compensarás esa falta de tiempo.

Por cierto, si los niños son muy jóvenes para captar el abstracto concepto del tiempo, tacha cada día en el calendario para que sepan cuánto tienen que esperar. Esto es también una buena idea, porque es una lección de gratificación retardada, lo cual es esencial para llevar una vida emocionalmente sana.

Ahora, hagámosle una visita a Violeta, Melania y Marta, para ver cómo les va desde que dejaron de ser super mujeres *marianistas* y comenzaron a ser seres humanos saludables.

Ya que tiene una doméstica, Marta reconoce que Juanita vale dos veces su salario. Es maravillosa con los niños, una excelente cocinera, buena con los quehaceres del hogar, muy atenta, y además, es latino-americana y trata que los niños hablen español al menos parte del día, algo que complace mucho a Marta y Antonio. También tiene su propio automóvil y los lleva a sus actividades a horas más variadas de lo que podía hacerlo ella misma. Marta todavía sirve la comida en la mesa, pero cuando llega a casa, Juanita ya ha empezado a prepararla.

De la misma manera, Marta supervisa el desayuno, pero le complace que los niños, que ahora tienen siete, nueve y diez años, puedan tomar su propio cereal con leche, y frutas, y poner el pan en la tostadora. También les ha enseñado a poner el despertador en hora, para que ella pueda levantarse un poco más tarde, y aún así tener tiempo para atender sus pájaros y sus orquídeas.

Juanita llega justo cuando el desayuno ha terminado, y así puede hacer la limpieza y dejar que Marta se vista para ir al trabajo. Ahora que la ascendieron a gerente asistente del restaurante, quiere lucir especialmente bien, y aprecia el tiempo adicional con que cuenta para ocuparse de su apariencia. Sin tener que preocuparse de recoger a los niños después del trabajo, ahora está verdaderamente disfrutando de su nuevo puesto, aunque muchas veces necesita quedarse un par de horas más en la tarde.

Ahora cuando llega a casa, puede quitarse los zapatos y relajarse antes de que Juanita llegue con los niños. Para esa hora, Juanita termina su hora de trabajo, Antonio llega y le da a Marta un abrazo. La cena se ha convertido en una ocasión especial, donde todos hablan de cómo pasaron el día, se ríen y bromean. Marta también ha hecho de la preparación de la comida un acontecimiento familiar, donde todos, incluso Antonio, se sientan en la cocina a ayudar. Los tres niños formaron un equipo para fregar los platos y limpiar la cocina bajo la supervisión de Marta.

Después de la cena, tanto Marta como Antonio, ayudan a los niños con las tareas escolares, entonces los mandan al piso de arriba a ver televisión y prepararse para dormir. Ahora los adultos disponen de tiempo para conversar con calma y ver juntos la televisión. Marta todavía prepara las palomitas de maíz, pero las disfrutan los dos. Con lo que ella no había contado era que, dejar de ser una super mujer, le ha venido de maravillas a su matrimonio. Cuando sus parientes criticaron que hubieran contratado una doméstica, Antonio la defendió firmemente, pidiéndoles que no se inmiscuyeran en sus asuntos. Su esposa —les dijo—, estaba viviendo en el mundo de hoy, y él se lo aplaudía. En cuanto Marta dejó de intentar ser la madre de todos, incluyendo la de Antonio, se dio cuenta que él empezó a verla como una mujer deseable. Una noche, de hecho, cuando estaban viendo la televisión, el la atrajo hacia sí y con un beso le dijo… "¡Eres ahora mucho más bella que cuando nos casamos!".

En cuanto a Melania, dentro de dos días parte de nuevo para su viaje a París, y está preparando un plan para la familia mientras esté ausente. Oscar decidió reajustar su horario de oficina para en esos cinco días poder llevar a los niños a la escuela, y recogerlos. Y está contento de hacerlo. Los niños se preparan su propio desayuno, y compran almuerzo en la escuela. Así que esos días no van a ser un problema.

Melania acordó con su amiga Marta y con sus suegros, que Oscar y los niños vayan a cenar a su casa un día durante la semana, y el sábado o el domingo. Le sugirió a Oscar que lleve a los niños a un juego de béisbol una noche. Estos se quedarán a dormir fuera otra noche, que es cuando Oscar juega cartas con los amigos. Eso deja una noche para que los hombres echen abajo la casa. Ella debe regresar el sábado, así que la persona que limpia, que viene cada dos semanas, vendrá el viernes a limpiar lo que, seguramente, será un gran reguero.

Melania llamará todos los días desde París, para asegurarse de que todo va bien, como hace siempre que se aleja de la casa. De hecho, durante el último viaje llamó y casi se enoja porque Oscar y los niños sonaban como si la estuvieran pasando muy bien. "Oscar —preguntó en una recaída al *marianismo*— ¿No me necesitas?".

"No, Melania —respondió él—. No te necesito, te deseo".

Si vieras a Violeta no podrías imaginar que es víspera de Navidad. No está tensa, ni frenética, ni agotada. ¿Cómo es posible? Bueno, abandonar su *marianismo* de super mujer, y aprender a establecer sus prioridades, le hizo darse cuenta que tenía opciones. Una de las opciones era no tener que ser sentenciada a las Navidades.

Lo primero que hizo fue llamar a Charo, la cuñada con la que tenía más relación, y a quien consideraba como una amiga. "Mira —le dijo—, yo sé que la culpa es mía, pero esto de las Navidades que siempre insisto en hacer yo sola, ya es ridículo. No quiero terminar la cena llorando como lo hice el año pasado. Así es que me preguntaba si podríamos compartir las responsabilidades". "¡Gracias a Dios! —contestó Charo— Nunca pensé que te iba a escuchar decir esas palabras. Claro que podemos compartirlas. ¡Me encantaría!". Decidieron que la cena de Navidad debía rotar todos los años entre ellas y las otras nueras, quienes se mostraron entusiasmadas cuando le presentaron la idea. Además, quien estuviera encargada de la cena, prepararía el plato principal, pero los demás traerían un plato, o postre, según se acordara en la reunión previa. También se acordó que todos los sobrinos irían juntos a la ciudad a ver el espectáculo y el árbol de Navidad, pero la responsabilidad de llevarlos también se rotaría. Claramente, quien estuviera a cargo de la cena no se ocuparía de los niños. Las cuñadas también decidieron ayudarse con los preparativos de último minuto, y pedirle a los esposos e hijos que se ocuparan de la limpieza.

Violeta pensó las cosas mejor, y comenzó a hacer regalos que no requerían de horas y horas de compras, ya sean certificados de regalos, artículos de catálogos, y otros. En lugar de comprar papel para envolver los presentes, se ahorró ese tiempo comprando bellas bolsas de regalos.

También sugirió a los otros miembros de la junta de vecinos, que trataran de organizar las reuniones no tan cerca de las festividades. Demás está decir que todos se alegraron. También dedicó varias horas durante el tiempo de almuerzo buscando el vestido ideal para la fiesta de la oficina de Jorge. Escogió un vestido negro, corto, bien ajustado, y un escote bajo. Buscó el tiempo para arreglarse el pelo el día de las dos fiestas de las oficinas. Todos en su trabajo, y en el de Jorge, parecían verla de una manera diferente y halagadora. Jorge también lo notó, y eso lo hizo sentir orgulloso. Incluso, le pidió que se pusiera el mismo vestido para la fiesta de Navidad, que esta vez se iba a celebrar en casa de Charo: "¡Quiero que la familia vea que mi mujer es la más elegante y sexy de todas!", dijo.

Así que aquí vemos a Violeta en la víspera de Navidad, sonriente, satisfecha, y rodeada de la gente que ella quiere. Y cuando los adultos levantan sus copas para brindar por las festividades, en lugar de romper a llorar, Violeta les desea una Feliz Navidad, de todo corazón.

Tu Nuevo Hogar en el Mundo

El tradicional *marianismo* dice que tu hogar es tu mundo. La cultura norteamericana te dice que, con frecuencia, ese no es el caso, y que la necesidad económica o el deseo de satisfacción personal hacen que tu hogar sea parte del mundo. Es crucial para el bienestar de aquellos a quienes amas (incluyéndote a ti misma) que encuentres una vía entre estas dos opciones y evites una colisión. Te aseguramos que si lo haces, puedes forjar una mezcla feliz de dos culturas excitantes y seguir aprovechando lo mejor de ambas.

Para terminar este capítulo, quisiéramos repetir que el regalo más importante que puedes hacer a tu familia, y a ti, es amarte sin culpabilidad. Amarte significa saber cuando adaptarte, cuando estás alcanzando tu límite, y cuando necesitas pedir ayuda. Si aprendes a hacerlo, sabrás amarte, y armarte con esa nueva definición de amor propio que dice: "Soy la latina que va con orgullo rumbo al "empowerment"... camino al poder personal... O para decirlo de una manera más amorosa:

Alcanzar mis

Metas es una

Opción que me

Renueva

9

"No Discutas
los Problemas Personales
fuera de la Casa"

*Luchar Sola,
o Encontrar Apoyo*

Gloria, una dominicana de treinta y tres años de edad, estaba aterrorizada. Repentinamente todo le daba miedo, aunque no tenía un motivo específico para sentirse así. Al contrario, tenía razones para sentirse segura, incluyendo un atractivo y exitoso esposo, y una hijita adorable. En verdad, el trabajo de él como dentista en la práctica privada y en varias clínicas locales, lo mantenían fuera de la casa durante muchas noches, pero no había dudas que estaba trabajando duro para sostener a su familia y no fiestando con sus amigos.

Aún así, mientras más tiempo estaba Gloria sola con su hija, más se aterrorizaba de que algo horrible le fuera a suceder a la niña, y que todo fuera culpa suya. Como su sentido maternal estaba impulsado por las altas expectativas de las normas del *marianismo*, sentirse competente en ese papel, era para ella un sueño inalcanzable. La madre de Gloria vivía todavía en República Dominicana y la joven tenía pocos parientes en Norteamérica. Ella y su esposo se habían mudado recientemente a Nueva York desde Houston, donde Alejandro había terminado sus estudios para dentista. Por eso aún no tenía muchos amigos. Gloria había trabajado como asistente dental antes de conocer a su esposo y lo había disfrutado. Sin embargo, una vez que nació la niña, acordaron que por un tiempo ella se quedaría en casa y sería una madre a tiempo completo.

Por su parte, Alejandro no tenía idea de que Gloria se estuviera sintiendo tan aterrada e insuficiente como madre. La verdad es que ella era particularmente cuidadosa en no decirle lo que le estaba pasando, porque sabía que una de las cosas por las cuales él más la admiraba era por su autosuficiencia. Naturalmente, la situación empeoró, y Gloria tuvo que sufrir sola, temblando y exhausta, porque no podía dormir. Su temor también la confundía, contribuyendo a sus sentimientos de inutilidad. Cuando llegaba la tarde y se iba la luz del sol, ella entraba en un estado de pánico completo.

Al principio, comer helado la ayudó. Pero poco a poco fue necesitando consumir más y más para sentirse mejor. Y la gordura que adquirió como resultado, terminó aumentando su pánico y su profunda tristeza. Entonces descubrió que un vaso o dos de vino, combinado con unas tabletas de Valium que el doctor le había recetado, la calmaban lo suficiente como para darle alimento a su hija de trece meses y acostarla. No demoró mucho en acostumbrarse a tomar vodka con el Valium.

Todo comenzaba temprano en la tarde. Después que ponía a la niña en la cuna para la siesta, Gloria se tomaba un trago y un Valium para poder continuar con los trabajos de la casa, sin caer en el corrosivo pánico. Y si Alejandro no llegaba hasta tarde, tomaba uno o dos tragos más con el Valium, entre la comida y la hora de dormir. Esta vez para ayudarse a lograr el sueño. "¡Qué milagro —se decía a sí misma— que un poco de vodka y un Valium pudieran hacerla sentir tan relajada y a la vez permitirle funcionar!" No sólo estaba más calmada sino que se sentía en control. Al principio, tenía mucho cuidado cuando la niña estaba despierta, y nunca tomaba alcohol cuando su esposo estaba en la casa, a no ser que ambos tomaran vino en la cena.

Este método de beber en secreto y combinar el alcohol con el Valium persistió por un año. Desafortunadamente, el médico de Gloria la ayudó en una espiral descendente cuando le recetaba más pastillas cada vez que ella se lo pedía, subiendo los milígramos a 10. Como ella parecía haber mejorado el doctor no se molestaba en ahondar en su situación. Gloria escondía exitosamente su adicción tanto del médico como de los demás. Funcionaba como una buena madre y esposa *marianista*, y pensaba que sus terribles ataques de ansiedad y depresión eran cosas del pasado. Pero una tarde, sucedió algo que probaría que Gloria estaba en serios problemas, y que necesitaba ayuda urgentemente.

No tenemos que decir que hay otras mujeres como Gloria en la comunidad hispana, con problemas y necesidad de ayuda, pero que no la obtienen debido al dogma *marianista*. Que tú estés leyendo este libro indica que no eres una de ellas, o que no quieres continuar siéndolo.

En este capítulo vamos a hablar de los pro y los contra de la sicoterapia como un modo de lidiar con los problemas, si es que no se apaciguan aún después de haber probado las sugerencias de este libro. Aquí trataremos sobre los distintos tipos de terapia disponibles, las esperanzas que existen, como seleccionar a un terapeuta y dónde encontrarlo. Finalmente, te mostraremos otras alternativas que existen que no son la terapia, y cómo organizar tu propio sistema de ayuda, dándole un giro a las tradiciones hispanas de una forma nueva y emocionante.

Pero primero, recuerda que no es tu culpa si algunos problemas no desaparecen. A menudo su recurrencia puede no tener nada que ver contigo como persona. Así que no trates de arreglar tus dolorosos conflictos emocionales sola y en secreto, como hizo Gloria. Ten en mente que algunos de ellos tienen que ser resueltos con ayuda profesional. Nosotras hemos tratado a muchas latinas que han intentado serlo todo para todo el mundo, incluyendo el ser su propio médico. Afortunadamente, terminaron buscando ayuda, aunque sólo después de mucho sufrimiento y ansiedad.

¿Cuándo un problema requiere ayuda profesional? Ya que la vida tiende a ser difícil, y nadie es feliz todo el tiempo, vamos a comenzar a contestar esa pregunta explorando el problema de la angustia.

¿Cómo Sé Que Tengo un Problema?

Muchas de nosotras tenemos rasgos en nuestra personalidad que pueden interferir con la forma en que funcionamos en algunos aspectos de nuestra vida. Por ejemplo:

- llegar constantemente tarde a las citas
- decir que sí a las cosas que no puedes, o no deseas hacer: como aceptar una invitación para no aparecerte después
- la necesidad de controlar a la gente que amas
- molestar tanto a otros, que no quieran estar a tu lado
- posponer o fallar constantemente en las obligaciones y responsabilidades

Los problemas surgen cuando esos comportamientos interfieren en nuestra interacción con otras personas. Y así, podemos terminar destruyendo alguna relación íntima que apreciamos, o perdiendo un trabajo que necesitamos de verdad. Estos rasgos pueden convertirse en barreras a nuestros intereses personales, limitando nuestra función diaria, intensificando nuestros sentimientos de tristeza, nerviosismo, depresión y ansiedad.

Cuando eso pasa, necesitas buscar ayuda, ya sea sicológico o espiritual, por parte de profesionales, de amigos o parientes.

Si hay aspectos de tu vida en los que sientes que no estás funcionando tan bien como te gustaría, el siguiente es un ejercicio que te ayudará a precisar puntos en los que tal vez necesites ayuda:

Cierra tus ojos, revisa tu comportamiento durante la última semana y busca situaciones que te fueron desagradables. Ahora toma papel y lápiz y escribe tu reacción en esas situaciones. Por ejemplo, puedes haber tenido una semana muy difícil con la enfermedad de algún familiar y deseaste poder cancelar el compromiso que habías hecho de una cena, pero piensas que no es propio hacerle eso a una amiga.

O que por tercera vez, tu mejor amiga se inmiscuye en lo que ella considera tus malos hábitos, sin tener en cuenta tus sentimientos.

Deseas poder decirle cómo te sientes y que no lo haga más, porque te molesta, pero no te animas a hacerlo.

Clasifica las situaciones de la última semana por categorías, de acuerdo a lo que consideras que es de más urgencia cambiar.

Anota lo que quisieras modificar y pregúntate, si has hecho todo lo posible para ajustarte mejor, aunque no puedes. Recuerda que estamos hablando de sentimientos fuertes y no de "un poco enojada" o "un poco incómoda". Ahora:

- ¿Experimentas un sentido de culpa excesivo, tal vez porque sientes que decirle que no a una amiga es pensar en tí primero?
- ¿Te sientes rechazada? Por ejemplo, ¿pensaste que tu amiga se enojaría si le decías que te molestaba su actitud?
- ¿Tuviste un gran temor de acercarte a otros que podrían ayudarte porque quedarías en deuda con ellos?
- ¿Experimentaste algún sentimiento relacionado con tu nivel de asertividad? ¿Quizás tuviste dificultad en decirle que no a la sugerencia de una amiga de comer comida japonesa, en lugar de italiana como tú preferías?
- ¿Experimentas una timidez paralizante? ¿Tal vez no pudiste ir a una fiesta sola porque sentías miedo de no tener nada qué decir? ¿O tal vez no hablaste en toda la noche a pesar de tener buenas y apropiadas opiniones sobre los asuntos que se discutían?

- ¿Experimentas un miedo abrumador de estar sola? ¿No le dijiste a tu novio lo enojada que estabas con su comportamiento, porque tenías miedo que él se molestara y te dejara?
- ¿Te fue difícil hacer decisiones por tu cuenta en algún asunto importante?
- ¿Experimentas constantemente que otros son mejores que tú, en cualquier cosa que hagas, y por ello te sientes incompetente e inútil?
- ¿Te has sentido tan ansiosa que, como Gloria, la única forma de relajarte era por medio del alcohol y los fármacos?
- ¿Has estado frecuentemente llorosa e irritable, sin alguna razón aparente para sentirte así?

Después de completar tu lista de la semana, haz otra del mes y una tercera del año. Cuando hayas hecho ésto, enumera las cosas con las que has sido infeliz toda tu vida y que realmente quieres cambiar.

Ahora, clasifícalas por orden de importancia, y decide cuáles crees honestamente, que te detienen en áreas importantes de tu vida. Una vez que decidas enfrentar el impacto de estos comportamientos alterados, estarás en una posición más clara para evaluar si tienes o no un problema, o si estás harta de tu situación y quieres que te ayuden con sicoterapia.

Como puedes ver, precisar y definir el problema es un proceso subjetivo. En esta etapa sólo tú puedes saber qué nivel de angustia sientes, y decidir cuánta infelicidad puedes soportar antes de buscar ayuda. Por supuesto, las personas a tu alrededor pueden notar que no eres la misma de antes. Escucha, pues, lo que te dicen. Si sus observaciones se ajustan a lo que has estado sintiendo, eso te ayudará a reconocer que tienes un problema, y comenzar a entender por qué lo tienes.

Los profesionales de la salud mental, que practican la sicoterapia dinámica, y cuyo objetivo es reconocer lo que está pasando en nuestro subconsciente, creen que entender nuestras motivaciones más profundas y trabajar con ese conocimiento, puede facilitar cambios permanentes. Ese es un concepto teoricamente distinto al de los sicoterapeutas del comportamiento, quienes piensan que la forma de actuar de una persona es aprendida. Por lo tanto, ellos intentan cambiar el comportamiento conflictivo, sin que el individuo tenga, necesariamente, que entender las causas del problema.

Nuestro propósito en *La Paradoja de María* es enfatizar la importancia de tus motivaciones subconscientes, particularmente cuando éstas se relacionan con las enseñanzas culturales del *marianismo*. Estamos compartiendo contigo las experiencias de muchas latinas, que se están aculturando y a quienes hemos ayudado con este método. Nuestra esperanza es que entiendas cómo tus creencias *marianistas* pueden haber influenciado en tu comportamiento y, quizás haberte causado una gran aflicción. Armada con ese conocimiento estarás en camino de intentar los cambios que te van a hacer sentir mejor por el resto de tu vida. A continuación, vamos a discutir cuando y por qué es necesario buscar apoyo fuera de la casa.

"Todo Lo Que Necesitas Es un Buen Descanso"

Cuando estás pasando por una crísis, a veces, aún con el más amable y dedicado apoyo de la familia y amistades, el alivio que se siente es sólo pasajero. Y otras veces la implicación emocional de los que te rodean puede ser simplemente abrumadora. De hecho, ellos pueden exagerar en su preocupación obstaculizando la objetividad que necesitas.

Lo opuesto es también verdad: la familia y amistades pueden ser muy críticos cuando no están de acuerdo con lo que haces o dices. Ellos también pueden, inconscientemente, tener un interés marcado en que sigas siendo como eres. Si alguien tiene temor de perderte y necesita que continúes dependiendo de él, puede terminar haciéndotelo todo, en lugar de permitirte que aprendas a hacerlo por tí misma. Aún más importante es que las amistades y familiares, no importa cuánto te quieran, no tienen el entrenamiento profesional. Y aunque lo tuvieran, podrían no ser capaces de mantener la distancia apropiada para juzgar el problema, y por lo tanto causarte un daño, sin intención.

Y recuerda, si estás abierta a la posibilidad de obtener ayuda sico-

lógica, quiere decir que estarás combatiendo parte de la tradición hispana. No olvides que como el *marianismo* dicta que la mujer puede soportar todo tipo de sufrimiento, muchos esperan que siempre te
muestras así de fuerte y autosuficiente. Y como vas a terapia, puedes ser
tomada por loca, débil o delicada. Así que cuando menciones que vas a
buscar ayuda, ve preparada a que te digan frívola, como mínimo. Y es
que hemos visto muchas, muchas latinas hablar de su temor a ser consideradas blanditas o débiles por asistir a terapia.

De igual forma, espera resistencia de otros en una manera más di-
simulada como: "Tú no tienes nada malo. Sólo te sientes indispuesta
hoy". "Ir a terapia es un lujo muy costoso. ¿Qué puede decirte una terapeuta que tú no te puedas decir a tí misma?" o, "Todo lo que necesitas
es un buen descanso. Tómate unas vacaciones". Las implicaciones de
estas sugerencias son todas las mismas: que discutir tus problemas fuera
de la casa no es correcto, o que sólo lo hacen las locas. Y durante discusiones podrían usar en forma degradante el hecho de que vayas a terapia. Por ejemplo: "¡Tú eres la loca! Tú eres la que tienes que ir a un
siquiatra".

Jackelyn, una ecuatoriana de veinte y ocho años de edad, experimentó esa resistencia. Emigró con su familia cuando tenía doce años y
casi inmediatamente comenzó a tener problemas en la escuela. Básica-
mente dejó de hablar por completo en el aula y le diagnosticaron que
padecía de "mutismo selectivo", una condición que afecta a algunos
niños bilingües, entre otros, cuando son confrontados con presiones
que favorecen un idioma sobre el otro. Felizmente, la terapia fue tremendamente exitosa una vez que su familia y maestros comprendieron
el problema.

Luego, ella llegó a desarrollarse como una joven bien adaptada, y
se hizo corredora de bolsa en Wall Street. Se casó con Alvaro, un abogado latinoamericano de casi su misma edad, que la apoyaba, y con
quien tenía una relación excelente. Por razones obvias, Jackelyn tenía
tremendo respeto y confianza en la sicoterapia. Así que cuando a Alvaro le ofrecieron asociarse a una inmensa firma de abogados en Houston, él le preguntó si estaba lista para la relocalización. Jackelyn quiso

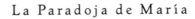

hablar sobre el tema con su antigua terapeuta. Ella sabía que había hecho un buen trabajo en el proceso de aculturación, pero pensaba que aún tenía algunos rasgos *marianistas* como la creencia de que es obligación de la mujer seguir a su esposo a dondequiera, y que tiene que poner las necesidades de él por delante de las de ella.

Una vez que Jackelyn regresó al tratamiento, le dijo a sus padres que había vuelto a terapia para lidiar con sus ideas acerca de la posibilidad de mudarse. Para su sorpresa, ellos le advirtieron que no dijera a nadie que estaba viendo a un terapeuta, especialmente a la familia y a sus suegros. "¿Por qué? —preguntó ella—. ¡Toda la familia sabe que yo estuve bajo tratamiento con esta misma mujer cuando yo era una niña y vieron cuánto me ayudó!". Sus padres replicaron que esa era precisamente la cuestión. "¡Ellos no tenían por qué haberlo sabido antes —insistió la madre. Y no tienen por qué saber que lo necesitas otra vez. Este es un asunto familiar".

No estamos diciendo que el estigma de la terapia no exista en otros grupos étnicos, pero en la cultura hispana el mensaje de que tú no debes compartir secretos íntimos con un extraño es planteado en voz alta y clara. Queremos destacar que es crucial para tí aprender a reconocer las prohibiciones culturales por lo que son, y no tomarlas literalmente. Si tu familia te brinda algún apoyo, que Dios les bendiga. Si están tratando de halagarte para que permanezcas *marianista*, lo mejor es hacerte la sorda. En el próximo capítulo discutiremos algunos métodos para aprender a soportar la ansiedad de los demás debido a tu cambio. Es suficiente decir aquí que para ti, la *nueva marianista*, sufrir sola no es noble ni inteligente.

Queremos ayudarte a deshacer el mito de que si buscas ayuda profesional es porque eres débil. Queremos que reconozcas que hay situaciones que requieren ayuda profesional, por ejemplo, cuando el choque cultural profundiza tus problemas. Es más, tratar de resolver por ti misma las dificultades emocionales crónicas, es como tratar de curar una pierna rota con una aspirina. Nosotras estamos asumiendo que en este momento, ya te das cuenta del poderoso papel que el *marianismo* ha jugado en tu vida, y no permitas que te impida eliminar de tu vida el dolor emocional, clamando por una terapia.

Señales de Aviso

Los problemas presentados a través de este libro, en general, merecieron y fueron resueltos mediante la terapia. Además, hay un número de condiciones emocionales que demandan la intervención inmediata de un profesional competente.

Brevemente las enumeraremos usando pautas presentadas en la cuarta edición del *Manual de Diagnósticos y Estadísticas de Desórdenes Mentales* (DSM IV, *Diagnostic and Statistical Manual of Mental Disorders, Fourth Edition*), el cual es una herramienta primaria de referencia para los proveedores de salud mental. Aunque ambos sexos, hombres y mujeres, sufren todo tipo de tensión emocional, nos concentraremos primordialmente en la depresión y la ansiedad, que son diagnósticos predominantes entre las mujeres.

Depresión Debilitante: Podrías estar teniendo un episodio depresivo importante si te sientes particularmente triste (los niños pequeños y los adolescentes pueden mostrarse irritables). Si has perdido interés en las tareas diarias y otros aspectos de tu vida y no puedes ejecutar casi ninguna de tus actividades acostumbradas por un mínimo de dos semanas. Además, si tienes al menos cuatro de los síntomas siguientes:

1. Cambio en el apetito y/o peso.
2. Cambio en los hábitos de sueño.
3. Cambio en las actividades sicomotoras, como insuficiente energía para caminar, levantarte, llegar a tiempo al trabajo, aún bañarte o vestirte.
4. Dificultades en la concentración y en tomar decisiones.
5. Sentimientos de inutilidad y/o culpabilidad.
6. Pensamientos recurrentes de suicidio o muerte, incluyendo el plantearlo o haberlo intentado.

Los síntomas deben estar presentes casi todos los días durante dos semanas y debes sentirte lo suficientemente mal como para que tu estado de ánimo interfiera con tu trabajo y tu vida personal.

Sin darse cuenta de ello, Gloria estaba teniendo muchos de estos síntomas al igual que una terrible ansiedad. Sin embargo, medicándose a sí misma con sustancias depresivas tales como alcohol y tranquilizantes, en lugar de estimulantes del ánimo como el Prozac (que debe ser administrado por un médico cuidadoso y competente) ella estaba solamente abordando la mitad del problema y de hecho, estaba complicándolo con dosis aumentadas de "calmantes" para mantener alejados el pánico y la pena.

Los estudiosos plantean que la depresión es más común en las mujeres que en los hombres, sean o no hispanos. La sicóloga Glorisa Canino, quien estudió la depresión en los puertorriqueños, dice que los hombres de ese país parecen ser menos vulnerables que las mujeres debido a las diferentes expectativas sociales, y al hecho de que los papeles tradicionales de la mujer, como el ser ama de casa, han sido designados con muy bajo valor social.

Basándonos en un estudio de S. Rosenfield, al principio de los años 80, debemos añadir que las presiones del *marianismo*, incluyendo la necesidad de reprimir el enojo justificable, son un factor que contribuyen a la susceptibilidad de las latinas a deprimirse. De hecho, este autor cree que la frecuencia de la depresión entre las mujeres hispanas es debido posiblemente a que los demás no aceptan ni toleran sus expresiones de enojo.

Finalmente, queremos que estés advertida que además de los síntomas ya descritos, científicos sociales como Melba Vásquez, Glorisa Canino, y otros, dicen que los hispanos pueden estar experimentando depresión cuando se quejan de males somáticos comunes como: dolores de cabeza, temblores, otros tipos de dolores, alergías, problemas de la piel y estomacales. Así que si sientes que eres parte de ese perfil "depresivo", es importante que obtengas ayuda profesional tan pronto como sea posible.

Otros desórdenes serios incluyen los siguientes:

Temores excesivos que pueden culminar en ataques de ansiedad: Gloria es el primer ejemplo que traemos de alguien que sufre un desorden de ansiedad, y depresión. En efecto, sus ataques de ansiedad, cuyos síntomas incluían palpitaciones, sudoraciones, temores excesivos y a menudo irracionales, mareos, naúseas, dolores en el pecho y dificultad para respirar, fueron los que la llevaron al abuso de sustancias.

Respuesta a la tensión post-traumática: Ocurre al despertar de una tragedia personal como la muerte de un ser querido, un serio accidente, una violación, un abuso sexual o físico. Esta condición está caracterizada por un temor intenso, sentimiento de desamparo y horror (muchas veces en una forma tardía) y frecuentemente involucrando abuso de sustancias, en un intento de disminuir la ansiedad y reducir la tristeza.

Abuso crónico y compulsivo en el uso de sustancias: Esto incluye el tomar excesivamente bebidas alcohólicas, el uso de fármacos, sobre alimentación, o rehusar los alimentos por completo, en un estado de anorexia o bulimia. Aquí, otra vez, nos viene a la mente el caso de Gloria. Lo que empezó con un helado, una "comida reconfortante", pronto se convirtió en un vaso de vino, una "sustancia reconfortante", lo cual en poco tiempo se transformó en una necesidad crónica de alcohol y tranquilizantes fuertes. Ella, por supuesto, no sabía que al combinar los sedantes con el alcohol estaba aumentando radicalmente su potencia, y podía ser peligroso.

Otras áreas problemáticas en las que la sicoterapia ha demostrado ser efectiva incluyen:

- Dificultad en confiar y acercarse a otros.
- Disfunción sexual.
- Discordia familiar y marital.
- Habérselas con un hijo con retraso en su desarrollo.
- Habérselas con un familiar anciano que padece la enfermedad de Alzheimer.

Repetimos que aunque la terapia no hace milagros sí dá esperanzas para una vida más feliz y completa a muchas personas. Pero primero ellas tienen que tomar la decisión de obtener ayuda. Y para muchas latinas como Gloria, eso fue muy difícil.

¿Es la Terapia para Mí?

A través de este libro te hemos demostrado que hay pasos a seguir para tratar de resolver tus problemas por ti misma, especialmente aquellos con fuerte componente cultural. También te hemos animado a continuar sacando ventaja de los sistemas de apoyo, que pueden envolver a amigos, familiares o la religión. Por supuesto, queremos que recuerdes que hay situaciones en la vida en las que tú o un ser querido pueden sentirse permanentemente más felices con ayuda profesional sicoterapéutica. Y teniendo en cuenta que todo el mundo se siente de vez en cuando triste, ansioso, enojado e inútil, vamos a comenzar nuestra discusión, de si debes o no buscar ayuda profesional. Y no olvides que si alguno de los sentimientos anteriores persisten por más de unas pocas semanas, y se incrementan intensamente, podrías comenzar a pensar en someterte a tratamiento.

¿Quién Debe Buscar Ayuda Profesional?

Las personas buscan ayuda profesional cuando están confrontando problemas en su diario vivir. Algunas comienzan el tratamiento para sacar más de su existencia, porque sienten curiosidad acerca de los procesos sicoterapéuticos. Otras buscan reafirmar que no están "locas" o simplemente para complacer a otras personas importantes para ellas. Sin embargo, la mayoría de los clientes que vienen a nosotras lo hacen a causa de problemas personales, más a menudo relacionados con el matrimonio, la familia y conflictos con novios o compañeros de trabajo, o por falta de relaciones significativas. No todos los problemas que puedes experimentar requieren intervención profesional. Muchos pueden ser resueltos con la ayuda de tu compañero, tu hermano o hermana, otro familiar o un amigo. A veces todo lo que necesitamos es que esa persona no nos critique ni juzgue, y esté presente cuando la necesitemos.

Hemos observado que mujeres y hombres que han manejado exitosamente una situación personal difícil, dicen haber tenido una sensación de que nada bueno o malo, dura para siempre. La creencia de que las cosas pasarán, la ausencia de sentido de culpa, y un entendimiento de que cosas malas ocurren a cualquier persona buena, parece ser la herramienta más efectiva para sobrepasar las tormentas de la vida.

Cuando la gente no puede ver la luz al final del túnel, cuando su dolor es insoportable y parece interminable, es cuando se necesita la terapia. Si has puesto en práctica los ejercicios de este libro y aunque estés más segura de cuál es el problema y qué lo puede estar causando, pero todavía te sientes desalentada, debes considerar que necesitas ver a un terapeuta.

Pero ¿cómo decides cuál será el mejor para ti? Pregúntate:

- ¿Debo ir a tratamiento individual, o de parejas, familia o terapia de grupo?
- ¿Qué tipo de terapia funcionaría mejor conmigo y cómo saber cuáles son los tipos que existen?
- ¿Debo consultarme con un terapeuta latino/a?
- ¿Dónde encuentro uno?
- ¿Importa el sexo del terapeuta?

Primero vamos a definir la sicoterapia. Esta es un procedimiento que ayuda a los individuos a hacer cambios en el comportamiento que les causa disgustos emocionales a ellos mismos y a otros con quienes se relacionan. La misma definición puede aplicarse a libros de auto-ayuda. Pero hay una diferencia crucial. Cuando te sometes a sicoterapia individual desarrollas una relación especial con un profesional que puede guiarte a ver las opciones de tu vida y que te ayudará a entenderlas. Algunas veces, la necesidad de terapia individual cambia. Por ejemplo, cuando tienes problemas específicos con tu compañero y sientes que vale la pena salvar esa relación, puedes querer buscar terapia de parejas con un consejero experimentado. De igual manera, si tienes dificultad en la crianza de un hijo y ésto afecta a todos en la casa, puedes escoger la terapia familiar. Pero aquí otra vez, es la experiencia y sensibilidad del terapeuta la que puede determinar tu selección final.

¿Cómo Saber Qué Es lo Mejor?

Dicho sea de paso, puede que tus parientes no sean los únicos que ponen en duda la validez de la sicoterapia. Tal vez tú también tienes tus recelos al respecto. Y eso no es nada nuevo. De hecho, hay muchos estudios que reportan resultados no satisfactorios en su uso. Parece que, al menos en parte, esos resultados se deben a la ausencia de algunos de los cuatro componentes básicos que debe tener una relación entre terapeuta y paciente que, según el siquiatra Fuller Torrey son:

1. Un punto de vista global común compartido por el paciente y el terapeuta para que éste pueda entender completamente los valores culturales del cliente.

2. Las cualidades personales del terapeuta, deben incluir amabilidad, compasión y comprensión.

3. Las expectativas del cliente. Como ya dijimos, no se puede esperar milagros de la terapia, porque sólo puede ayudarte a cambiar comportamientos y rasgos que tú quieras variar, a pesar del dolor, riesgo y el temor vinculados. La terapia ayuda a las personas a resolver los problemas emocionales pero no sin el reconocimiento del cliente. Más allá la terapia puede sólo ayudarte a cambiar a ti, no a tus allegados.

4. Una sensación de dominio que surge, lo que quiere decir que el paciente puede hacer los cambios que se esperan y por lo tanto, desarrollar una sensación de bienestar.

Otto y Miriam Ehrenberg, sicólogos y terapeutas, sugieren que no todos los tipos de terapia son beneficiosos para todo el mundo, todo el tiempo. Pero que algunas sicoterapias son beneficiosas para algunas personas, en algunos momentos de su vida. Más importante, Lester Luborsky y sus colegas condujeron un extenso estudio en la Universidad de Pennsylvania, sobre los efectos de la sicoterapia. Concluyeron que el éxito del tratamiento depende de la formación de una alianza positiva con el terapeuta. Por lo tanto, no te aflijas tratando de asirte a todas las cualidades implicadas en las diferentes especializaciones, y entre los varios tipos de terapia. Preocúpate solamente de escoger una aproximación que tenga sentido para ti, y de seleccionar un terapeuta competente y compasivo que sea capaz de ayudarte. Luego, en este capítulo, vamos a darte pautas que debes tener en consideración al escoger un sicoterapeuta.

Ahora vamos a regresar a Gloria, cuya ansiedad sobre el bienestar de su hija pequeña la llevó a ingerir bebidas alcohólicas.

Cuando el Impulso Empuja

Aunque Gloria pudo ocultar a Alejandro su adicción, usando goma de mascar y rociador para el aliento, y nunca tomaba mucho cuando él estaba en casa, su condición estaba empeorando. Una noche que Alejandro estaba trabajando en la clínica dental, y ella se estaba sintiendo particularmente triste a pesar de haberse tomado un trago y dos Valiums, decidió prepararse otro vodka con tónico, y solamente por esta vez, tomar otra pastilla. Después de todo, su hija siempre dormía toda la noche y Alejandro llegaría a casa en un par de horas.

De repente Gloria comenzó a sentirse acalorada y con la cabeza un poco tonta, así que abrió la ventana de su apartamento en el sexto piso del edificio para tomar un poco de aire fresco antes de sentarse frente al televisor.

"Me dormí sin darme cuenta —confesó después a su vecina y amiga, Alicia, una enfermera puertorriqueña—. Y nunca entenderé qué me hizo despertar cuando lo hice. ¡Debe haber sido Dios! Porque de pronto estaba alerta y mis ojos automáticamente volaron a la ventana, y allí estaba mi hermosa niña, que había logrado salir de la cuna y gateando llegó hasta la sala y estaba con medio cuerpo fuera de la ventana!".

Este contacto con la posibilidad de una tragedia confirmó los peores temores de Gloria acerca de ella misma como madre, la trastornó tanto que se lo confió a Alicia, quien por su parte había vencido exitosamente sus propios problemas de alcoholismo y fármacos. Alicia le sugirió que fuera a una reunión de Alcohólicos Anónimos con ella, pero Gloria insistió en que no era una alcohólica, que sólo necesitaba una poquito de vodka para calmarse. Gloria no sabía que su necesidad de sedarse para funcionar era un síntoma de adicción, pero Alicia sí, y la incitó a ver un terapeuta. Entonces fue cuando Gloria de verdad se molestó. "¡Yo no puedo hacer eso! —sollozó. Mi esposo pensará que estoy loca y se divorciará de mi!".

La verdad es que Gloria, que ya estaba disgustada con ella misma, desde el punto de vista *marianista* veía la posibilidad de asistir a terapia como la aceptación de su fracaso. Para su criterio tradicional hispano, si ella no mejoraba por sí misma, simplemente no estaba tratanto lo suficiente. Y si sus habilidades como madre estaban tan perjudicadas que necesitaba ayuda profesional, no estaba preparada para ser la esposa de su marido.

Gloria también creía que los siquiatras tenían sólo que ver con la gente loca y que la mayoría de los terapeutas eran norteamericanos que no entendían a los hispanos. "Además —pensaba—, los problemas personales pertenecían a la casa. Y como sacarlos de allí constituía una traición a las reglas del *familismo*, ver a un terapeuta la haría sentirse indigna.

De cualquier modo vió que quizás no tenía otra alternativa. Podía continuar cayendo más profundamente en la adicción, y la desesperación, o podía buscar ayuda profesional.

El primer paso que dio, fue vencer sus temores acerca del estigma de ir a terapia. En este caso fue afortunada por tener una amiga como

Alicia, quien pudo alejar sus temores contestando a sus preguntas. Muchas personas encuentran un buen terapeuta gracias a la ayuda de otra: una amiga, una compañera de trabajo, un familiar o un pastor. Algunas buscan una lista de proveedores en su Plan de Seguros de Salud. Otras toman referencias en las páginas amarillas sobre organizaciones que entrenan a profesionales de la salud mental, o les dán licencia para asegurarse de que siguen un código específico de ética.

Debes saber que el código de ética de un sicoterapeuta asegura la completa protección al cliente. Eso significa que él mantiene la información que le das estrictamente confidencial, al igual que hace un sacerdote con respecto a la confesión. Por ejemplo, si estás buscando un proveedor de salud mental, por necesidad, a espaldas de tu compañero o padres, él no dirá nada acerca de que tú lo estás viendo, o acerca de lo que le has dicho. Hay dos excepciones a esta regla: si el cliente ha abusado de un menor, y en algunos estados, si el cliente está planeando un asesinato.

Otro aspecto importante del código de ética seguido por todos los terapeutas competentes es que si ellos sienten que el paciente no muestra mejoría después de un período razonable de tiempo, deben referirlo a otro proveedor.

LOS TRES COMPONENTES DE SICOTERAPIA PARA LATINAS

Te hemos dado ya los componentes de la sicoterapia en general. Ahora describiremos los principales para las latinas, que según Melba Vásquez, una sicóloga hispana, incluyen sexo, origen y clase socioeconómica. Vamos a enfatizar la importancia terapéutica de considerar el *marianismo*, ya que este conjunto de creencias parece causar variaciones en el comportamiento y desarrollo de la persona, lo que requiere especial comprensión por parte del terapeuta. Esto se aplica a una latina que se está aculturando, y que está convencida de que quiere alcanzar el punto de vista norteamericano. Ella misma puede engañarse pensando que ya ha descartado las creencias tradicionales hispanas. Sin embargo, los conceptos culturales acerca de la causa y el tratamiento de enfermedades están profundamente enraizados y pueden continuar surgiendo a pesar de que conscientemente se les rechace. Esto es particularmente cierto cuando las hispanas experimentan una crisis personal, y para su sorpresa, las viejas ideas y valores reaparecen de repente.

Este fue el caso de Margarita, de treinta y dos años de edad, quien había sido criada en Vermont por padres argentinos de la clase trabajadora, pero se mudó a Nueva York gracias a una beca, para obtener una Maestría en Economía. Para su horror, a Margarita le diagnosticaron cáncer, pero sus médicos le dijeron que era del tipo no agresivo, el cual era tratable, y tenía un promedio muy alto de disminución permanente. A tiempo la malignidad del tumor fue completamente detenida, pero Margarita desarrolló un serio caso de hipocondría. Virtualmente, cada vez que tenía un simple dolor de cabeza o un catarro corría al médico, y cuando éste le aseguraba que su salud era buena, su ansiedad se aliviaba brevemente, pero entonces se imaginaba que estaba teniendo otros síntomas serios y consultaba a otro médico, quien también le decía que estaba bien. No sólo eran caras estas visitas médicas sino que no estaban aliviando su increíble dolor interno. A la vez, Margarita sentía más y más culpa por dejar a su familia y americanizarse demasiado. Que ella tuviera un novio con el que vivía era prácticamente una desgracia para su abuela, su madre y su padre.

Margarita se preguntaba si su enfermedad había sido un castigo por renunciar a sus raíces hispanas, incluyendo sus prácticas religiosas. Comenzó a sentirse extraña y amenazada en la universidad, en su relación y en su ciudad adoptiva. Cada día pasaba más y más tiempo en su casa, el único lugar donde se sentía a salvo. No demoró mucho para que su depresión, temores mórbidos y sus fobias, comenzaran a cobrárselas en su relación con su novio americano. Pero sólo cuando vio que no podía concentrarse en sus estudios y que estaba perdiendo muchas clases, fue que entendió que no podía continuar así, sin poner en riesgo su futuro.

Finalmente, Margarita pudo ajustar cuentas con ella misma y admitir que sus problemas no eran físicos sino sicológicos. Decidió consultar a un terapeuta. Como razonó que muchas de sus ansiedades estaban relacionadas con su cultura, e involucraban sentimientos de culpabilidad por haber dejado literalmente a su familia, sintió que quería ver a un terapeuta hispano. Y porque muchos de sus problemas estaban ligados a ser latina, decidió que buscaría ayuda de una mujer. Quería una terapeuta que pudiera ayudarla a sentirse cómoda con su identidad cultural y a determinar cuáles de los componentes de sus creencias tradicionales quería mantener y cuáles descartar.

Hasta ahora había decidido dos de los tres componentes de sicoterapia latina: el sexo del terapeuta y el grupo étnico. Ahora tenía que comenzar su búsqueda de la terapeuta a quien ella pudiera pagar y que comprendiera lo que signficaba crecer en una familia donde el dinero era siempre un problema. Habiendo tomado esta decisión basada en consideraciones socio-económicas, Margarita ahora contaba con los tres componentes sicoterapéuticos recomendados por Melba Vásquez para las latinas.

Buscando al Doctor Correcto

Su primer paso después de hacer algunas investigaciones básicas en la biblioteca, fue llamar al número de un conocido hospital local y pedir que la conectaran con el director de la clínica de salud mental para pacientes externos. Entonces pidió que le recomendaran una sicoterapeuta latina. También le dijo al director que quería entrevistar a varias personas antes de hacer su decisión final. Le dieron tres nombres diferentes: una siquíatra, una sicóloga y una trabajadora social.

Primero entrevistó a la siquíatra, la doctora Leticia Gómez, una cubana de 60 años. Margarita sabía por su investigación que para ser siquíatra hay que terminar cuatro años de escuela de medicina, un año de internado, hacerse doctor en medicina y ser licenciado como médico, así como estar certificado por la Junta de Siquiatría. Aunque estaba impresionada por las credenciales de la doctora Gómez, Margarita no se sentía completamente cómoda con ella, pero no sabía si tan temprano en el proceso podía sentirse bien con alguien. Fue honesta con la siquíatra y le dijo que iba a ver a dos terapeutas más y que la llamaría cuando tomara la decisión.

Entonces Margarita hizo una lista de pro y contras acerca de la doctora Gómez. A su favor estaba el factor de que era latina, su entrenamiento era superior y tenía gran dignidad y autoridad. Como era doctora en medicina, también podía prescribir fármacos como el Prozac, si pensaba que eran necesarios. Cuando le preguntó si tenía una especialidad, la doctora Gómez explicó que aunque había tenido muchos pacientes adultos, ella trabajaba mucho con niños y con problemas de crianza (un campo no apropiado particularmente en el caso de Margarita). En su contra también estaba la frialdad de su personalidad, por lo que a Margarita le costaba relajarse: le recordaba su autocrática abuela, quien era la fuente de muchos de sus sentimientos de culpabilidad familiar y cultural. Otros aspectos en contra fueron que la doctora Gómez parecía ser de una clase social muy alta, y que sus honorarios eran excesivos, más de lo que Margarita podía pagar, y de lo que su seguro médico podía cubrir. La doctora entonces le dijo que podía ser vista en la clínica de pacientes externos donde ella trabajaba durante el día y donde había una escala variable de pagos basada en las posibilidades de los pacientes.

Aunque terminara, o no, siendo tratada por la doctora Gómez, Margarita aprendió de esta primera entrevista lo que debía preguntar:

- ¿Dónde hizo su entrenamiento y residencia?
- ¿Tiene usted certificación de la Junta de Siquiatría?
- ¿Tiene usted entrenamiento de un Instituto de Sicoterapia?
- ¿Es usted miembro de un Instituto de Sicoterapia o Sicoanálisis?
- ¿Es usted miembro de la Asociación Siquiátrica Americana? (Esto es importante porque la membresía protege y promueve la adherencia a la ética.)

A continuación, Margarita hizo contacto con la sicóloga de la clínica, una dominicana muy ubicada en la realidad, de unos 40 años de edad, llamada Claudia Márquez. Esta doctora explicó que ella tenía un Ph.D. en lugar de un M.D., lo que quería decir que su orientación era sicológica y no médica. Estaba certificada por la Junta de Sicología Clínica, habiendo pasado el riguroso examen que podía solamente ser tomado después de cinco años de experiencia de graduado como doctor. Margarita descubrió que la doctora Márquez también tenía cuatro años de entrenamiento de Graduado, además de un año de internado en un hospital tratando a pacientes. Cuando la doctora inquirió qué le había hecho venir a terapia, Margarita se sintió más libre para hablar de sus problemas. La doctora no le recordó a su abuela, sino a una de sus tías favoritas.

El problema fue que el seguro médico solamente pagaría parte de los honorarios de la doctora Márquez. Además, su oficina estaba lejos de donde ella vivía e iba a la escuela, y la sicóloga podía verla sólo en horas del día, lo que la obligaría a cambiar mucho su horario de clases. Aún así, la forma entusiasta y la habilidad de la doctora Márquez para hacerla relajar le habían dejado una impresión muy positiva.

Finalmente, Margarita visitó a la trabajadora social, la doctora Elena Martín. Ella pudo ver enseguida que ésta era una buena persona con un corazón compasivo y un espíritu alegre. La doctora Martín, una peruana en sus treinta años, comenzó la entrevista diciéndole que su horario estaba muy lleno porque ella usaba mucho de su tiempo para trabajar en agencias de servicio social, que daba ayuda a los muy pobres. Le explicó a Margarita que para convertirse en una trabajadora social siquiátra ella había obtenido un doctorado en trabajo social, y tenía una certificación de la Junta de Trabajo Social del Departamento de Educación del Estado de Nueva York. (Aunque es posible ser una terapeuta licenciada solamente con una maestría.) Además, se había graduado en un Instituto de Sicoterapia, había hecho un extenso trabajo en sicoanálisis de Jung, pertenecía a asociaciones profesionales, y había estado tratando a pacientes por diez años.

No fue hasta que Margarita comenzó a hablar de sus problemas que se dió cuenta de que el tipo de atención de la doctora Martín era definitivamente "amable pero fuerte". ¡Que no le iba a permitir salirse con la suya! Antes del final de la entrevista, Margarita había recurrido, más de una vez, a la caja de pañuelos de papel que tenía a su lado y había tratado de disculparse por sentirse tan afectada sin sentido. La doctora Martín le aseguró que ella no tenía por qué disculparse porque la terapia era acerca de sentimientos y a veces, a menudo, estos duelen. "Si algo duele —le dijo la doctora Martín— debes responder de una forma apropiada. Después de todo ¡Quién se ríe cuando está adolorido!". En lugar de recordarle a su abuela, como la doctora Gómez, o a su tía favorita como la doctora Márquez, la Martín le recordó a María, una hermana mayor que amable pero firmemente, mantenía a los más jóvenes a raya.

Si Margarita la escogía, la doctora Martín la vería con una reducción de sus honorarios, pero le aclaró que una vez que ella se graduara y obtuviera un trabajo, los honorarios aumentarían. El seguro médico de Margarita aún no cubría el costo total de la terapia pero si ayudaría. El problema de comenzar el tratamiento fue el tan ocupado horario de la doctora. Esta le dijo a Margarita que podría verla una vez por semana pero no siempre a la misma hora o en el mismo lugar, lo que podría causar conflicto con el horario académico de la paciente.

En este punto, es importante añadir que las credenciales por sí solas no hacen a una persona el mejor terapeuta para ti. He aquí algunas preguntas que Margarita se hizo para ayudarse a decidir. Quizás ellas te ayudarán en el momento en que tengas que escoger un profesional con el cual trabajar.

- ¿Cuáles son las habilidades y capacidades que el profesional tiene y que mejor me ayudarán?
- ¿Cuál es la experiencia de la persona y cuán relevante es eso a mis necesidades?
- ¿Preferiría trabajar con un terapeuta hombre o mujer, y por qué?
- ¿Preferiría que fuese hispano o no, y por qué?

Después de escribir tus respuestas y revisarlas, estarás en el camino correcto para encontrar un terapeuta con quien te puedas sentir cómoda.

Tienes Opciones en Terapia

Como Margarita te podría decir, encontrar el correcto tipo de ayuda requiere caminar mucho así como buscar con el alma. Queremos enfatizar que sin importar cuánto hayas pensado acerca de eso, no debes conformarte con la primera terapeuta que veas si no te sientes absolutamente cómoda con ella. Y por favor, no escojas un nombre de la guía telefónica, porque no tendrás idea de quien es. Trata siempre de obtener referencias, así sea a través de una amiga, un hospital o una asociación profesional.

Ahora, como muchas de las zozobras emocionales tienen un fuerte componente interpersonal ¿cómo decides si tu problema sería más efectivo tratarlo con un consejero individual, de grupo, de familia o de niños? Te sorprenderá saber que un famoso estudio realizado por Smith, Glass y Miller en 1980 examinó la efectividad de varias formas de tratamiento y dio como resultado que: "No existe escuela de sicoterapia que tenga un ciento por ciento de eficiencia terapéutica". Entonces lo que sugerimos es buscar recomendaciones entre los terapeutas que entrevistes. No podemos dejar de subrayar que lo realmente importante es sentirse cómodo con quien sea que escojas, lo que significa preguntarte a ti misma:

- ¿Siento que esta persona me entiende?
- ¿Siento que esta persona se preocupa realmente?
- ¿Siento que esta persona es benévola y que no me enjuiciará?
- ¿Siento miedo de esta persona?
- ¿Siento alguna impaciencia en esta persona?

La Decisión de Margarita

Para escoger su terapeuta, Margarita se hizo estas preguntas y decidió que le tenía un poco de miedo a la siquiatra, la Dra. Gómez. No era que no la respetara o pensara que no era buena en su trabajo, pero sintió que sus personalidades, simplemente, no engranaban bien, y que la doctora parecía tan aristocrática que podría no ser capaz de comprender las experiencias de Margarita de haber crecido en la pobreza. Por otro lado, se había llevado fabulosamente bien con la sicóloga, la Dra. Márquez y encontró que le inspiraba confianza y que le era fácil estar con ella. Los problemas estaban en el horario, la localidad de la oficina y sobre todo, los honorarios. Margarita estaba aún pagando cuentas médicas muy altas debido a su enfermedad y pensaba que meterse en un aprieto financiero mayor sólo aumentaría sus ansiedades.

Por último consideró a la trabajadora social, la Dra. Martín. Tuvo que admitir que se sintió lo suficientemente cómoda con ella para haber bajado la guardia y llorado la primera vez que la vio. Firme, pero compasiva, la doctora se dio cuenta de la desesperación de Margarita y el deseo de curarse emocionalmente, pero no le ocultó el dolor que podía envolver el cambio. Eso impresionó a Margarita, al igual que su creencia instintiva de que la terapeuta estaría allí para apoyarla a través de lo peor. A Margarita le gustó el hecho de que la doctora trabajara con gente pobre y se lamentó de no poder ser tratada en una de las clínicas para pacientes externos en las que la doctora Martín trabajaba, porque la lista de espera era larga. Aún así sentía que ésta podía entender lo que pasan los pobres. Ahora lo único que quedaba por arreglar eran los horarios.

Después llamó a las doctoras Gómez y Márquez para informarles que había disfrutado hablar con ellas, pero había decidido trabajar con otra terapeuta. Entonces Margarita contactó a la doctora Martín y le dijo que quería que la tratara. Por supuesto, le expresó su preocupación por el problema de los horarios. La trabajadora social replicó que ella creía que el problema del horario sólo sería difícil los tres primeros meses. Hasta entonces, estaba segura de que podrían hacer algo para arreglarlo. De hecho, la primera cita de Margarita fue a las 7 de la mañana, un tributo a la dedicación de ambas. Afortunadamente, se llevó a cabo en un lugar cercano a la Universidad de Nueva York donde Margarita estudiaba. Mirando atrás, años más tarde, ella juzgaría su decisión por la doctora Martín como "la mejor decisión que hice".

EL FINAL FELIZ DE GLORIA

¿Recuerdas que cuando primero conocimos a Gloria, la joven madre en pánico, ella no sabía que tenía un problema? Cuando la volvimos a ver, pudo admitir que necesitaba ayuda pero que era muy *marianista* para obtenerla. Por supuesto, con el apoyo de su amiga Alicia, y la aprobación total de su esposo, quien ya estaba advertido de sus ataques de pánico, comenzó la terapia con una sicóloga latina. ¿Quién hubiera pensado que esta joven, que estaba totalmente resistida a buscar ayuda terminaría diciéndole a su terapeuta "¡Estoy tan feliz de haberte escogido!".

Antes conociste a la terapeuta de Gloria, la doctora Márquez, la sicólogo-clínica a quien Margarita vio y le gustó. A Gloria también le entusiasmó la personalidad cálida de la doctora, su realismo y familiaridad con los problemas asociados al proceso de aculturación. Gloria pudo ser franca acerca de sus temores y depresiones, que culminaron en el episodio que la había convencido de que necesitaba ayuda. Como Gloria estaba cubierta completamente por el seguro médico de su esposo Alejandro, los honorarios no representaban un problema para ella.

Por cierto, no estaba preparada para lo que la doctora le dijo a continuación: aunque estaba más que deseosa de trabajar con ella, quería que hablara con la doctora Leticia Gómez primero. Explicó que la doctora Gómez además de siquíatra, era doctora en medicina y podía no sólo prescribirle medicamentos antidepresivos sino también monitorear cómo reaccionaba a ellos en ambos niveles: el médico y el sicológico. La doctora Márquez sugirió que ese tipo de medicina podía ayudar a Gloria a hacerle frente a sus ansiedades y así disminuir su necesidad de medicarse ella misma con alcohol y tranquilizantes. También la doctora Gómez era una experta en tratar con problemas de crianza, asuntos que eran claves en la situación de Gloria. Aunque la doctora Márquez no dijo mucho acerca de la personalidad de Gómez, le dijo a Gloria que se llevaría muy bien con ella. Lo que la terapeuta estaba pensando era que, como ella creía que parte del problema de Gloria era que extrañaba a su madre y su abuela, una terapeuta de la edad y autoridad de Gómez, podía proveerle el tan necesitado apoyo.

La doctora Márquez había estado en lo cierto. Una vez que la siquíatra comenzó a recetarle medicamentos antidepresivos junto con la terapia, Gloria indudablemente fue capaz de pasarla sin el alcohol y las pastillas. También la mujer mayor pudo evaluar la calidad de los cuidados de Gloria en la nutrición de su hija. Pudo reafirmarle que su profundo sentimiento de soledad estaba justificado en situaciones como un día que trató de hacer amistad con otras madres en el parque y se sintió rechazada por ellas. Después de todo, su inglés no era tan bueno como el de las otras y cuando pronunciaba mal una palabra era lógico sentirse apenada. También destacó que era natural para otras madres, que no fueran latinas, extrañarse al ver el pequeño pendiente de alcanfor que su bebé usaba en su cuello. La abuela de Gloria se lo había mandado para proteger a su bisnieta de resfriados, una práctica común en la sección de la República Dominicana de donde Gloria provenía. En norteamérica eso parecía extraño, aunque no reflejaba lo que Gloria valía como ser humano. Era, sin embargo, una indicación del duro trabajo y la valentía que el proceso de la aculturación demandaba.

Solamente cuando Gloria aceptó el hecho de que muchos de sus problemas personales eran causados por el choque cultural, y que había desplazado esa incertidumbre en sus habilidades como madre, fue que pudo dejar de culparse por todo. Que ella confiara en la sabiduría y experiencia de la terapeuta y que sintiera que cuando hablaba estaba siendo verdaderamente escuchada, fue la clave de su curación. Como se sentía segura, podía escuchar su voz interior y determinar los aspectos valiosos de su cultura y sentir orgullo de su identidad.

En el curso de la terapia, Gloria hizo tres decisiones importantes, con la ayuda de la doctora Gómez. La primera fue mejorar su inglés en la escuela. Entonces decidió obtener un trabajo que la mantuviera fuera de la casa y así detener la obsesión con su hija. Cuando estuvo lista regresó a trabajar como asistente dental en una de las clínicas donde Alejandro ejercía. Esto significó no sólo que tenían la oportunidad de trabajar juntos, sino también que la niña podía ser puesta en el centro de cuidados infantiles de la clínica, para que la madre y la hija pudieran verse durante el día. Ser una empleada la llevó hacia otros cambios positivos. Por un lado, estaba conociendo nuevas personas. Por otro, la entrada económica adicional pagaba el cuidado de la niña y le hacía posible a Alejandro reducir un poco su tiempo de trabajo y pasar más noches con su familia. La tercera cosa que Gloria hizo a sugerencia de la doctora Gómez, fue incorporarse a una tertulia.

La Tertulia: Apoyándose Unas a Otras

¿Recuerdan a María, la esposa maltratada del capítulo 7, que recibió un apoyo maravilloso de un grupo de latinas con quienes regularmente se reunía? ¿Y Alicia, la afligida viuda del capítulo 6, que fue invitada por la doctora Elena Martín (la misma que terminó siendo la terapeuta de Margarita) a un grupo de mujeres hispanas que se reunían para discutir asuntos de opiniones y curaciones? Ambas mujeres se estaban beneficiando de las muchas recompensas ofrecidas por la *tertulia*.

La palabra *tertulia* es definida por el *Diccionario Manual de la Lengua Española* como "un grupo de personas que acostumbran reunirse para conversar y divertirse". Esa definición nosotros le añadiríamos la frase "y para apoyarse unas a otras". Más y más latinas, tanto en Estados Unidos como en América Latina, están formando estas asociaciones de mujeres que tienen un problema o interés común. Estas se reunen regularmente para ir a comer, al teatro, al museo, o a caminar. Como el componente más importante de una *tertulia* es la compatibilidad, cualquier nuevo miembro debe ser aceptado por todo el grupo.

Vamos a pretender que Gloria no se unió a una *tertulia* existente y que prefirió comenzar una ella misma. Como habíamos dicho, todos los miembros, deben tener algo en común, debe haber un patrón de similitud en un número de asuntos: edad, grupo étnico, género, nivel de educación, ocupación, estado marital, maternidad, intereses (leer, bailar, cocinar, tejer, jardinería, tennis, caminar, ciclismo u otros deportes, ver novelas, discutir literatura, viajes o religión, etc.). Cada mujer debe decidir si tiene suficientes cosas en común para estar en la *tertulia*.

Para comenzar su grupo, Gloria podría preguntar por ahí y aún poner un anuncio en la tablilla de la clínica donde trabajaba, o buscar a través del Internet. Podría también buscar en la lista de teléfonos de la clínica, chequear algunos nombres hispanos en esa clínica y en la otra donde Alejandro trabajaba y dejar un mensaje en el correo electrónico de la persona. A ella le había gustado siempre leer pero nunca había tenido la concentración o energía cuando estaba sufriendo con su depresión. Ahora que estaba mejorando había comenzado a leer otra vez. Ese era un interés que quería compartir, y ya que no estaba encerrada en su casa todo el tiempo, también se dio cuenta que le gustaba cocinar, especialmente hornear. Y disfrutaba ir a los restaurantes no sólo como entretenimiento, sino porque los platos que ordenaba le daban ideas que podía adaptar a su propia cocina. Los alimentos serían también un asunto que le gustaría tratar en una actividad de grupo.

Quería también mencionar la idea a su amiga Alicia, ya que eran buenas amigas y tenían algo en común, y pedirle que le hablara a otras amigas para saber si alguna estaba interesada en unirse al grupo.

Realmente, Gloria fue recomendada a una tertulia específica por la doctora Gómez, quien la conocía bien, y no tuvo que ir a través del proceso descrito arriba, pero así es cómo tú podrías hacerlo.

La tertulia a la que Gloria se unió incluía ocho latinas de más o menos la misma edad, algunas casadas, otras solteras, pero todas profesionales que estaban resolviendo sus problemas personales. Pudiendo hablar acerca de sus aventuras, algunas veces dolorosas y otras alegres, relacionadas con el manejo de los dos mundos, todas podían sentirse apoyadas y capaces de ser una fuente confiable de cooperación. Una vez al mes, los sábados por la noche, Gloria se animaba a salir y dejar a Alejandro al cuidado de la bebé para ir a un buen restaurante con sus comadres, o como dirían los norteamericanos, sus hermanas, y tener una verdadera fiesta.

Una de las otras mujeres en el grupo se convirtió en su amiga personal, porque compartían el amor a la lectura, hacer ejercicios y el teatro. Esa mujer era Margarita, quien había sido referida al grupo por su terapeuta la doctora Martín. ¡Aún estaba en perfecta salud, cinco años después de su tratamiento de cáncer! Ella era ahora asistente del profesor de economía de la Universidad de Nueva York, se había peleado con su novio un año antes y estaba a punto de comprometerse con un banquero argentino-americano que había conocido en la Universidad.

Queremos recordarte que una *tertulia* no es una sesión de sicoterapia. Aún cuando discutas cosas como la carrera y las dificultades maritales con tus comadres, lo estás haciendo de una manera informal con buenas y leales amigas con cuyo apoyo puedes contar en los momentos difíciles.

De todas maneras, es agradable tener un asunto de qué tratar en tus reuniones y quizás quieras usar este libro como una fuente de ideas para los asuntos que afectan a otras latinas y a ti en la *tertulia*. Tal vez quieras usar los exámenes como base de comparación o enfoque.

Recuerda que a veces tus reuniones van a ser solamente para pasar un buen rato y otras una de las comadres se va a sentir mal y esas emociones que lo provocaron van a tener que ser tratadas por el grupo. Aunque ésto es una asociación de apoyo y diversión también sirve un propósito sicológico y social más serio y por lo tanto debe ser gobernado por reglas y regulaciones.

Entre las reglas que deben ser establecidas en una *tertulia* está la de determinar qué hacer si se desarrolla una incompatibilidad, que amenace la estabilidad del grupo. Un miembro insultando a otro, siendo rudo, rebajando a alguien, o poniendo presión en alguien como Gloria para que se tome una piña colada (sabiendo que ésta no puede beber), son tipos de actitudes que no se pueden permitir. De otra forma, las reuniones correrían el riesgo de convertirse en debates hostiles en lugar de compartir alegremente. Claro, la voluntad de la mayoría debe prevalecer y si fuera necesario el miembro ofensor podría ser expulsado. Desde el comienzo debe aclararse que la crítica fuerte y el comportamiento de juez no tienen lugar en la *tertulia*, simplemente porque no es un grupo de terapia y no hay una persona que sirva de mediador o moderador. Aquí otra vez, en la tertulia, hay una tendencia a tratar cosas a la ligera para que todas se sientan cómodas y libres para compartir.

Por supuesto, es posible, que a través de las sesiones de tertulia tú te des cuenta por primera vez, de asuntos que te afectan personalmente. Cuando ésto sucede puedes querer traer el problema a terapia si estás en tratamiento, o si has hecho una amiga especial en la tertulia lo podrías discutir con ella. En este aspecto, Gloria fue muy útil a Margarita ayudándole a planear los eventos con relativamente baja tensión para cuando su familia y la del futuro esposo se conocieran por primera vez. Esta fue una ocasión en la que fue muy útil para el grupo incluir a mujeres casadas y solteras, porque las esposas podían servir como entrenadoras para las mujeres que se fueran a casar.

Tocante a ese tema, las comadres disfrutaron cuando su amiga Rosario describió el desastre cultural que ocurrió la primera vez que ella le presentó su novio norteamericano (ahora su esposo) a su muy tradicional familia dominicana ¡todo el inmenso grupo! Cuando todas terminaron de reirse, Rosario dijo: "¡Yo estaba tan mortificada! ¡Si me hubieran sugerido que algún día haría un chiste sobre eso hubiera dicho que ellos tenían que ir a ver a un siquíatra!".

Creemos, que para que las tertulias sean completamente efectivas, deben reunirse al menos una vez al mes, y preferiblemente en fin de semana, cuando hay un poco más de tiempo libre.

Lidiar con dos sistemas culturales, a veces chocantes, puede ser una experiencia muy solitaria y mientras la atraviesas, el contacto regular y el apoyo de tus buenas amigas, puede realmente hacer maravillas en apoyar tu autoestima. Y no sólo vas a divertirte con gente cuya compañía disfrutas, también estarás manteniendo activamente las tradiciones hispanas que nunca quisiste eliminar de tu grupo de creencias.

Otro miembro de la tertulia, Jackelyn, quien había regresado a terapia a causa de su incertidumbre sobre la relocalización a Texas, pudo explicar cómo, ayudada por su antigua terapeuta, y con el apoyo de su esposo Alvaro, pudo enfrentar las objeciones tradicionales de sus padres a la terapia, y ser franca con Alvaro acerca de su indisposición de comenzar otra vez en un lugar nuevo. El entendió y declinó la oferta de trabajo. El no le guardó rencor, y predijo que ofertas de trabajo igualmente buenas llegarían para ambos en el futuro, más cerca de casa. Ellos se mantuvieron bien y pensaban tener un hijo. El hecho de que hubieran trascendido un aspecto del *marianismo y machismo* juntos los había unido más y guiado hacia un nuevo y reconfortante sentido de *familismo*.

¡El Apoyo Salva!

Queremos dejarte con el pensamiento de que la única forma de atravesar sola el proceso de cambio es manteniendo una comunicación con la terapeuta. Si decides asistir a terapia y a una *tertulia*, estarás enriqueciendo radicalmente tu vida. No demorarás mucho en ver que es mucho menos agonizante resolver tus problemas cuando tienes apoyo. Además, divertirse es un componente requerido para la buena salud mental. Y en la *tertulia* puedes reforzar la tradición hispana del familismo haciendo a tus amigas parte de tu familia extendida.

Lo más importante es el acto de buscar ayuda. No importa que escojas sicoterapia, una tertulia, uno de los muchos programas para personas con problemas específicos, o los servicios de consejeros religiosos, o una combinación de métodos. Lo crucial es que no estés sola.

Y recuerda, cada vez que pones fe en un proceso de curación, estás posibilitando tu propia habilidad de sanar y ese es el primer paso de la jornada hacia tu "empowerment", hacia tu fortalecimiento personal.

10

"No Cambies"

Ir contra la Corriente,
o Navegar con Ella

Cambio, cambiar, como ya sabes, no es fácil, y no sucede del día a la noche. Es un tortuoso proceso que ocurre en etapas paulatinas, tanto si el área focal de tu transformación es tu cuerpo, tu mente, o tu espíritu. Lo que se tiene que mantener presente es que, aunque estés lista para la tranformación, también tienes que anticipar que el equilibrio de tus relaciones puede verse trastornado. Después de todo, ninguna evolución sucede en el vacío, y raramente ocurre en el aislamiento social. Esto significa que al prepararte para el cambio tienes que tener en cuenta no sólo tu persona, sino también a los que te rodean, y cuál podría ser su reacción a la "nueva tú".

En este capítulo discutiremos varios aspectos del cambio, relacionado al *marianismo*, la inmigración y la aculturación; y cómo realizar una transición lo más suave posible hacia un compromiso cultural. Vamos a usar a las mujeres García del capítulo 6, como un paradigma. Ellas son cinco latinas en diferentes etapas del proceso de integración a la cultura americana, con diferentes grados de adherencia al *marianismo*, y distintos niveles de autoestima. Revisemos sus posiciones:

- La señora García: Una *marianista*, completamente sumisa a la voluntad de su esposo y su suegra, era acusada por ellos de ser *una mala madre*, por criar a tan rebelde hija, al menos en parte debido a que trabajaba fuera de casa.
- María: Una ingeniosa quinceañera que quiere conducirse como sus compañeros de estudio, y enfrenta negativamente las tradicionales restricciones hispanas en su casa, lo que hace que llegue a pensar, incluso, en separarse de su familia entera.
- La abuela: La madre del señor García, trata de mantener la tradición apoyándose y alentando la rigidez de su hijo.
- Tía Fila: La tía soltera de cuarenta y ocho años, que entiende el dilema de María de tener que vivir en dos culturas al mismo tiempo, pero a quien —como solterona— no se le toma muy en serio.
- Blanca: La hija mayor de los García, quien nunca había desobedecido abiertamente a su padre y abuela, ganando así el completo desdén de su hermana más joven.

Esperamos que las historias de estas mujeres te ayuden a prepararte para el ocasionalmente doloroso, pero igualmente excitante viaje hacia el descubrimiento de "la nueva *marianista*" en ti.

LA NUEVA MARIANISTA

Revisemos a las García en este contexto. María quiso cambiar, y eso está bien. Pero ella quiso cambiarlo todo de raíz, incluyendo el hecho de que su familia emigrara de Cuba. Hubiera querido haber nacido en una familia americana de pura cepa, cuyos miembros no se pusieran histéricos por todo. Y por muy lamentable que sea, pasa que uno no puede escoger a sus padres. Así que todo el mundo, incluyendo a María, tiene que aprender a aceptar **lo que no puede ser cambiado**. Lo que sí puedes hacer, sin embargo, es variar tu actitud acerca de las cosas que no se pueden reformar. Y esto, además de ser ya un avance, es en sí mismo un cambio.

Para hacerlo, es crucial que fijes metas que estén enfocadas, que sean realistas, y sobre todo, que sean posibles...

"Enfocadas, realistas y posibles... —reflexionó María durante una de las sesiones de terapia—. ¿Pero cómo?".

Se le ayudó entonces a considerar sus abrumadores problemas más objetiva y racionalmente, especificando sus metas de cambio.

"¿Saben lo que realmente yo quisiera? —dijo María después de pensar en todo eso—. Yo sólo quiero que mi familia sea como... ¡más americana conmigo!".

¿Es ese deseo de María posible? La terapeuta pensó que sí. Pero observó también que la joven estaba echando el agobio del cambio sobre su familia, sin comprender que iba a tener que hacer algunas variaciones en ella misma. Ese era su punto débil, porque María estaba rehusando admitir que habían valores positivos en su herencia cubana, y al negar esos aspectos, contribuía a su infelicidad. Estaba incorporando a su vida la actitud discriminatoria de algunos norteamericanos hacia los hispanos, y sintiendo vergüenza de ser latina. Lo que ella necesitaba hacer, entonces, era identificar sus metas de cambio, y reconciliar estos dos aspectos chocantes de su vida. Tenía que llegar a un compromiso con ella misma, con su familia, con su mundo, y admitir que había maravillosas creencias y tradiciones tanto en la sociedad hispana, como en la norteamericana. Sólo así podía convertirse en una nueva *marianista*, biculturalmente fluente, y orgullosa de ambas herencias.

Ahora que te hemos dado los parámetros para el cambio, siéntate con un lápiz y un papel, y responde las siguientes preguntas tan honestamente como te sea posible:

- ¿Qué acontecimientos están pasando en tu vida, que te hacen sentir que no puedes seguir adelante con las cosas, como hasta ahora?

- ¿Qué cosas quieres cambiar específicamente? ¿Es un modo de pensar? ¿Una conducta? ¿Una actitud? ¿Una creencia? ¿Es un conjunto de sentimientos dolorosos? ¿O la manera que interactúas con otros?

- ¿Por qué quieres cambiar?

- ¿Cuáles son las tradiciones hispanas que quisieras descartar de tu conjunto de creencias?

- ¿Has considerado con precisión por qué quieres eliminarlas?

- ¿De cuáles tradiciones estás orgullosa y quisieras mantener?

- ¿Cuán doloroso imaginas que será el cambio?

- ¿Crees que el cambio será excitante?

- ¿Cómo imaginas que los demás reaccionarán al cambio?

- ¿Crees que alguna parte de ti se resistirá al cambio, aún cuando de verdad quieras hacerlo?

- ¿Crees que alguien significativo en tu vida se resistirá al cambio?

- ¿Cómo puedes hacer el cambio de manera permanente?

- ¿Qué necesitas cambiar más urgentemente en tu vida, porque te está causando mucho dolor?

HERIDA: EL PRIMER PASO DEL VIAJE HACIA EL CAMBIO

A menudo, la transformación comienza cuando reconoces que te sientes afligida e infeliz, que estás herida. El consejero de la escuela, que refirió a la familia de María a terapia, sintió el dolor de la adolescente y la hizo darse cuenta de que algo andaba mal, cuando estaba actuando tan rudamente, con rencor y resentimiento, y sus notas excelentes comenzaron a fallar. Con la ayuda de un profesional que sabía qué preguntas hacer, María admitió que estaba lastimada.

El dolor producido por un desequilibrio de la mente, cuerpo o espíritu es una señal de que las necesidades personales deben ser reajustadas. En realidad, el mal humor e incapacidad de concentración de María en los estudios, eran señales de peligro llamando la atención hacia su dolor. Si no lo hubiera expresado, nunca se habría embarcado en el viaje hacia la transformación. Y es que la mayoría de las personas no cambiamos cuando nos sentimos bien. Solamente un dolor intenso nos empuja al punto en que estamos dispuestos a confrontar el riesgo y los temores arraigados que nos mantienen cautivos.

Hacerte preguntas, como hizo el consejero de María, es un mecanismo útil que te puede ayudar a definir la necesidad de calmar la pena y dejar atrás el dolor. Pero es importante distinguir entre la auto-examinación y la lástima. Por ejemplo, a María no le estaba ayudando nada preguntarse: "¿Por qué yo? ¿Por qué tuve que nacer en una familia cubana? ¿Por qué mi madre nunca se pone de mi lado, en contra de mi padre? ¿Por qué no puedo cambiarme el nombre a Meaghan?" Esas preguntas no la estaban llevando a ninguna parte, excepto a la confusión.

Cuando el consejero programó una reunión con los padres de María, fue para asegurarse de si ellos estaban viendo las señales de peligro emitidas por su hija, y pedirles que dieran su versión de por qué aquella infelicidad de la jovencita. El señor García había percibido la rebeldía de su hija de una forma totalmente egoísta y en lugar de dolor, él vio un desafío a su autoridad. La señora García, sin embargo, había notado que algo andaba mal con María, y que estaba sufriendo.

Que la madre y el padre tuvieran visiones tan radicalmente divergentes, en cuanto al comportamiento de su hija, llevó al consejero a sugerir que vieran a un terapeuta familiar, tal vez un hispano, que conociera la idiosincracia cultural de la familia. No debe sorprender que aunque María y su madre deseaban ver a un terapeuta, el señor García tenía grandes reservas acerca de todo el proceso. Pero de todas formas accedió, porque el consejero explicó que la escuela esperaba que los padres trabajaran con los hijos en las cosas que los afectaban en el desenvolvimiento académico. Y cuando se le dio a entender que si no lo hacía podía ser visto como un mal padre, y por consecuencia menos que *un macho*, el señor García se ablandó.

El comportamiento inicial del señor García es un buen ejemplo de la resistencia a cambiar que tú y otras latinas pueden encontrar en sus seres queridos, así que debes anticipar el problema, y desarrollar estrategias para neutralizarlo. Con el señor García, el consejero usó una técnica llamada "reenmarcar", que quiere decir replantear las causas del conflicto y enmarcarlas dentro de un contexto positivo de innegable valor. Con García la técnica fue usar sus temores de aparecer como *un macho* inadecuado y convertirlos en la expectativa de que un padre hispano haría todo lo posible para que su familia tenga éxito.

Tú pudieras estar en una situación similar si el hombre de tu vida no puede aceptar que quieras arriesgarte al cambio para poder detener el dolor. Si este es el caso, trata de reenmarcar su actitud en un nuevo marco cultural positivo que sea aceptable para él. Confrontarte a ti misma puede ser suficientemente doloroso, como para que tengas que afrontar también que tus seres queridos rehusen reconocer tu dolor. Sólo recuerda que al otro lado de ese dolor, hay descanso y esperanza de una vida más feliz, y que hay personas que te ayudarán a vencer el miedo, la frustración, la confusión, la duda, la tristeza, la ira, y también te apoyarán para que eleves tu autoestima.

Pérdidas y Cambios

El consejero de la escuela inició a María en el camino correcto para la tranformación, haciendo que identificara los sentimientos específicos. En este caso era la ira, asociada con el dolor.

Hemos encontrado que muchas de nuestras clientes latinas se confunden al darle un nombre al sentimiento que las atormenta. Muy a menudo definen como dolor lo que en realidad es una ira enmascarada. Si estás tratando de identificar la emoción que más se relaciona con tu malestar, nosotras recomendamos ir a los sentimientos básicos, como la ira, infelicidad, temor o culpa.

En el comienzo de este viaje hacia el cambio, no podemos enfatizar suficientemente que toda variación, aún las cosas positivas como el comienzo de la escuela, mudarse a un nuevo vecindario, casarse, y ciertamente emigrar, lleva consigo un sentimiento de pérdida, y éste viene inevitablemente acompañado de dolor.

Vamos a regresar a los García y examinar cómo el sentido de pérdida que trae la emigración, junto con la esperanza que la acompaña, hicieron impacto en ellos. No resulta sorprendente que en este contexto, la más profundamente afectada, fue la abuela de María.

La abuela, además de experimentar el inevitable proceso de alteración que produce el envejecimiento, nunca había dejado de sentir también la tensión emocional de tener que vivir en un ambiente no familiar, lo cual requería dominar comportamientos y costumbres extrañas, al igual que aprender un nuevo idioma. Se sentía también afectada por la pérdida de muchas relaciones significativas en su vida, y la triste realidad de que ella seguramente no volvería a ver su patria otra vez. A pesar de todo, reconocía que las cosas eran mejores para ella y su familia en Estados Unidos que en Cuba. Por mucho que amara a su país, escogió abandonarlo. En el análisis final, esa elección crucial fue la que hizo que el dolor que le acompañaba fuera más valioso, porque resultó en un cambio positivo.

Como hemos visto, María y las otras mujeres de la familia sufrían a causa de los cambios generados por el proceso de aculturación, y por el conflicto familiar creado por dos expectativas culturales diferentes. Así que su próximo paso importante sería definir el problema.

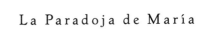

DEFINIENDO EL PROBLEMA: EL SEGUNDO PASO DEL VIAJE HACIA EL CAMBIO

La expresión: "Las cosas son del color del cristal con que se miran" también se puede usar para definir un problema. Por ejemplo: "toda dificultad es según la interpretación individual de cada cual". La "novela" vivida por la familia García, es la mejor demostración de esa verdad.

LA VERSIÓN DE MARÍA

María percibía que los problemas de la familia radicaban en que sus padres y la abuela, habían nacido y se habían criado en Cuba; y en su insistencia de que ella se comportara como si también hubiera nacido y se hubiera criado allí. Mientras su padre sentía que María tenía mucha libertad, ella se sentía prisionera. Cuando Alex, el muchacho que le gustaba, la invitó al Baile de Fin de Curso, ella se sintió en "el séptimo cielo" hasta que su padre le anunció que sólo le daría el permiso si su mamá iba con ellos. Ahí fue cuando la ira contenida acabó de explotar en un abierto desafío. Y como pensaba que no había manera de mencionar el asunto a Alex sin sentirse humillada, decidió simplemente decirle que no podía ir.

¿Y qué tal si invitaba a Alex a visitarla? María replicó que no quería que él viera cómo era su familia. La abuela lo acorralaría con cuentos de Cuba, aunque su inglés no fuera tan bueno. Su papá lo juzgaría como si fuera un sospechoso de asesinato. Su mamá lo obligaría a comer arroz con frijoles... "¿Decirle a Alex que venga? ¡Sí, claro! —decía ella con sorna— ¡Unicamente si deseara perderlo!".

Retando la validez de los rituales y costumbres familiares que no significaban nada para ella, María estaba definitivamente creando una tormenta. Para empezar, estaba sufriendo a causa de las inseguridades naturales de la adolescencia, y la condena a que le sometían su padre y su abuela la estaban haciendo sentir más insegura aún. Estaba además tremendamente preocupada por la presión de sus compañeros de escuela, y para mal de males, Alex era el único muchacho en quien ella había pensado seriamente en tener como novio. El dolor natural que trae el preceso de cambio en la adolescencia, era aumentado enormemente por su visión negativa acerca de su origen étnico, y las presiones familiares que conforman los principios del *marianismo*.

La Paradoja de María

La Versión de la Abuela

Desde el punto de vista de la abuela, María era una *marianista* en potencia envuelta, como toda niña y adolescente, en el proceso de convertirse en una mujer buena. La abuela y el padre veían que ella era abiertamente rebelde, y demasiado asertiva, y estaban preocupados porque María expresaba su sexualidad con mucha libertad. En términos del *marianismo* la jovencita era una hereje. María no estaba equivocada cuando se quejaba de que su casa era como una cárcel. La niña estaba siendo sobre-protegida con el fin de que se mantuviera en la línea tradicional, y no trajera desgracias a la familia.

Para la abuela, era de una importancia suprema que su nieta integrara los principios del *marianismo* a sus pensamientos y acciones, porque según ella, éstos eran los que la iban a mantener dentro de las tradiciones cubanas. En lo más profundo de su corazón, la anciana rogaba que María se calmara y se conformara, que se casara con un cubano y transmitiera su preciosa herencia a sus hijos. La abuela creía con un fervor religioso que los valores culturales cubanos eran superiores a los norteamericanos y que debían preservarse a cualquier precio. Por consecuencia, en su ceguera cultural, era incapaz de ver que María podía integrar lo mejor de las dos culturas y obtener lo mejor de ambos mundos. Mucho más la molestó el saber que el compañero de María para el Baile de Fin de Curso era un norteamericano: "una amenaza viviente para la identidad cubana de la joven". Estar con un americano, según ella, quería decir comportarse como uno de ellos, y matar aquellas muy queridas creencias y valores que la habían sostenido durante los 75 años que había vivido sobre la tierra. Y es que, a pesar de que su cuerpo vivía en Nueva Jersey, su alma y espíritu nunca, ni por un momento, habían abandonado Cuba.

La Versión de la Señora García

La madre de María comprendía mejor que su esposo y su suegra los deseos de su hija de ser como sus compañeros. Pero por tradición, no podía expresar su opinión, porque si lo hacía estaría retando la autoridad de ellos. Como una buena *marianista*, no iba a poner objeciones.

Sin embargo, al igual que su hija, no estaba contenta consigo misma. Estaba cansada de no poder decir nunca lo que pensaba, y de tener siempre que someterse, y de todas maneras ser culpada de todo. Esa era una de las razones por las cuales trabajaba como maestra de español en la Escuela Superior de un pueblo cercano: al menos, allí era escuchada y tratada con respeto.

Pero en el hogar la cosa era distinta. Ella sabía que sus frecuentes dolores de cabeza eran a causa de la constante irritación que le producían su suegra, su esposo y ahora su hija. Sentía que de ella tiraban en dos direcciones diferentes a la vez, y que de paso era constantemente pisoteada. Ni siquiera María mostraba por ella el respeto que una hija debe tener por su madre. La señora García definía el problema familiar como una combinación de la negativa de su hija a conformarse, frente a los rígidos pensamientos y formas de ser de su esposo y su suegra.

LA VERSIÓN DE TÍA FILA

Como tu sabes, en la cultura hispana, las tías juegan un importante papel. De hecho, probablemente tengas muchos recuerdos y cuentos acerca de tus tías en tu niñez. Por eso la definición de la tía Fila acerca del problema tenía importancia para la familia. A los cuarenta y ocho años, la tía Fila había estado trabajando por diez años como secretaria ejecutiva del director del Englewood Community Hospital, y era la más culta de los familiares mayores. Ella pensaba que era natural que una segunda generación de latinas tuviera expectativas culturales diferentes y más liberales.

También adoraba a su sobrina y creía firmemente que María no estaba en peligro de convertirse en *una putica* o una perdida, sólo por el hecho de ir al Baile de Fin de Curso sin chaperona. No había dudas en la mente de Fila de que era posible ser más asertiva e independiente que su madre, su cuñada y aún que sí misma, y todavía ser una *mujer buena*. Desafortunadamente el *machismo* y la testarudez no le permitían ver eso al señor García.

Por otro lado, Fila pensaba que María tenía que vencer su negativismo con respecto a ser cubana. Había muchas cosas buenas en esas costumbres, las cuales ella deseaba que María apreciara. Por ejemplo: la espiritualidad, la seguridad y el consuelo que el *familismo* podía brindar, así como el respeto por los mayores. Mientras María veía los valores norteamericanos como "totalmente en onda", Fila pensaba que estaban permeados de frialdad, un cierto materialismo y una falta de preocupación por los demás. A fin de cuentas, lo que la tía quería para su sobrina era que se conviertiera en una nueva *marianista* integrando en su vida los elementos positivos de ambas culturas. En su caso, Fila se lamentaba de no haber sido más joven cuando vino a Norteamérica. "De todas formas —pensaba— era más libre pensadora de lo que habría sido si no hubiera emigrado".

La Versión de Blanca

Blanca era vista por María como un "estropajo" de hermana mayor. Ella la despreciaba por seguir la corriente a todos en lugar de protestar. La condena absoluta de María a Blanca no estaba justificada debido a que la joven de veinticuatro años se las había arreglado para integrar en su vida las costumbres norteamericanas sin retar a su padre. Ella inclusive, había logrado la milagrosa hazaña de tener su propio apartamento en Manhattan, sin tener en cuenta el enojo que ésto provocó en el señor García. Sin embargo, lograrlo había sido una estrategia a largo plazo.

El primer paso de Blanca en el camino hacia la independencia había sido reclutar a sus maestros de la escuela superior para que la ayudaran a convencer a sus padres, de que le permitieran asistir a una universidad en Boston. Esta era una buena escuela, y la querían lo suficiente como para darle una beca. En los dos primeros años en el Boston College, una buena escuela Jesuita, Blanca vivió en el dormitorio, después se mudó a un apartamento junto con tres compañeras de clase, latinas, a quienes sus padres habían conocido y aprobado. Cuando ella se estaba preparando para graduarse en Mercadeo, recibió ofertas de muchas compañías en las áreas de Nueva York y Nueva Jersey pero solamente consideró las ofertas en Manhattan. Era claro, aún para sus padres, que sería tonto viajar hacia la escuela si no tenía por qué hacerlo, y se sintieron tranquilos cuando ella alquiló un lugar con una de sus compañeras de cuarto. Aunque Blanca visitaba cada semana a su familia y les hablaba por teléfono, fue capaz de mantener alguna distancia entre ellos.

Blanca entendía la necesidad de su pequeña hermana de ser independiente y asertiva, pero no creía que el modo de lograrlo fuera luchando contra sus padres. Como experta que era en lograr compromisos culturales, no creía que la rebeldía valía la pena, teniendo en cuenta los problemas que causaba. Ella había logrado ir al baile de Fin de Curso sin sus padres como chaperones, utilizando el método más simple: que éstos conocieran antes a su compañero y lo aprobaran. También permitió que sus padres los llevaran en el auto al baile, y les prometió que regresaría a casa con parte del grupo de parejas. Si ésto había funcionado para Blanca ¿por qué no con María? Blanca veía a su bravucona hermanita como parte del problema, porque adoptando la misma actitud que su padre y abuela, María no quería llegar a un compromiso neutral.

La historia de Blanca es un buen ejemplo de los mecanismos de adaptación que pueden ser usados al integrar dos culturas; una solución sabia para las tensiones implícitas en el proceso de aculturación. Blanca que sabía navegar con la corriente, cruzó la tormenta con buen viento.

Señales de Peligro

Queremos volver a enfatizar que al igual que las mujeres de la familia García definieron sus crisis familiares en términos de su propia experiencia, tú debes definir los tuyos de acuerdo a tus necesidades, pero sabiendo que otros lo verán de diferente manera. Para hacerlo tienes que separar los valores tradicionales que contribuyen a tu crecimiento personal, de aquellos que no enriquecen tu autoestima, y que necesitan ser modificados. Como antes mencionamos, un importante componente en este proceso de identificación, es la habilidad de distinguir entre las señales de peligro, o sea, los síntomas, y sus causas. Vamos a usar a la señora García como un ejemplo de lo que queremos decir.

En términos simples, ella finalmente pudo distinguir la diferencia entre sus dolores de cabeza, las señales de peligro y el problema que los causaba: las tensiones entre ella y su suegra. Por supuesto, cuando tenía dolor de cabeza, tomar una aspirina o dos mejoraba las señales de peligro, pero era sólo una leve solución. Hacer desaparecer los dolores de cabeza permanentemente, requería hablarle sin rodeos a la anciana, aunque así desafiara el mandato *marianista*, pero siempre con el respeto que se le debe a los mayores.

Sin embargo, muy frecuentemente, las señales de peligro pueden reflejar más de un problema a la vez, y no debes apurarte en atribuirle las culpas a un simple factor. Al planear las estrategias para el cambio, será útil saber si necesitas apuntar a uno o varios factores. Por ejemplo, la señora García descubrió que sus dolores de cabeza eran producidos por el dominante y controlador comportamiento de la abuela. Aunque, por supuesto, era posible apuntar hacia otros asuntos que contribuían. Por ejemplo, ella no se valoraba suficientemente como para cuestionar las decisiones de otras personas. Se sentía culpable por querer socavar la autoridad de su esposo y su suegra. Y en el fondo, le molestaba su propio deseo de desafiar los preceptos del *marianismo*.

Todos estos factores se combinaron para provocar que la señora García no dijera casi nada durante la primera sesión de terapia. Ahora estaba empezando a hablar acerca de sus propias señales de peligro.

Llegando a la Raíz del Problema

La siguiente consideración es darse cuenta de quienes estan formando parte de la situación. María, por ejemplo, no se vio a sí misma como parte del conflicto sino como la víctima de él. Honestamente muchos de los dilemas interpersonales te envuelven a ti y a alguien más, aunque no resulta fácil verse uno mismo como "perpetrador". Hemos tratado a latinas que son expertas en no encarar la complicidad y en echarle las culpas a otros. ¡Después de todo, una buena *marianista* es una víctima sacrificada; que nació para sufrir! Esto nos recuerda la historia de la latina que llegó a la parada del autobús en el momento en que éste se alejaba. Cuando su sicoterapeuta le preguntó por qué había llegado tarde a su cita, ella replicó "¡El autobús me dejó!".

La realidad es que a pesar de lo doloroso que pueda ser, debes enfrentar la verdad de que tú eres responsable en parte de las situaciones que lo causan. Reconocer tu parte en el conflicto es muy importante debido a que la estrategia para el cambio tiene que incluir a todos los que están envueltos en él, incluyéndote a ti.

Existe un ejercicio que puede ayudarte a enfocar algunos asuntos que desees cambiar. Puedes usarlo para lidiar con cualquier relación en tu vida que necesites arreglar. Ten listos lápiz y papel, siéntate en una habitación tranquila donde no vayas a ser molestada, y piensa en una relación cualquiera que te haga lo suficientemente infeliz como para que quieras modificarla. Primero considera qué es lo problemático acerca de esa relación.

1. Escribe algo de la relación que te cause problemas.
Ejemplo: No participo lo suficientemente en la toma de decisiones.
2. Decide si el asunto es una señal de peligro, o la causa del problema.
3. Si te decides por la última, escribe lo que piensas que es la causa.
Ejemplos:
  A. Hay problemas en la relación con mi pareja.
  B. En mi país, se espera que el hombre tome las decisiones más importantes.
  C. No me siento capaz de tomar decisiones importantes por mí misma.
4. Escribe lo que percibes que sean las expectativas culturales y personales de tu pareja con relación a ti y a la toma de decisiones.

Ejemplos:

    A. El no vé como un problema el que yo no participe en tomar decisiones.

    B. Cree que yo no estoy interesada en tomar decisiones.

    C. Cree que los hombres son mejores en eso.

5. Escribe lo que percibes como tu contribución al problema.

6. Escribe tu percepción de cómo otras personas contribuyen al problema.

7. Regresa a tus respuestas del punto número 3 y haz una lista de cambios aceptables para cada problema que identificaste.

8. ¿Qué acciones estás dispuesta a tomar para corregir tu papel en el problema?

9. ¿Qué acciones quieres que tu pareja tome para corregir su parte del problema?

Si contestaste todas las preguntas de una forma honesta, has diseñado un mapa personal para tu viaje hacia el cambio. Ahora que tienes una idea clara de lo que tú y tu pareja necesitan modificar para resolver el problema ¡tu viaje está en un buen comienzo!

RESISTENCIA: UNA TREGUA EN EL VIAJE AL CAMBIO

Esperamos que en este punto, hayas podido identificar tu problema y tengas una idea sólida de lo que necesitas hacer para mejorar tu relación. Es más, te sientes tan orgullosa que puedes decirte a ti misma "¡Puedo sentir los primeros indicios de la nueva *marianista* en mi!" y tienes razón de sentirte optimista acerca de tu habilidad para generar el cambio. Es posible, no obstante, que a pesar del sólido comienzo, haya cosas entre tú y tu pareja que aún no avanzan, y puede que sientas que estas trabajando en vano. Digamos, por ejemplo, que tú y tu esposo regresan de la iglesia con los muchachos, cuando él menciona, sin darle importancia, que está casi decidido a alquilar una casa de veraneo en las montañas.

"A los muchachos les encantaría pasar los fines de semana allí" —anuncia él, sin ni siquiera haberles preguntado, y dice que sería también un buen lugar para descansar toda la familia. Además de sorprenderte porque es la primera vez que el asunto sale a relucir, te sientes decepcionada porque pensabas hablarle acerca de alquilar una casa en la playa. Te disgusta el hecho de que el hombre con quien te casaste ni siquiera se molesta en preguntarte el tipo de vacaciones que prefieres, sólo piensa en él y en los muchachos.

Por supuesto una *marianista* de pura cepa, automáticamente aceptaría sus planes porque "es su papel en la vida". Pero ahora no puedes dejar de sentir que es tan importante para ti disfrutar del verano como lo es para los otros miembros de la familia. Y eso nada tiene que ver con el amor que sientes por ellos. Pero esta vez sabes que vas a tener que decirle a tu esposo como te sientes.

Para asegurarte que estás haciendo lo correcto al querer más participación en la toma de decisiones, determinas consultar con tu tío favorito, un hombre muy sabio en quien siempre has confiado. Pero cuando hablas con él, te sientes aplastada porque simplemente él no ve el problema de la misma forma que tú, e insiste en que debes estar de acuerdo con la decisión de tu esposo. Entonces comienzas a retroceder al *marianismo*, flagelándote a ti misma con acusaciones de que estás causando un nuevo problema al querer demasiado, te criticas por querer ayudar a tomar las decisiones importantes cuando él lo hace tan bien... Y comienzas a sentirte egoista.

Ahora te tambaleas hacia delante y hacia atrás y decides esperar un poquito más hasta que encuentres el momento perfecto para abordar a tu esposo. Te dices a ti misma "Oh, hablo con él mañana". Pero le das de largo al asunto, y no parece llegar el momento apropiado. Te vamos a decir después el resultado de esa situación.

Cuando parece que el proceso del cambio se ha detenido, lo que debes entender es que cualquier plan, especialmente los que se refieren a cambios, rara vez avanzan suavemente. Lo inesperado sucede. Fuerzas externas tropiezan con la dirección y la velocidad de tus esfuerzos. Es posible aún, que sin darte cuenta estés boicoteando, o frenando el proceso. ¡No te desanimes! Simplemente has entrado en una tregua de tu viaje al cambio llamada: **resistencia**. Así que ¿qué podrías hacer para lograr que el viento sople de nuevo a tu favor? Volvamos a los García.

Después de unas pocas sesiones de terapia, la señora García reconoció, por ejemplo, que su esposo consideraba escandaloso que María usara minifaldas, y eso era más que apropiado para una adolescente moderna. También dijo que podía simpatizar con los temores de su hija de ser ridiculizada si llevaba a su abuela al cine o a una cita. Pronto pudo admitir algunas cosas acerca de su posición en la familia. Reconoció que le molestaba tremendamente que su esposo no le permitiera participar en la toma de decisiones de la familia. Por primera vez, entendió que ser dejada fuera no reflejaba una falta personal, sino los mandatos *marianistas*. Eso la llevó a ver que, al igual que María, tenia que integrar dos estilos culturales distintos, ella misma tenía que hacer un papel doble como madre de una hija cubano-americana.

La Trampa de la Tortuga

Por supuesto, la raíz del problema de la señora García iba más allá de cómo habérselas con la hija más joven. Detrás de ese dilema estaban enmascarados sus temores de lo que la gente pudiera pensar si no apoyaba lo que decía su marido y su suegra con relación a María. Al igual que muchas otras latinas, la raíz de su problema era que estaba aterrorizada de ser asertiva, porque sentía que el hacer eso podía llevarla al abandono, desprecio y aislamiento por parte de su familia, amigos y la sociedad. Esta amenaza a su sentido de pertenencia llegó a ser una poderosa forma de resistencia que la paralizó. Ella estaba atrapada en lo que el Dr. William J. Knaus identifica como *la trampa de la tortuga*. Según él, capitular ante el temor al cambio es actuar como una tortuga, que esconde su cabeza dentro del carapacho cuando está amenazada. En el caso de los seres humanos es una solución momentánea, para evitar el enfrentamiento con el miedo enraizado. No fue hasta que la señora García comenzó a enfocar su propia necesidad, que pudo admitir que sus temores eran la raíz del problema.

La mayoría de las personas sienten miedo en el viaje hacia el cambio, así que ten cuidado no caigas en la *trampa de la tortuga*. Pero si lo haces, manten en mente, como hizo la señora García, que ello es solamente una tregua, no el fin del viaje. Para su delicia, ella descubrió que María, Blanca, tía Fila, el consejero de la escuela y la terapeuta simpatizaban ahora con ella porque se estaba haciendo más asertiva. Y feliz con su apoyo, comenzó a sentirse más segura para enfrentarse a su esposo y a su suegra. Poco a poco la tortuga estaba sacando su cabeza del carapacho.

El Artificio de la Lástima a Sí Misma

Otra tregua en el camino hacia el cambio es la impotencia. Estamos de acuerdo en que vivimos en un mundo agobiante de incertidumbres e inseguridades, donde acontecimientos inesperados impactan nuestras vidas más poderosamente que en cualquier otro momento de la historia. En una era como esta, muchas latinas pueden sentirse indudablemente paralizadas cuando se encaran con lo que ellas perciben como un cambio drástico. Mientras que algunas vencen su inmovilidad y dan los primeros pasos para modificarse, adaptarse o cambiar, otras, sintiéndose muy débiles y vulnerables, se rendirán y alegarán que no pueden hacer nada con sus vidas.

En las primeras etapas de la terapia, la señora García fue un buen ejemplo de una mujer hispana sufriendo de un severo caso de impotencia, desesperanza y lástima de sí misma, porque sentía que había entregado el control de su vida a su esposo y a su suegra. Cuando fue ayudada a revisar su pasado, entendió que había tomado decisiones cruciales en su vida. En Cuba, por ejemplo, ella había estudiado para maestra, a pesar de que su padre pensaba que una mujer debe quedarse en casa, atendiendo a sus propios hijos, no a los de otros. Jamás, ni por un segundo, se había arrepentido de esa decisión. Sin embargo, aunque tenía veintiséis años cuando su familia emigró, nunca enseño, porque su esposo prefirió que ella se quedara en la casa. De todas maneras, su selección de carrera le vino muy bien cuando llegaron a New Jersey. Mientras que el señor García estaba en la escuela tomando otros cursos de leyes para poder ejercer en norteamérica, ella aprendió el idioma inglés, fue a la escuela para obtener sus credenciales de maestra, y consiguió un trabajo en el sistema de escuelas públicas.

También pensaba que su decisión de casarse con el señor García, había sido buena, y no se lamentaba. A pesar de su rigidez de carácter, él era un hombre bueno, que quería lo mejor para todos los que amaba. Y dijo que no lo cambiaría por otro hombre, a pesar de los problemas que estaban enfrentando.

Rememorar las decisiones hechas en el pasado hizo que la señora García reconociera que era capaz de actuar para su beneficio y que al igual que su impotencia fue aprendida, podía ser ignorada. Fue entonces cuando el viento sopló en su favor con tanta fuerza que la hizo navegar inmediatamente hacia una determinación. Y un día, anunció en una sesión, que ella confiaba en el buen juicio de María y no creía que ésta necesitara una chaperona para ir al baile. Ambos, la abuela y el señor García estaban sorprendidos "¿Y qué te ha entrado a ti?" —dijo él, a lo que su esposa replicó—: "Nada, que soy una buena mujer y madre. Estoy pensando simplemente en mi hija y considerando sus sentimientos". Inmediatamente tía Fila y Blanca la defendieron y estuvieron de acuerdo en que María debía ir al baile sin sus padres. La propia María dijo que no lo podía creer.

Las Maniobras de la Mártir

Ahora vamos a volver con la tía Fila, quien tenía su propia forma de resistencia que vencer. En el capítulo 8 te dimos muchos ejemplos de latinas que se molestan porque no pueden serlo todo para todo el mundo. Su modo de pensar va de acuerdo con la idea de "O soy lo mejor, o no soy nada", y ello les garantiza esforzarse en metas que no pueden alcanzar. Por lo tanto, es natural para ellas sentirse paralizadas cuando se encaran con la perspectiva del cambio.

Durante una discusión general acerca de las latinas y la asertividad, la tía Fila reveló su propia tregua en su viaje transcultural. Confesó que aunque había sido una secretaria ejecutiva para el director del hospital durante una década, y fue siempre celebrada por él y sus compañeras de trabajo, no podía encontrar el valor suficiente para pedirle a su jefe un aumento de sueldo bien merecido. Como las mujeres del capítulo 3, desde la niñez, ella había sido desanimada de mostrar asertividad porque hacerlo era considerado poco femenino. En un verdadero estilo perfeccionista, había logrado enmascarar su incapacidad de expresar su derecho de ser recompensada, con la suposición de que, de alguna manera, no estaba haciendo un buen trabajo. Y ello la hacía incapaz de poder hablar con su jefe con convicción. Fila admitió que ésta no era la primera vez en su vida en que el perfeccionismo se convertía en una piedra de tropiezo importante para ella. Era tan perfeccionista, admitió, que nunca se había casado porque tenía miedo de no ser una buena madre y esposa. El perfeccionismo era el *mal espíritu* que poseía a Fila, tenía que ser exorcisado con la ayuda de su familia.

Blanca fue particularmente útil, al hacer sugerencias de cómo Fila debía acercarse a su jefe. Le aconsejó a su tía ser asertiva y pedir una reunión en privado con el director. En esa reunión debía mencionar cuántas veces la había celebrado por el trabajo que estaba haciendo, y entonces dejarle saber respetuosamente, que la excelencia debía ser premiada no sólo con palabras, sino con acciones tales como un aumento de salario. "Sé directa con él —le dijo Blanca—. Dile lo que estás pensando y sintiendo".

Durante otra sesión, la familia aún interpretó un pequeño drama basado en el consejo de Blanca. En éste el señor García se ofreció para ser el papel de jefe y fue aceptado. Aún la abuela participó, insistiendo que el americano no entendía cuán duro trabajaban las mujeres cubanas y diciendo "¡Dile que si no aprecia tu trabajo algún otro lo hará! ¡Dile que ya tienes otra oferta, y que estás lista para irte! ¡Díle así para ver qué dice!" Con su familia estimulándola, Fila practicó y practicó, y finalmente se llenó de valor no sólo para confrontar a su superior, sino para usar la idea de la abuela. La tía Fila invitó a la familia a una comida de celebración cuando recibió su ascenso y aumento de salario.

El Juego de Echar la Culpa a Otro

Seguidamente en nuestra tregua en el viaje hacia la transformación, entra en juego la culpabilidad. Es cuando hacemos a otro responsable de nuestro problema, para poder absolverse uno mismo, y no tener que continuar hacia el cambio. María era una inculpadora de primera clase. Culpaba al padre, a la madre, a la abuela y a Blanca, mientras que negaban cualquier contribución que ella pudiera estar haciendo al problema familiar. Pero en el fondo, la joven tenía muchas dudas acerca de quién era ella. ¿Era inteligente? ¿Estaba en "la onda"? ¿Era graciosa? ¿Era cubana? ¿Era americana? ¿Cómo podía ser cubana y americana al mismo tiempo? Como cualquier adolescente estaba insegura de su propia imagen, y además, sentía todas las presiones de su familia. Desafortunadamente, el único método que ella conocía para lidiar con los sentimientos abrumadores, era enfadarse con su familia, con todos y cada uno de ellos. Con una única excepción: la tía Fila.

Antes de que el conflicto familiar pudiera mejorar, era necesario que María se mirara a sí misma, ordenara sus asuntos, y detuviera el juego de culpar a otros. Para hacerlo, comenzó desde un punto de vista positivo: era una buena estudiante, y querida por sus maestros y compañeros de clase. Alex era un muchacho muy popular y las amigas de ella pensaban que el hecho de que él la hubiera invitado al baile era algo fantástico. En ese punto se sintió suficientemente segura como una americana adolescente, para confrontar sus problemas hispanos. Eventualmente pudo ver que no podía ni debía querer ser completamente americana o cubana. Sus metas en el cambio serían integrar aspectos de ambas culturas sin sentirse en conflicto. Por ejemplo, no querría ser tan sumisa a un hombre como su madre lo era a su padre. Una de las cosas que a ella le gustaban de Alex, era que él nunca trataba de darle órdenes. Por otro lado, se le ocurrió que habían cosas acerca de la vida hogareña y acerca de la cultura cubana que le gustaban. A ella le encantaba su tía Fila, la admiraba y sabía que podía contar siempre con ella cuando necesitara un adulto con quien hablar. Su tía Fila definitivamente tenía un buen corazón. A ella también le gustaban el cariño, la amabilidad, el entusiasmo y la alegría de los cubanos que conocía, quienes, admitió finalmente, no eran fríos ni estirados como las familias de sus amigas americanas. Más que todo, adoraba la pasión, la extroversión y el amor a la vida que su familia cubana mostraba al encarar todo lo que había perdido cuando la política los forzó a abandonar su patria.

En una sesión de terapia, María anunció que quería que su familia la amara y la aceptara por lo que ella era: una mujer cubano-americana. Admitió a su madre que le gustaba el arroz con frijoles casi tanto como las hamburguesas. Fue capaz de confesarle a su padre que la caballerosidad de los hombres cubanos era realmente atractiva, porque la hacía sentir especial. Esa era otra razón por la que a ella le gustaba Alex: él la trataba practicamente como lo haría un cubano. También anhelaba que su papá supiera que nunca había querido ser irrespetuosa pero que estaba molesta y deseaba expresarle esos sentimientos a él.

Cuando comenzó a verbalizar todos estas profundas emociones, hubo un cambio perceptible en las antiguas actitudes y posiciones hurañas del señor García. Por primera vez él pudo ver a su hija no como una rebelde, sino como una muchacha cariñosa y afectuosa atrapada entre dos culturas. "¡Por esta tristeza —dijo él— yo le echo la culpa a Fidel Castro!" Inmediatamente el resto de la familia le imploró que no le echara la culpa a Fidel si los impuestos de las propiedades de New Jersey subían o si nevaba. Eso no era fácil para él, pero gradualmente comenzó a auto-analizar la rigidez de su actitud con respecto al modo en que las mujeres debían comportarse. Sólo entonces, los García pudieron hablar constructivamente acerca de hacer planes para que Alex los visitara.

Por favor, observa que tan pronto como el señor García y María, quien era definitivamente su hija preferida, dejaron de echarle la culpa otra persona, pudieron hacer compromisos y los conflictos fueron menos severos. La familia García ahora se movía a una velocidad estable en el viaje hacia el cambio.

Como puedes ver, necesitas estar alerta para determinar si tú u otros están jugando el juego de la culpabilidad. Si es así, tendrás que neutralizarlo tan rápido como sea posible. Una pista segura que está siendo puesta en juego es la negación. Una vez que reconozcas la negación por lo que es: una resistencia, enseguida volverás a enderezar el rumbo.

La Artimaña de la Enfermedad

En capítulos anteriores, te dimos ejemplos de latinas que fueron referidas a terapia por médicos, debido a quejas de problemas físicos sin fundamentos clínicos. Por ejemplo, dolores de cabeza, de espalda, problemas intestinales, asma y alergias. Esta es una buena razón para creer que, en cierto grado, las enfermedades somáticas pueden ser usadas como una tregua en el viaje hacia el cambio.

Piensa que mientras más continúes dirigiendo exclusivamente tu atención hacia los aspectos físicos, e ignores o niegues sus componentes espirituales y emocionales, menos vas a curarte. Como en el caso de la señora García, que no se pudo librar por completo de sus dolores de cabeza, mientras solamente tomaba aspirinas. Desafortunadamente, hay médicos que se confabularán en contra del cambio de los elementos *marianistas* en ti, no alertándote de los aspectos sicológicos que posiblemente estén implicados. Estamos pensando aquí en médicos como el de Gloria, en el capítulo 9, quien le daba todo el Valium que ella quería sin detenerse a pensarlo por segunda vez.

La Excusa del Sacrificio

Como hemos discutido varias formas de resistencia al cambio, es imposible pasar por alto las creencias y principios del *marianismo*. Como recordarás, en los primeros tiempos de la terapia de la familia García, la señora García confesó que María tenía derecho a ser escuchada. Sin embargo, no creía que ella misma tuviera el derecho de expresarle sus sentimientos a su esposo. Al mismo tiempo, creía que la *mujer tiene que sacrificarse* y renunciar a sus deseos propios y necesidades por el bienestar y la armonía familiar. Este es un uso inconfundible del principio de auto-renuncia y del papel de la mártir, que se culpa a sí misma por todo, lo que es el fundamento esencial del *marianismo*.

Cuando este asunto fue sacado a la luz, María insistió en que su madre podía mantener la armonía de la familia y aún ser capaz de expresar sus opiniones, aunque fueran diferentes a las del señor García o la abuela quien afirmó inmediatamente que desde el comienzo del mundo, la función de la mujer era estar en la casa y la del hombre en la calle, trabajando para poder mantener a su esposa e hijos. Añadió que los hombres sabían qué era lo mejor para las mujeres y dijo a su nieta que Dios mandaba la obediencia y respeto a la autoridad del padre. Naturalmente, ésto hizo que el señor García asintiera con un fuerte gesto de su cabeza.

El cambio, como hemos dicho, es doloroso y algunas latinas se sienten amenazadas por él. Ese era el caso de la abuela, quien apasionadamente cuidaba de su papel matriarcal e intentaba luchar hasta el último respiro por tal de mantener el status quo que legaba la autoridad de la casa a ella y su hijo. Otra vez, fue la tía Fila quien puso las cosas en perspectiva. "En los días de los conquistadores ésto habrá ido asi —ella comentó— pero ya no funciona así". Como ella apuntó, todas las mujeres de la familia García, excepto María y la abuela, trabajaban fuera de la casa y contribuían al bienestar de la familia. "¡Si las mujeres están trabajando —dijo— tienen derecho a opinar en la casa!" Blanca coincidió sugiriendo respetuosamente a la abuela que las ideas que ella había expresado eran creencias muy viejas, que no tenían validez en la vida moderna.

Pasaron muchas sesiones después de esta discusión sin que la abuela expresara esos pensamientos otra vez, lo cual en sí fue un progreso, especialmente cuando hubo que hablar del baile de fin de año. He aquí un buen ejemplo de cómo un valor cultural fue modificado para que concordara con las necesidades específicas de una familia Siempre en forma respetuosa, algunos miembros de la familia se mostraron abiertamente en desacuerdo con la abuela, sin condenarla pero enfatizando la necesidad de cambiar debido a que las circunstancias habían cambiado mucho.

Es importante para las latinas saber que el *marianismo* está enraizado en nosotras, y que cuando un cambio se siente como una amenaza, algunas de nuestras viejas creencias salen a la superficie, como una racionalización o justificación para no cambiar.

La Desviación del Destino

Ahora llegamos a la última escala de nuestro viaje, y aquí enfrentamos una nueva resistencia que es muy poderosa: la voluntad de Dios, o el destino.

Tal como hemos visto, la abuela muchas veces invocó esta celestial fuerza para explicar ambas posiciones: por qué no debíamos introducir cambios en nuestras vidas, y por qué María debía aceptar el status quo establecido. Sin embargo, fue la señora García quien citó el proverbio: "Ayúdate, que Dios te ayudará", como prueba de que los conflictos familiares tenían que enfrentarse.

La fuerza espiritual de las creencias tradicionales aporta un gran consuelo a muchas latinas, particularmente aquellas que han experimentado la muerte de un ser querido, y pueden aceptar la pérdida como un inexplicable "acto de Dios". Por consiguiente, al decidir qué valores culturales mantener y cuáles descartar, se deben evaluar las circunstancias específicas de cada caso. Aquí, de nuevo, esto no puede ser una elección en la que haya que escoger una cosa, o la otra, exclusivamente. Como todos sabemos, la gama de los tonos grises es mucho más amplia que la de blanco y negro. Nuestro objetivo no es que deseches de tu vida todo valor tradicional hispano. Nos hemos referido a los muchos y valiosos aspectos culturales que la mayoría de las latinas desean mantener, por ejemplo el familismo. Esos valores que tienen su lado tranquilizador y positivo, pueden proveer gran comodidad y apoyo y un aumento de la autoestima en momentos en que los necesitamos.

Ahora, utilizando lo que aprendiste, volvamos atrás al problema hipotético que indicamos antes en cuanto a confrontar a tu esposo sobre la selección del lugar de vacaciones. Primero repasa tu conflicto: tienes miedo de provocar su ira, de ser considerada egoista, a la vez que sientes que él es el único que está pensando en sí mismo. Después de explorar tus emociones te das cuenta que contienes tu ira para no arriesgarte a que tu esposo piense que eres una mala persona. Entonces te dices que eres una adulta, y que debías parar de sentirte como una niña. Y como mujer madura admites que es mejor arriesgarse a las consecuencias, que permitir que tu ira te ahogue.

Como resultado de este diálogo interno encuentras la ocasión perfecta: un sábado por la noche tu esposo sugiere ir al campo el próximo día a visitar el área propuesta para las vacaciones. Tomas un profundo aliento y le dices que aprecias cuanto está haciendo por hacer maravillosas las vacaciones de verano para la familia entera, pero ¿no sería posible mirar en una playa de la comunidad también? —preguntas. El parece sorprendido, y confiesa que esa opción jamás se le ocurrió. Tú le dices: "Si la elección fuera mía solamente, yo preferiría el mar". Y él responde: "Seguro, vayamos mañana a la costa. A los niños les encantará estar cerca del agua, y pensándolo mejor, a mí también me gustaría, y no está muy lejos. "El próximo año —él agrega— podríamos ir a la montaña... ¿qué tú crees?" Tú dices: "Está bien".

Como ves, te expresaste, obtuviste lo que querías y no ocurrió ningún desastre.

Aquí hay una lección que debemos aprender: que a veces nuestros peores temores ocurren sólo en nuestras mentes, porque muy a menudo los demás no nos juzgan tan duramente como nos juzgamos nosotros mismos. Y he aquí que habiendo confrontado tu resistencia, estás de nuevo en tu camino hacia el cambio permanente.

LA NUEVA MARIANISTA: LA ETAPA FINAL DE LA TRAVESÍA HACIA EL CAMBIO

A través de este libro has leido acerca de latinas que sufren por su baja autoestima expresada a través de sentimientos tales como incompeten-

cia, dependencia, autonegación, depresión, dudas, ansiedad y enfermedades físicas. Has visto que en muchas latinas la ausencia de autoestima
es el resultado del sistema de creencias *marianistas*, que ha existido durante siglos, y ha definido la visión del mundo de la mujer hispana, incluyendo su propia imagen, sus relaciones interpersonales, y su lugar en
la sociedad.

Ahora debes estarte preguntando: ¿por qué hemos permitido que
estas prácticas y creencias tan perjudiciales a nuestro bienestar, hayan
llegado tan lejos, sin que las confrontemos? Evelyn Stevens hizo una
observación similar cuando dijo que las mismas mujeres juegan un
papel clave en la perpetuación de su propia sumisión. "¿Por qué —escribe Stevens— la mujer funciona contra sus propios intereses?"

La pregunta de Stevens lleva implícito que la mujer tiene otras
opciones que las que ella ejercita. Lo cierto es que en la sociedad tradicional latina, factores sociales y económicos hacen de la mujer una subordinada absoluta del hombre, relegándolas a tareas serviles, y en los
papeles femeninos de dar, nutrir, cuidar, depender. Para que así se man-
tengan sumisas, femeninas, abnegadas, inferiores, incapaces e intimidadas. Verdaderamente, el no expresar abiertamente la ira es aún visto
como un signo de virtud, y una aceptable respuesta al mandato del *marianismo*. Por lo tanto, no es sorpresivo que aún hoy, en Estados Unidos,
muchas mujeres hispanas sufran depresión, ansiedad y enfermedades físicas, a consecuencia de sentimientos negativos suprimidos. Y ¿cómo
puede ésto ser cambiado? ¿Qué factores deberías tener en cuenta para
promover cambios en ti y en tus amigas?

Como hemos dicho, en Estados Unidos todas las mujeres, incluyendo las latinas, tienen una gran variedad de papeles que pueden desempeñar. Aunque todavía nos queda un largo trecho por andar antes
de que logremos la justicia y la equidad para todas, ya hemos hecho un
sustancial progreso en el proceso del cambio. Así que estás en un ambiente fértil, el lugar donde puedes convertirte en una *nueva marianista*.
Además, si nosotras nos transformamos, traeremos cambios también al
hombre latino, lo cual eventualmente producirá, al menos, un macho

liberado. Pero ahora hablemos más acerca de cómo sería la *nueva marianista*.

Su femineidad no será estereotipada. Ella experimentará una saludable autoestima, se amará por lo que es, demandará y recibirá el apoyo emocional y social de otros, se expresará sin temor al castigo social, o al ostracismo, y desarrollará su más completo potencial. Tales latinas estarán confiadas y orgullosas de ser la fusión de los mejores valores de las dos culturas. Tendrán la oportunidad de realizar cualquier papel que deseen, esposa y madre entre ellos, pero como su propia opción, no como el castigo obligatorio por ser mujer. Tendrán el derecho, junto con los hombres, a expresar la completa escala de emociones humanas, incluyendo la asertividad, la independencia, la integridad, y la sexualidad... sin ser clasificadas como enfermas. Participarán en cualquier esfera de la actividad humana que elijan, y sus contribuciones serán bienvenidas y valoradas en público y en privado.

Estas mujeres no serán relegadas a cuidar de su casa sólo porque este papel es el asignado a su género. No permitirán ser formal o informalmente impedidas o desalentadas de realizar cualquier trabajo en la arena pública, cuando ellas mismas consideren que ello aumentará su bienestar. Estarán completamente capacitadas para tomar las decisiones que afecten su vida presente y futura.

Cada latina avanzará a grandes pasos, a su manera, hacia sus propias metas, pero la primera lección que debemos llevar en mente es que tanto socialmente, como individualmente, sicológica, física y espiritualmente, los cambios verdaderos y permanentes no vendrán hasta que nosotras no tengamos completa conciencia de nuestras circunstancias y un deseo intenso de cambiar. El temor puede estar ahí, pero el saber que no estamos enfermas, o locas, ni somos culpables o malas, nos dará la voluntad para continuar nuestro viaje.

Recuerda sobre todo que el cambio es siempre posible si te entregas a él con todo el corazón y el alma. Y si dudas de nuestras palabras, pregúntale a los Garcia.

Para el momento en que ellos dijeron adiós a la terapeuta, habían

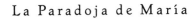

ya logrado un compromiso doméstico, y avanzado juntos a grandes pasos en el proceso de la aculturación.

En el transcurso del tratamiento, hasta el señor García y la abuela pudieron relajar algunas de sus tradicionales conductas y creencias hispanas, lo cual liberó a todos los miembros de la familia, para que pudieran seleccionar los aspectos de la cultura norteamericana que podían integrar dentro de su vida diaria. Una vez que ésto sucedió, las mujeres García comenzaron a afirmarse, tanto en la familia, como en sus lugares de trabajo. Cada uno se sintió mejor consigo mismo, con respecto a los demás, y en relación con ser cubano-americano. Solamente cuando sus velas de cambio enfilaron hacia el puerto, se dieron cuenta que lo que al principio pareció un tempestuoso cruce, se había tornado en un maravilloso viaje de descubrimientos para todos.

En los años siguientes los García se mantuvieron en contacto con la terapeuta y le informaron de todos los eventos importantes de la familia. El señor García llamó cuando María fue aceptada en Radcliffe, y admitió que "aunque Harvard estaba llena de comunistas", él estaba emocionado por la perspectiva de que su niña asistiera a esa prestigiosa universidad.

Blanca llamó cuando se comprometió con un corredor de bolsa, y le contó que cuando su novio fue presentado a la familia, la abuela primero amenazó con permanecer encerrada en su cuarto, sin embargo, la curiosidad la ganó, e hizo su entrada en la sala, muy tarde, pero toda emperifollada. Aunque aún no estaba participando totalmente, la abuela ya estaba comenzando a integrarse al cambio.

La señora García dijo a la terapeuta que ella y tía Fila, habían comenzado una tertulia.

Con el tiempo esta evolucionó hasta llegar a contar con 100 mujeres hispanas, una popular e importante organización dedicada al avance, bienestar y "empowerment": el poder personal de la mujer latina. La señora García llegó a ser ampliamente conocida por su paciencia y entusiasmo, y la tía Fila por su bondad y espléndido buen sentido.

María siguió los pasos de su padre obteniendo un grado en Leyes, en la Universidad de Yale, después de su graduación con honores en Radcliffe. Ahora es asistente de un fiscal distrital de Nueva York, y tiene su propio apartamento en Manhattan, claro, con la desaprobación del señor García, pero con el apoyo de su madre, su tía y su hermana. Alex, quien también obtuvo un grado en Leyes, estaba en contacto, pero al otro lado del país. Con mucha distancia entre ellos, ambos convinieron en salir con otras personas. De vez en cuando la terapeuta recibía una llamada de la abuela, informándole que ella "continuaba manteniendo la armonía en la familia a través del incansable ejercicio de sus valores cubanos, su sabiduría, y sus ampliamente elogiadas habilidades domésticas".

 ## EL PLACER DESPUÉS DEL DOLOR

Utilizando el concepto de concientización del eminente educador brasileño, Paulo Freire —el cual significa el desarrollo de la conciencia crítica de nuestras circunstancias y acciones, a fin de cambiar la realidad personal— podemos decir que las mujeres García se dispusieron a cuestionar sus realidades, incluyendo el dolor y la infelicidad de sus vidas, y movilizaron sus fuerzas interiores para cambiar. A diferentes grados, cada una de ellas había despertado a una conciencia crítica de la subyugación, miseria y anhelos que estaban experimentando. Sólo después de una completa confrontación con lo extenso de su infelicidad, pudieron comenzar a ejercitar una nueva fuerza dentro de sí mismas —la fuerza de interactuar con otros para efectuar el cambio. Este proceso es el "empowerment", el poder personal de cada cual. Tú puedes experimentar estos poderosos sentimientos. Nosotras te hemos dicho desde el principio que el cambio no es fácil, y que conlleva dolor, pero si estás lastimada y tienes un ardiente deseo de aliviar tus sufrimientos, no hay duda que puedes desarrollar la conciencia crítica que necesitas para tomar acción, y mejorar enormemente tus circunstancias. Una vez que lo hagas, tu propia autoestima aumentará, y otros percibirán una nueva

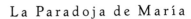

luz en ti, y admitirán y respetarán tu nueva fuerza. Eso fue exactamente lo que sucedió con los García.

La verdad es que la gente no cambia mucho. La abuela siempre será mandona, y el señor García seguirá siendo siempre un poquito machista, pero si tú cambias, transformarás la manera en que ellos se relacionan contigo. Si aprendes a no reaccionar llorando, gritando, o escapando, los demás te tomarán más seriamente, y te verán como un componente necesario en el proceso de tomar decisiones. Igualmente, si no te escondes detrás del *marianismo*, estarás en buen camino para tener una vida rica y pletórica.

Ahora que has leído este libro, mujer, reune tus fuerzas para convertirte en una *nueva marianista*. Determina cuáles de tus creencias heredadas necesitas descartar y cuáles deseas mantener con todo tu corazón, como esos valores inapreciables de *cooperación y lealtad*. Verdaderamente, fue a través de un valor tan tradicional como el *familismo*, que las mujeres García lograron fortalecerse. Igualmente, hay valores norteamericanos que querrás integrar a tu vida, tales como el *individualismo* y la *innovación*, porque ellos te capacitarán para funcionar mejor en este mundo.

Y no temas perder tu identidad étnica a través del intercambio cultural de valores. No la perderás. Al contrario, integrando los dos sistemas culturales, te convertirás en la persona que en realidad eres.

Así termina nuestro viaje en conjunto, pero ahora te entregamos el timón de tu nave hacia el cambio, Capitana. Con nosotras atravezaste los ásperos mares que otras latinas cruzaron hacia el "empowerment", hacia el poder personal, para reclamar sus derechos de *nuevas marianistas*. Esas mujeres aprendieron a atesorar los lados positivos de su herencia cultural latina y norteamericana, por partes iguales, y hoy reconocen lo afortunadas que son de poder disfrutar lo mejor de ambos mundos, lo viejo y lo nuevo.

Tú puedes hacer como ellas, y entrar a formar parte de esta nueva y fuerte raza, que tiene una identidad muy especial, llena de asertividad, entusiasmo y éxito.

El *marianismo*, la Paradoja de María, ordenaba que para navegar por los mares de tu vida, solamente te apoyaras en la sumisión. Pero tú ya sabes que puedes resolver esa paradoja de una vez y por todas... Comadre, abre tu corazón, tu mente, tu alma y tu espíritu a los vientos del cambio mientras haces la travesía del *marianismo* a la aculturación... hasta llegar a la autoestima... y allí reencontrar a la mujer que realmente eres.

Referencias

Adler, A. (1979). *Superiority and Social Interest*, Ansbacher, H.L., and Ansbacher, R.R., eds. and Trans. New York: Norton.

Ainsworth, M.D.S., Blehar, M.C., Waters, E., and Wall, S. (1978). *Patterns of Attachments: A Psychological Study of the Strange Situation*. New York: Wiley.

Alberti, R.E., and Emmons, M.E. (1993). *Yo Soy Dueño de Mi Vida: Triunfa con Estima y Confianza*. México, D.F.: Editorial Pax México.

Bailey, R.H. (1976). *Violence and Aggression*. New York: Time-Life Books.

Basaglia, F., and Basaglia, F. (1984). *La Mayoría Marginada*. México, D.F: Fontamara.

Bernal, G. (1982). "Cuban Families," in McGoldrick, M., Pearce, J.K., and Giordano, J., Eds. (1982). *Ethnicity and Family Therapy*. New York: Guilford.

Berry, J.W. (1990). "Psychology of Acculturation: Understanding Individuals Moving Between Cultures," in Brislin, R.W., ed., *Applied Cross-Cultural Psychology*. Newbury Park, Cal.: Sage.

Blizard, R., and Bluhm, A. (1994). "Attachment to the Abuser: Integrating Object-Relations and Trauma Theories in Treatment of Abuse Survivors," *Psychotherapy*, vol. 31, no. 3, Fall 1994.

Bosch, J. (1984). *Composicion Social Dominicana: Historia e Interpretación*. Santo Domingo, República Dominicana: Alfa y Omega.

Bowlby, J. (1969, 1973). *Attachment and Loss. Separation: Anxiety and Anger*, 2 vols. New York: Basic Books.

Branden, Nathaniel (1992). *The Power of Self-Esteem*. Deerfield Beach, Fla.: Health Communications.

Brischett R. (1994). "Women Professionals Take the Growth Lead," *Hispanic Business,* vol. 16, no. 2 (February 1994).

Canino, G., Rubio-Stipec, M., Shrout, P., Bravo, M., Stolberg, R., and Bird, H. (1987). "Sex Differences and Depression in Puerto Rico," in Amaro, H., and Felipe, R., eds., *Psychology of Women Quarterly,* Cambridge University Press for Division 35, American Psychological Association, vol. II, no. 4 (December 1987), pp. 443-59.

Caplan, P.J. (1989). *Don't Blame Mother: Mending the Mother/Daughter Relationship.* New York: Harper.

Cooley, C.H. (1902). *Human Nature and the Social Order.* New York: Scribner's.

Comas-Diaz, L. (1987). "Feminist Therapy with Mainland Puerto Rican Women," in Amaro, H., and Felipe, R., eds., *Psychology of Women Quarterly,* Cambridge University Press for Division 35, American Psychological Association, vol. II, no. 4 (December 1987), pp. 461-74.

—(1989). "Culturally Relevant Issues and Treatment Implications for Hispanics," in Koslow, D.R., and Salett, E., eds., *Crossing Cultures in Mental Health.* Washington, D.C.: Society for International Education Training and Research.

—(1991). "Feminism and Diversity in Psychology: The Case of Women of Color," *Psychology of Women Quarterly,* Special Issue Hispanic Women and Mental Health, vol. 15, pp. 597-609.

Cortes, D.E., Rogler, L.H., and Malgady, R.G. (1994). "Biculturality among Puerto Rican Adults in the United States," *American Journal of Community Psychology,* vol. 22, no. 5.

Davis, S.K., and Chavez, V. (1995). "Hispanic Househusbands," in Padilla, A., ed., *Hispanic Psychology: Critical Issues in Theory and Research.* Thousand Oaks, Cal.: Sage.

De La Cancela, V. (1986). "A Critical Analysis of Puerto Rican Machismo: Implications for Clinical Practice," *Psychotherapy,* vol. 23, no. 2, Summer 1986.

Diagnostic and Statistical Manual of Mental Disorders, Fourth Edition (DSM IV), (1994). Washington, D.C.: American Psychiatric Association.

Diaz-Guerrero, R. (1970). "Adolescence in Mexico: Some Cultural, Psychological and Psychiatric Aspects," *International Mental Health Research Newsletter,* vol. 12, no. 4, Winter 1970.

Diccionario Manual e Ilustrado de la Lengua Española, Segunda Edición (1950). Madrid: Calpe, S.A.

"Domestic Violence." *Journal of the American Medical Association,* vol. 267 (1992), pp. 3109-3240.

Ehrenberg, O., and Ehrenberg, M. (1994). *The Psychotherapy Maze: A Consumer's Guide to Getting In and Out of Therapy*. Northvale, N.J.: Jason Aronson.

Escobar, J.I., Gomez, J., and Tuasson, V.B. (1983). "Depressive Phenomenology in North and South American Patients," *American Journal of Psychiatry*, vol. 40, pp. 47-51.

Espin, O.M. (1984). "Cultural and Historical Influence on Sexuality in Hispanic/Latin Women. Implications for Psychotherapy," in Vance, C., ed., *Pleasure and Danger: Exploring Female Sexuality*. London: Routledge and Kegan Paul.

—(1987). "Psychological Impact of Migration on Latinas: Implications for Psychotherapeutic practice." *Psychology of Women Quarterly*, vol. II, no. 4 (December 1987), pp. 489-504.

—, and Gawalek, M.A. (1992). "Women's Diversity: Ethnicity, Race, Class and Gender in Theories of Feminist Psychology," in Brown, L., and Ballow, M., eds, *Personality and Psychopathology: Feminist Reappraisals*. New York: Guilford.

Ferre, R. (1990). "La Cucarachita Martina," in Sola, M.M., ed., *Aquí Cuentan las Mujeres: Muestra Estudio de Cinco Narradoras Puertorriqueñas*. Rio Piedras, Puerto Rico: Ediciones Huracán.

Freire, P. (1994). *Pedagogy of the Oppressed*. New York: Continuum.

Garcia, G. (1994). "Tropical Tycoon Nelly Galan," *New York Times Magazine*, December II, 1994, pp. 59-61.

Gies, J., and Gies, F. (1978). *Women in the Middle Ages*. New York: Harper.

Ginorio, A. (1979). "A Comparison of Puerto Ricans in New York with Native Puerto Ricans and Caucasian and Black Americans on Two Measures of Acculturation. Gender role and Racial Identification." Doctoral dissertation, Fordham University. Dissertation Abstracts International, vol. 40, pp. 983-84.

Goleman, D. (1994). *New York Times*, June 12, 1994.

Gordon, L.H., (1993). *Passage to Intimacy*. New York: Simon and Schuster.

Greeley, A.M. (1969). *Why Can't They Be Like Us?* New York: Institute of Human Relations Press.

Grosjean, F. (1982). *Life with Two Languages: An Introduction to Bilingualism*. Cambridge, Mass.: Harvard University Press.

Guntrip, H. (1989). *Schizoid Phenomena, Object Relations and the Self*. Madison, Conn.: International University Press.

Hakuta, K. (1986). *Mirror of Language: The Debate on Bilingualism*. New York: Basic Books.

Harlam, S.L., and Berheide, C.W. (1991). "Barriers to Workplace Advancement Experienced by Women in Low-Paying Occupations." University at

Albany, State University of New York, Center for Women in Government, January 1991.

James, W. (1981). *Principles of Psychology*. Cambridge, Mass.: Harvard University Press. (Original work published 1980.)

Jordan, J.V., Kaplan, A.G., Miller, J.B., Stiver, I.P., and Surrey, J.L. (1991). *Women's Growth in Connection: Writings from the Stone Center*. New York: Guilford.

Kaplan, H.I., and Sadock, B.J., eds. (1989). *Comprehensive Textbook of Psychiatry*. Baltimore: Williams and Wilkins.

Kernberg, O.F. (1984). *Object Relations Theory and Clinical Psychoanalysis*. Northvale, N.J.: Jason Aronson.

—(1985). *Internal Word and External Reality: Object Relations Theory Applied*. Northvale, N.J.: Jason Aronson.

—(1986). *Severe Personality Disorders: Psychotherapeutic Strategies*. New Haven: Yale University Press.

Kilborn, P. K. (1965). "For Many in Workforce, Glass Ceiling Still Exists," *New York Times*, March 16, 1995.

Lagarde, M. (1993). *Los Cautiverios de las Mujeres: Madresposas, Monjas, Putas, Presas y Locas*. México, D.F.: Universidad Nacional Autónoma de México.

Luborsky, L. Crits-Christoph, P., Mintz, J., and Auerback, A. (1988). *Who Will Benefit from Psychotherapy? Predicting Therapeutic Outcomes*. New York: Basic Books.

McGinn, N. F., Harburgh, E., and Ginsburg, P. (1965). "Dependency Relations with Parents and Affiliative Responses in Michigan and Guadalajara," *Sociometry*, Vol. 28, September 1965, pp. 304-21.

McGoldrick, M., Pearce, J. K., and Giordano, J., eds. (1982). *Ethnicity and Family Therapy*. New York: Guilford.

McKay, M., and Fanning, P. (1972). *Self-Esteem*. Oakland, Cal.: New Harbinger.

Masterson, J. F. (1976). *Psychotherapy of the Borderline Disorders: An Integral Developmental Approach*. New York: Brunner/Mazel.

Mead, G.H. (1934). *Mind, Self, and Society*. Chicago: University of Chicago Press.

Meloy, J. R. (1992). *Violent Attachments*. Northvale, N.J.: Jason Aronson.

Mezzich, J.E., and Raab, E.S. (1983). "Depressive Symptomatology Across the Americas," *Archives of General Psychiatry*, Vol. 37, pp. 818-23.

Miller, J.B. (1986). *Toward a New Psychology of Women*. Boston: Beacon.

Minuchin, S., and Fishman, H.C. (1982). *Family Therapy Technique*. Cambridge, Mass.: Harvard University Press.

Mizio, E. (1981). "Puerto Rican Culture," in Mizio, E., and Delaney, A.J., eds., *Training for Service Delivery to Minority Clients*. New York: Family Service Association of America.

Mones, G., and Panitz, P. (1994). "Marital Violence: An Integrated Systems Approach," *Journal of Social Distress and the Homeless*, vol. 3, no. 1.

New York State National Woman Abuse Prevention Project. *General Facts About Domestic Violence:* New York State Domestic Violence Fact Sheets.

Nunberg, H. (1955). *Principles of Psychoanalysis*. Madison, Conn.: International Universities Press.

Nyamathi, A., and Vázquez, R. (1995). "Impact of Poverty, Homelessness and drugs on Hispanic Women at Risk for HIV Infection," in Padilla, A., ed., *Hispanic Psychology: Critical Issues in Theory and Research*. Thousand Oaks, Cal.: Sage.

Ogbu, J.U. (1981). "Origins of Human Competence: A Cultural-Ecological Perspective," *Child Development*, vol. 52, pp. 413-29.

Ogden, G. (1990). *Sexual Style and Creating Intimacy*. Deerfield Beach, Fla.: Health Communications.

O'Leary, K.D., & Vivian, D. (1990). "Physical Aggression in Marriage," in Fincham, F.D., and Bradbury, T.N., eds., *The Psychology of Marriage: Basic Issues and Applications*. New York: Guilford.

Olivier, C. (1984). *Los Hijos de Yocasta: La Huella de la Madre*. México, D.F.: Fondo de Cultura Económica.

Padilla, A.M., ed. (1980). *Acculturation: Theory, Models and Some New Findings*. Boulder, Co.: Westview.

Padilla, A.M. (1986). "Acculturation and Stress among Immigrants and Later-Generation Individuals," in Frick, D., Hoefert, H., Legewie, H., Mackensen, R., and Silvereisen, R.K., eds., *The Quality of Urban Life: Social, Psychological, and Physical Conditions*. Berlin: de Gruyter.

Peal, E., and Lambert, W. (1962). "The Relation of Bilingualism to Intelligence," *Psychological Monograph* 76, no. 546.

Phinney, J.S. (1995). In Padilla, A., ed., *Hispanic Psychology: Critical Issues in Theory and Research*. Sage Publications, London: International Educational and Professional Publisher.

Queralt, M. (1984). "Underestanding Cuban Immigrants: A Cultural Perspective," *Social Work*, vol. 29, no. 2, pp. 115-21.

Ramos-McKay, J. (1977). "Locus of Control, Social Activism and Sex Roles among Island Puerto Rican College and Non-College Individuals." Unpublished dissertation, University of Massachussetts.

Robins, L., and Regier, D. (1991). *Psychiatric Disorders in America*. New York: Free Press.

Rogler, L. H., and Cooney, R. S. (1984). *Puerto Rican Families in New York City: Intergenerational Process* (Monograph no. II). New York: Hispanic Research Center, Fordham University.

Rosenfield, S. (1980). "Sex Differences in Depression: Do Women Always Have Higher Rates?" *Journal of Health and Social Behavior*, vol. 21, pp. 33-42.

Secunda, V. (1990). *When You and Your Mother Can't Be Friends: Resolving the Most Complicated Relationship in Your Life.* New York: Delacorte.

Stevens, E. D. (1973). "Marianismo: The Other Face of Machismo in Latin America," in A. Decastello, ed., *Female and Male in Latin America.* Pittsburgh: University of Pittsburgh Press.

Straus, M.A., and Gelles, R.J. (1986). "Societal Change and Change in Family Violence from 1975 to 1985 as Revealed by Two National Surveys," *Journal of Marriage and the Family*, vol. 48, August 1986, pp. 465-79.

Atycos, J. M. (1955). *Family and Fertility in Puerto Rico: A Study of the Lower Income Group.* New York: Columbia University Press.

Surrey, J. L. (1991). *Women's Growth in Connection: Writings from the Stone Center.* New York: Guilford.

Szapocznik, J., and Kurtines, W. (1980). "Acculturation, Biculturalismo, and Adjustment among Cuban Americans," in Padilla, A. M., ed., *Acculturation: Theory, Models and Some New Findings.* Boulder, Co.: Westview.

Torrey, E, F. (1972). *Witchdoctors and Psychiatrics: The Common Roots of Psychotherapy and Its Future.* Northvale, N.J.: Jason Aronson.

U.S. Department of Labor Women's Bureau. (1989). "Women in Management," *Facts on Working Women*, no. 89-4. Washington, D.C.: U.S. Government Printing Office.

——— (1986). "Women of Hispanic Origin in Labor Force." *Facts on Working Women*, no. 89-1. Washington, D.C.: U.S. Government Printing Office.

Váquez, M. J. T. (1994). "Latinas," in Comas-Diaz, L., and Greene, B., eds., *Women of Color: Integrating Ethnic and Gender Identities in Psychotherapy.* New York: Guilford.

Webster's Ninth New Collegiate Dictionary. (1991). Springfield, Mass., Merriam-Webster.

Weidman, A. (1986). "Family Therapy with Violent Couples," *Social Casework: The Journal of Contemporary Social Work*, vol. 67, pp. 211-18.

Winnicott, D.W. (1969). "The Use of an Object and Relating Through Identifications," in *Playing and Reality.* London: Tavistock, 1971.

Wolman, B.B. (1973). *Dictionary of Behavioral Science.* New York: Van Nostrand.

Young, G.H., and Gerson, S. (1991). "New Psychoanalytic Perspective on Masochism and Spouse Abuse," *Psychotherapy*, vol. 28, no. 1, pp. 30-38.

Young, J.G., Brasic, J., Sheitman, B., and Studnick, M. (1994). "Brain Mechanism Mediating Aggression and Violence," in Colette Chiland, C., and Young, J.G., eds., *Children and Violence*, vol. II of *The Child in the Family*, monograph series of the International Association for Child and Adolescent Psychiatry and Allied Professions. Northvale, N.J.: Jason Aronson.

Zulueta, F. (1994). *The Traumatic Roots of Destructiveness: From Pain to Violence*. Northvale, N.J.: Jason Aronson.

ROSA MARÍA GIL, D.S.W., es vicepresidenta de Servicios de Salud Mental y Adicción de la Corporación de Salud y Hospitales de la Ciudad de Nueva York, y profesora asistente de trabajo social siquiátrico clínico en el Colegio de Médicos y Cirujanos de la Universidad Columbia. También tiene una práctica privada como sicoterapeuta en Nueva York, donde ella reside.

CARMEN INOA VÁZQUEZ, PH.D., ABPP, es fundadora y directora de la Clínica Bilingüe para Tratamiento Sicológico y dirige el Internado Clínico en Sicología del Hospital Bellevue. Es profesora asociada clínica en la Escuela de Medicina de la Universidad de Nueva York. También es sicoterapeuta con práctica privada en Nueva York, donde actualmente reside.